KB034897

보이는 통장 & 보이지 않는 통장

행복한 부자가 되기 위한 필살 전략

보이는 통장 & 보이지 않는 통장

• 김명렬 지음 •

MIRAE BOOK

나에게 두 가지 통장이 있다. 하나는 '눈에 보이는 통장'이고, 또 하나는 '보이지 않는 통장'이다. 보이는 통장에는 많진 않지만 가족의 삶을 위한 '현금 자산'이 저축되고 있고, 보이지 않는 통장에는 아무리 인출해도 줄어들지 않고 적립은 무한하게 가능한 '행복'을 저축하는 중이다. 이 두 개의 통장이 서로 균형을 이루어 나의 재무 상태가 안정이 되도록 노력하는 것이, 아버지이자 가장으로서 내 역할이라 굳게 믿고 있다.

보이는 통장을 가득 채우는 방법은 모두가 알고 있듯 근검절약하는 자세부터 출발한다. 세상이 좋아진 탓인지, 우리 어릴 때처럼 볼펜깍지에 몽당연필을 끼워 쓰는 일까지는 하지 않아도 된다. 양말목을 잘라 짧아진 소매를 길게 늘이는 일도 없다. 나는 왜 형이 입던 옷만 입어야 하냐며 울분을 토할 일도 없다. 운동화 닳을까봐 손에 들고 달리기 경주를 할 일도 없다.

이제 거리에는 고급 승용차가 넘쳐나고, 가난의 상징이었던 꽁보리밥이 건강식으로 대접받는 세상이다. 양말목으로 소매를 늘리지도 않지만 그래야 할 만큼 옷이 닳지도 않는다. 가난을 벗어나기 위한 소득증대가 국가경제의 목적이었던 그 시절과 달리 윤택한 삶을 살게 된 것이다. 그런데 왜…? 왜 모두들 살기 어렵다고 말하고 있을까.

우리나라는 전 세계 면적 기준 109위인 작은 나라이다. 과거 지정학적인 위치로 인해 주변 국가로부터 많은 침략을 받았고 한때는 나라를 빼앗기는 수모를 당하기도 했다. 어렵게 되찾은 나라지만 남과 북으로 나뉜 채 아직까지 휴전 상태로 분단의 아픔을 안고 있기도 하다. 그러나 2015년 12월 말 인구수 약 5,151만 명으로 세계 26위이며 1인당 국민소득 2만 8,338달러로 세계 28위인 나라가 되었지만, 발전을 거듭하고 선진국 반열에 들었는데도 불구하고 생겨난 불명예스러운 일들이 많다.

OECD 회원국 중 자살률 1위

OECD 회원국 중 40대 남자 사망률 1위

OECD 회원국 중 사회 불평등, 빈부격차 1위

OECD 회원국 중 빈곤율 1위

OECD 회원국 중 생활만족도 꼴찌

OECD 회원국으로 가입 후 매년 조사되는 통계들이 보여주는 모습들은 '보이지 않는 통장'이 채워지지 않고 있다는 것을 말해준다. 행복하지 않은 것이다. 아울러 '보이는 통장' 또한 채워지지 않고 있다. 시대가 좋아졌음에도 불구하고 상대적으로 빈곤을 느끼는 것은 차곡차곡 돈이 쌓여야 할 통장이 급여 이체와 함께 곧장 빈 통장이 되기 때문이다. 참으로 이상한 일이 아닌가. 국가성장을 이루었고 경제도 발전하여 개발도상국이었던 우리나라가 선진국 반열에 들었는데도 우리는 오히려 예전보다 빈 통장에 괴로워한다. 게다가 온통 빚이다. 카드빚에 자동차 할부에 주택담보대출이자는 기본적으로 갖고 살아간다.

단지 이것뿐일까. 우리 시대는 암울하기만 할 뿐일까. 하지만 우리가, 우리나라가 뛰어난 역량을 갖고 있음을 확인할 수 있는 기록도 많다. 기름 한 방울 나지 않는 어려운 환경에서도 선박, 조선, TV, 반도체, 세탁기, 휴대폰 등 세계 1위 제품들을 만들어 내며 선진국들과 어깨를 나란히 하고 있는 나라가 대한민국이고, 현재도 이 모든 것들에 대한 신화가 계속되고 있다. 지난(至難)한 현실 속에서도 꽃을 피워낼 줄 아는 우리인 것이다.

내가 하고 싶은 이야기가 생긴 이유가 바로 이것이다. 꽤 오랜 시간 재무 상담을 해오며 우리가 마땅히 얻고 살아야 할 행복에 대해 많은 생각을 하게 되었다. 이토록 대단한 역량을 가진 우리가 왜 행복하지 못하는지, 매일 부지런히 일하는데도 왜 두 개의 통장이 채워지지 않는지를.

이 책에는 '보이는 통장'에 현금을 모을 수 없는 잘못된 지출 습관을 분석하고, 자산을 효과적으로 불릴 수 있는 핵심 포인트를 담았다. '보이는 않는 통장'에는 바쁜 일상에 매몰되어 가장 가까운 가족과 사랑하며 살지 못하는 현실을 직시하고 행복한 부부 관계, 행복한 부모-자녀 관계를 만들 수 있는 방법을 담아냈다.

행복하자. '보이는 통장'과 '보이지 않는 통장' 모두를 가득 채우며 행복하게 살아보자. 우리는 행복할 자격이 충분하다. 부족한 나의 이야기가 많은 이들의 가정에 정서와 경제적인 면을 채우는 데 조금이라도 도움이 되기를 바란다. 끝으로 힘든 책 작업을 묵묵히 지켜보고 지지해준 아내 신소연, 두 아이 경호, 지호에게 사랑과 감사를 전한다.

2016년 4월
가정행복재무설계연구소
김명렬 소장

차례

돈 버는 습관, 돈 버리는 습관_지출 편

왕의 지갑, 거지의 지갑_저축 편

2부 보이지 않는 통장

4장 가깝고도 먼 우리 사이_부부 편

5장 물질엔 비만, 사랑엔 굶주린 아이들 _자녀교육 편

6장 희망은 있다_행복한 가정 편

1부 보이는 통장

Two conditions of happiness

대한민국, 돈에 미치다

01 약탈적 금융사회의 현실
02 재테크의 시작은 자족이다
03 베이비부머와 에코 세대의 비애

약탈적 금융사회의 현실

앞에서 웃고 등 뒤에서 칼 꽂는 금융회사의 이중성

부동산의 늪에 빠지다

"잠이 오지 않습니다."

40대 중반의 가장인 고객 L씨와의 상담에서 듣게 된 첫마디였다. 천정부지로 솟구치는 전세금을 충당하기 바빠 차라리 정부에서 지원하는 주택담보대출을 받아 집을 산 것이 화근이었다. 강남 8학군은 아니지만 서울 한 자락에 둥지를 틀고 전세를 얻어 살던 그는 차라리 내 집을 마련하여 안정된 생활을 하겠다는 꿈을 꾸었다. 오르는 전셋값을 따라잡느니 집을 사면 집값이 오를 희망도 있고, 2년마다 올려줄 전셋값 걱정 대신 매월 꼬박꼬박 대출 원금과 이자를 충당하는 것이 낫다고 믿었다.

"내 집이라는 기쁨은 오래 가지 않았습니다. 집값은 이미 살 때보다 10%나 빠졌고요. 애들은 커서 중학생, 고등학생이 되어 교육비도 점점 늘어가고… 이게 말이 좋아 내 집이지 비싼 월세를 살고 있는 기분이에요."

이것이 하우스 푸어의 현실이다. 빚더미 위에서 편안하게 잠이 올리가 없지 않은가. L씨의 얼굴에서 고단함이 묻어났다.

정부 발표에 따르면 2015년 1분기 말, 한국 가계부채가 1,100조 원에 이르렀다. 지난 10년 동안 90.98%가 증가했고, 1인으로 환산했을 때 2,200만 원의 빚이다. 옛말에 자식은 모두 자기 먹을 것을 양손에 쥐고 태어난다 했던가. 금수저를 입에 물고 있어도 부족할 판국에 만져보지도 못한 돈 2,200만 원을 빚으로 떠안고 태어났으니 정말 답답한 현실이다.

이런 현실이 L씨만의 일일까. 금융권은 돈 갚을 능력을 따지지 않는다. 돈을 빌려주는 대신 그만큼의 담보물건만 있다면 상관없다며 주택담보대출, 전세자금대출 등 빚을 권한다. 당장 목돈이 없어 어려운 지경의 서민들에게는 금융권의 호의 아닌 호의가 내 집 마련의 꿈을 좀 더 빨리 이룰 수 있는 지름길이 된다. 열심히 저축해서 모은 돈으로 빚 없이 집을 사면 좋겠지만, 낮은 금리와 저렴한 수익성에 목돈 마련이 예전처럼 쉽지 않기 때문이다. 결국 빚에 의지할 수밖에 없다. 빚의 규모가 클수록 서민들의 생활은 한 달 벌어 한 달을 먹고사는 신세로 전락하고 만다.

침체된 부동산 시장을 살리기 위한 경기부양대책이라고 내놓는 정부의 꼼수도 결국 '빚'을 권하는 일이었다. 주택담보대출비율(LTV), 총부채상환비율(DTI)을 늘리는 것, 즉 돈을 빌려줄 테니 집을 사라고 등을 떠미는 것이다.

"돈이 없어? 걱정 마. 내가 빌려줄게. 천천히 갚아. 대신 이자는 줘야 해."

참 근사하고 달콤한 유혹이다. 능력이 부족하여 집을 살 수 없는 서민에게 많은 돈을 쉽게 빌려 쓸 수 있게 해준단다. 언감생심, 누가 우리에게 그토록 엄청난 액수의 돈을 쉽게 빌려주겠는가. 심지어 생애 최초로 집을 구입하는 것이라면 더욱더 화끈하게 밀어준다(생애 최초주택구입자금대출).

정부 정책 결정권자들은 너도나도 집을 사고 거래가 활성화되면 부동산 경기가 좋아질 것으로 생각했을지도 모른다. 그랬기에 집을 살 수 있는 대출 정책에 힘을 쏟았다. 그런데 현실은 어떠한가? 예측대로 정말 부동산 경기가 좋아지고 사람들은 저마다 집 하나씩 보유하게 되었는가?

금융감독원은 지난 2015년 6월 말 기준으로 2016년에 만기가 돌아오는 은행권 주택담보대출 규모가 모두 42조라고 밝혔다. 이는 현재 은행권 주택담보대출 잔액 337조 7,000억 원의 12.5%에 달하는 규모다. 집을 사느라 서민들의 빚은 잔뜩 늘어났는데 부동산 가격은 오르지 않는 위험한 상황이 초래된 것이다. 결국 정부도 풀어놓았던 주택담보대출 기준을 강화하는 쪽으로 방향을 급선회했다. 2015년 7월 22일 발표한 '가계부채 종합 관리방안'에 따르면 지금까지의 대출 기준과 달리 담보 능력보다 상환 능력을 고려하겠다는 방침이다. 또한 거치식 담보대출을 줄여나가고, 고정금리로 일정 부분의 원금을 분할 상환하는 것을 원칙으로 세웠으며, 이미 대출을 받은 사람도 만기 연장 시 해당 은행으로부터 분할상환을 권유받게 됐다. 물론 어느 정도 예외는 있다. 지금까지의 거치식 담보대출 거치 기간이 3~5년이었다면, 바뀐 정책 안에서는 1년 이내로 가능하다. 그러나 대부분의 대출자가 대출 후 즉시 원금 상환을 권유받을 가능성이 크다고 볼 수 있다.

아울러 대출 심사 또한 매우 까다로워진다. 상환 능력을 심사함에 있어 신고소득자료(신용카드 사용액, 매출액, 적립식 수신금액)가 아닌 실제소득을 입증할 수 있는 소득금액증명원(사업소득), 원천징수영수증(근로소득), 연금지급기관증명서(연금소득), 국민연금 납부액, 건강보험료 등의 자료를 제출해야 하며, 심사 또한 영업점이 아닌 본부심사로 강화했다.

결론을 내리자면 2015년 발표된 '가계부채 종합 관리방안'은 한마디로 심사를 까다롭게 하여 대출을 줄이고, 원금분할 상환을 유도하여 가계부채도 줄여나간다는 것으로 해석할 수 있다.

가계부채 관리 방안이 만들어졌다고 해서 부채 규모가 줄어들 수 있을지는 아직 장담할 수 없다. 거기에 향후 미국발 금리 인상이 발생하면 국내 금리도 덩달아 오를 가능성이 있다는 것도 염려스러운 부분이다. 대출을 받아 집을 산 L씨와 같은 하우스 푸어들은 주택가격 하락으로 쓰나미급 역풍을 맞아야 한다. 특히 가계부채 관리

2015년 7월 가계부채 종합 관리방안의 주요 내용

구조 개선 목표로 인센티브 강화	• 분할상환 최종 목표 상향(2017년 말, 40→45%), 연도별 목표도 조정 • 고정금리는 최종 목표 유지(2017년 말, 40%)하되 연도별 목표 조정 • 장기 · 고정금리 · 분할상환 대출에 최저요율 0.05% 적용(단기, 변동금리, 일시상환 대출은 최대 0.30%) • 고정금리, 분할상환 목표달성 수준에 따라 추가로 최대 연 0.06%p 감면
분할상환 관행 정착	• 빚을 처음부터 조금씩 나누어 갚아나가는 금융 관행을 확고히 정착 • 주택담보대출 분할상환 원칙을 은행권 내부 시스템화(2016년 1월부터) • 은행권 스스로 세부 가이드라인 마련 • 분할상환 원칙(안) – 주택구입자금용 장기대출은 분할상환으로 취급 – 주택 가격 및 소득 대비 대출금액이 큰 경우 분할상환으로 취급 – 신규 대출 취급 시 거치기간 단축(통상 3~5년→1년 이내)을 유도 – 기존 대출 대출조건 변경(만기 연장 등) 시 분할상환으로 유도 • 대출자 스스로 분할상환에 대한 인식을 재고할 수 있도록 '분할상환 캠페인' 추진
금융회사 자율의 상환 능력심사 방식 개선	• 주택담보대출 취급 시 대출자의 상환능력을 보다 정교하게 심사할 수 있도록 객관성 있는 소득자료 활용 유도 (원칙) 대출자의 실제 소득을 정확히 입증할 수 있는 '증빙 소득자료'로 대출자의 상환 능력 확인→소득금액증명원(사업소득), 원천징수영수증(근로소득), 연금지급기관증명서(연금소득), 국민연금납부액, 건강보험료 등 • 신뢰성이 낮은 신고소득자료를 이용하는 경우 은행 내부 심사단계를 상향하거나, 분할상환으로 유도하는 등 상환 능력 확인을 강화
상환부담 높은 대출에 대한 분할상환 유도	• 신규 주택담보대출 취급 시 소득 수준, 주택 가격 대비 대출금액이 큰 경우 일정 수준 초과분을 분할상환 방식으로 취급 • 다만, 기존 대출을 분할상환으로 변경하는 경우에는 기존의 LTV, DTI 비율 등을 그대로 인정하여 분할상환 기회 제공 • 변동금리 주택담보대출의 경우 잠재적 금리상승에 따른 예상 상환부담 증가까지 고려해 대출 가능 규모 산정
상호금융권 등 제2금융권 관리 강화	• 토지, 상가담보대출에 대한 담보인정한도를 지역별, 담보종류별 평균 경락률을 기반으로 설정하되, 최저한도를 하향 조정(60%→50%)하고 향후 단계적으로 축소

방안으로 새로 대출을 받는 사람들은 고정금리라 상관없겠으나, 과거 변동금리로 대출을 받은 이들이 가장 먼저 직격탄을 맞게 된다. 1억짜리 전세를 살던 사람이 2억의 대출을 받아 3억짜리 집을 샀는데 부동산 가격 하락으로 2억짜리 집이 되었다고 예상해보자. 실제 자산이었던 1억은 이미 공중분해 되었고, 오른 금리와 원금에 대한 압박에 집을 포기하고 다시 전세로 돌아갈 수도 없다.

만약 대출을 안고 주택을 구입하여 전세로 임대했다면, 집을 다시 판다 해도 세입자에게 전세금을 돌려주기는커녕 대출 원금을 갚는 것도 불가능한 지경이 된다. 이른바 깡통주택이다. 이미 우리 주변에 이런 깡통주택을 가진 하우스 푸어가 비일비재하다.

청춘을 집어삼키는 학자금 대출

"이런 시~급!"

예쁘장한 아이돌 여가수가 알바생으로 분장하여 TV 광고에 나타나 이렇게 외쳤다. 아주 짧은 0.5초 정도의 시간 동안 '시'에 힘을 꾹꾹 눌러 담았다. 그러고는 대한민국 최저 시급 5,580원(2015년 6월 기준)이라며 하나하나 또박또박 곱씹어 주었고 야간 수당은 반드시 챙기라고도 했다. 그러자 소상공인들의 분노가 이어졌다. 자신들을 최저 시급이나 야간 수당도 챙겨주지 않는 악덕업주로 표현했다는 것이 이유였다. 광고의 표현에 대한 시비는 제쳐두더라도, 적어도 이 일은 우리 시대의 젊은 청춘들이 겪고 있는 아픈 현실을 드러내보였다고 생각한다.

도서관에서 책을 펼쳐 공부에 전념할 청춘들이 하루 6시간씩 힘든 노동의 대가로 받는 돈은 고작 33,480원. 물론 최저 시급 5,580원을 받았을 경우의 이야기다. 야간 수당까지 챙긴다고 해도 그다지 도움이 될 것 같진 않다. 청년들이 이렇게 알바의 세계로 뛰어들어 하루를 바쁘게 살아가는 것이 '젊어 고생은 사서도 한다.'는 이유 때문이라면 무엇이 문제일까. 유감스럽게도 청년들의 알바는 생계형에 가깝다. 비싼 등록금 마련을 위해서 생활 전선에 뛰어든 경우가 대부분이기 때문이다.

한국장학재단이 2014년에 발표한 바에 따르면 학자금 대출을 받고 궁지에 몰린 대학생이 무려 8만 명이다. 6개월 이상 연체하여 신용불량자가 된 학생들도 무려 4만 명! 더욱이 학생들의 이러한 처지는 알 바 없다는 듯 매년 등록금이 오른다. 사정이 이렇다 보니 졸업 후 사회인이 되어 성공하겠다는 꿈을 가진 청년들은 꿈을 이루기보다 빚을 갚기 바쁘다.

공부하고자 하는 청년들에게 비싼 등록금을 대출해주는 취지는 사뭇 성스럽게 보이기까지 한다. 얼마나 의미 있고 가치 있는 일인가. 졸업 후 취직해서 월급 타면 갚으라니, 미래에 대한 투자가 따로 없다. 어찌 보면 인재양성이라고 우길 수도 있지 않겠는가. 그러나 청년실업인구 40만 6,000명. 청년들의 11%가 취직을 못하고 있는 이 현실에 졸업 후 첫 월급이 로또 1등 당첨만큼이나 멀리 있어 보인다.

본의 아니게 취업이 어려워지고 이에 따른 대출상환이 어려워진

학자금 대출 현황(단위 : 억 원, 천 명)

	2004	2005	2006	2007	2008	2009	2010	2011	2012	2013
대출액	8,234	8,923	16,257	21,295	23,486	25,219	27,661	26,853	23,265	25,521
수혜인원	298	294	515	615	635	675	766	733	727	785
예산액	912	1,272	1,490	2,189	5,407	7,682	6,405	1,918	1,593	2,215
집행액	910	1,125	1,490	2,189	5,407	7,682	1,368	1,918	79	245

출처 : 교육부(한국장학재단)

만큼, 정부의 이자 보전과 미취업자에 대한 은행의 유연한 학자금 대출회수가 필요하다. 앞으로 우리나라의 미래를 짊어질 청춘들이 미처 피어보지도 못한 채 신용불량자로 전락하고 있는데 이를 개인의 문제로 치부하고 내버려둔다는 것은 지나친 무관심이다. 정부가 나서서 연체자의 채무를 감면해 주거나 일부 경감해줘야 하며, 은행은 고금리 대출을 저금리로 전환해야 한다.

공부만 열심히 하면 성공은 보장된다 우겼었다. 적어도 우리 기성세대는 공부가 출세로 이어지는 불변의 진리이자 상류 사회로 신분 상승이 보장되는 황금 티켓이라 배웠다. 그리고 어른이 된 우리들은 다시 아이들에게 고집 부렸다. '공부만 해라. 공부만이 살길이고, 대학 졸업장이 있어야 성공한다'고.

그러나 현실은 이처럼 추악하다. 취업은 점점 멀어지고, 졸업 후 취업과 함께 성공이 아닌 신용불량자의 낙인이 언제 찍힐지 모를 위기가 기다리고 있다. 누가 공부해야 할 대학생들의 손에 펜이 아닌 고무장갑을 끼워 주었는가. 최저 임금의 시급마저 제대로 받지 못하는 알바생들이 있다는 소식은 기성세대들에게 안타까움과 책임감을 느끼게 한다.

'신용카드 긁으면 된다'는 악마의 속삭임

언제부터인가 현금을 쓰면 바보 취급을 받는 세상이 됐다. 현금은 운용하고 고가의 물품은 무이자 할부를 이용하는 것이 현명하다는 식이다. 언뜻 생각하면 틀린 말이 아니다. 게다가 신용카드는 사용할수록 혜택이 늘어난다. 말 그대로 '신용카드'라서 쓰고 잘 갚는 실적이 쌓일 때마다 신용 점수가 올라가고, 신용 점수만큼 금융권에서 혜택을 받게 된다. 신용 대출 시 받을 수 있는 대출 금액도 등급에 따라 차등화되며, 심지어 이자도 낮아진다.

또한 우리나라는 경기부양책의 일환으로 소비를 활성화하기 위해 신용카드 사용금액에 소득공제 혜택도 주고 있다. 그래서 우리들은 쉽게 생각했다. 어차피 쓰는 10만 원, 카드로 쓰면 무이자 할부도 되고 소득공제도 받을 수 있으니 일거양득이라고. 거기에 포인트 제도가 있어 선물로 교환하여 받거나, 특정 제휴 매장에서 할인도 해주고 있다. 이쯤 되면 신용카드가 아닌 현금을 쓰는 사람이 바보로 보일 지경이다.

사실 문제는 신용카드가 아닌 우리의 마음이다. 광고에 나온 대로 '여우'같이 쓴다면 정말 현명한 소비지출이 가능하다. 소비자에게 주어지는 여러 가지 혜택들은 알뜰히 챙길 만한 가치가 있다. 그러나 문제는 '곰'처럼 소비하는 사람들이다. 그리고 우리들은 대개 '곰'에 가깝다.

무엇보다 우리는 견물생심의 충동을 이겨내기가 쉽지 않다. 당장 현금지출이 되지 않으니 심리적 압박을 느끼지 못한 채 부담없이 긁고 또 긁는다. 현명한 소비란 반드시 필요한 물건을 적시에 적량 구매하는 것이다. 그러나 신용카드가 갖고 있는 '빚의 너그러움'이 현명한 소비를 방해하고, 필요가 아닌 충동구매를 부추겨 결국 능력 이상의 빚을 지게 만드는 사태를 초래한다.

신용카드 회사들의 마케팅을 살펴보자. 광고를 통해 그들은 '현명한 소비'라며 최고의 고객으로 모신다고 굽실거린다. 사용하면 사용할수록 이득이라는 말도 절대 빠지지 않는다. 명함 사이즈만 한 카드 한 장 있을 뿐인데, 그것을 빌미로 돈을 빌려준다. 앞서 부동산 이야기에서도 언급되었지만, 돈을 빌리는 것이 껄끄러운 우리들에게 마음 놓고 돈을 쓰게 하는 것이 고급 혜택인 양 최면을 건다. 심지어 신용카드 레벨이 일반인지, 골드인지, 플래티넘인지 혹은 한도 금액이 얼마인지에 따라 사회적 위치와 지위가 평가되는 양 착각하게 만들기도 한다.

신용카드 회사들이 고객의 지출을 부추기고 자신들의 수익에만 열을 올리느라 무리한 카드 가입 유치를 하는 것은 곧잘 사회적 이슈가 되곤 했다. 자격 요건을 갖추지 못한 사람까지 무차별적으로 모집하고, 그것이 문제가 되어 사용금액을 연체할 시에는 높은 이자로 연체금을 물린다. 그뿐인가. 은행 이자보다도 비싼 이자로 손쉽게 대출을 받을 수 있게도 한다. 체납할 위기에 처한 고객에게는 리볼빙이라는 서비스로 천천히 갚을 수 있는 기회를 주는 듯 보여도 사실은 더욱더 높은 이자로 수익을 올리고 있는 것이다. 또한 사용하는 금액이 많아지면 카드의 사용한도를 높여주며 VIP라고 찬사를 보낸다. 더 많이 카드를 사용해서 더 많은 수익을 올려달라는 새로운 '올가미' 서비스다.

고객의 입장에서 보면 인정받는 기분과 존중받는 마음이 들어 기분이 좋아진다. 물론 이는 엄연히 착각이다. 착각의 대가는 암울하다. 매월 월급날이 다가오고 카드 결제일이 되면 여지없이 한숨이 흘러나오게 되니 말이다. 점점 급여액과 맞먹어가는 카드 결제금의 압박에 '카드를 이제 그만 쓰자.'고 다짐을 하게 될 것이다.

하지만 이미 수입 대비 카드 결제 금액이 많아진 당신은, 당장의 생활비를 위해서라도 카드를 부러뜨릴 용기를 낼 수가 없다. 이미 올가미에 발이 묶인 탓이다. 그리고 한계에 이르렀을 때에는 신용불량자라는 오명을 쓴 채 지난날을 후회하게 된다. 우리는 어떻게 이 늪에서 빠져나올지 진지하게 고민을 해야 한다.

깨닫는 순간이 기회가 찾아온 골든타임이다. 망설임 없이 지갑 속의 카드를 잘라버려야 한다. 당신에게 현명한 소비를 하겠다는 모진 각오와 다짐이 없다면, 늘 달콤한 유혹으로 부추기는 신용카드를 절대 지갑 속에 두어서는 안될 일이다.

펀드 사고파는 행위로 돈 버는 증권사

주식 투자로 가지고 있던 큰 재산을 날렸다는 어느 연예인의 이야기가 심심치 않게 들린다. 결코 남의 일이 아니다. 개미라고 불리는 개인들은 예측할 수 없는 주식 시장에서 매번 희생타가 되기 일쑤다. 오를 때 팔고, 내릴 때 사면 수익이 난다고 하는데 말이 쉽지, 타이밍 맞추기가 정말 어렵다. '좀 더 오르겠지.'라는 기대심리와 '더 떨어지기 전에 팔자.'라는 불안심리가 부딪치기 때문일 터이다. 그러니 전문가의 조언을 찾아 도움을 받게 된다.

"좋은 상품이 있어 추천 드립니다."

미래를 위해 좋은 수익 상품을 찾는 당신에게 이런 제안이 들어왔다면? 대체 어떤 상품일까 귀가 솔깃해질 것이다. 사람들이 주식이나 펀드에 관심을 갖고 투자를 하려는 이유는 너무도 분명하다. 낮은 금리 때문에 저축이 만족스러운 투자가 되지 못하므로 목돈이 부족한 서민들이 펀드나 주식 투자에 더욱 매력을 느낄 수밖에 없다.

가끔 주식이나 펀드 투자로 신화를 이루었다는 사람들이 언론에 등장하며 입소문을 탄다. 단돈 300만 원으로 시작했는데 몇백 억 수익을 얻어 슈퍼 개미가 되었다는 이야기에 '나도 할 수 있다.'는 꿈을 꾸게 된다. 아무것도 모르던 비전문가가 혼자만의 힘으로 공부해 주식 거래로 고수익을 올렸으니 노력만 한다면 누구나 가능할 것 아닌가. 그리고 이들은 야심만만한 투자 지망생들에게 노하우를 전수한다며 강연도 한다. 그들의 화려한 언변과 이미 증명된 수익률에 개미들의 아우성이 요란해진다. 정말 우리 모두에게 가능한 일일까?

하지만 진짜 개미의 현실은 늘 손해를 입는 '소액 투자자'들의 모습이다. 증권사 직원의 말만 믿고 투자한 펀드, 등락폭을 거듭하지만 실세라며 매일 상종가를 달리는 테마주, 어디선가 날아온 증권가 '찌라시'에 홀려 사버린 작전주 등등. 개미들은 언제나 큰손의 희생양이 되곤 한다.

톡 까놓고 말해서 개미로서 고수익을 올리기는 쉬운 일이 아니다. 신문과 방송에 오르내리고 책도 펴냈던 유명한 투자자가 나중에 투자에 실패하여 엄청난 빚을 지게 되었다는 얘기도 심심찮게 들려온다. 결코 일부 투자자들의 눈부신 성공담에 현혹되어서는 안 된다.

주식 투자에서 개미보다 더 '안정적인 입장'에서 수익을 올리는 주체가 있다. 바로 증권사다. 증권사는 위탁매매에 따른 수수료에 의존하는 이익집단이다. 고객들의 매매 회전률이 높아야만 수익이 창출되고 높아진다. 때문에 고객 자산의 증가보다는 고객의 증권 거래 활성화에 관심이 많다. 거래가 많을수록 수수료가 많아지기 때문이다.

주식 거래에서 돈을 벌고 싶다면 어떻게 해야 할까? 흔히 재무전문가들은 '주식은 브라주카와 같다.'고 말한다. 브라주카는 2014년 브라질 월드컵 공인 축구공이다. 축구를 잘하기 위해서 축구선수들이 알아야 할 것은, 공이 얼마나 예쁜지 바느질은 잘 되었는지 혹은 가죽은 어떤 것인지가 아니다. 선수들이 집중해야 하는 것은 공의 탄성을 파악하고 드리블을 잘해서 골대에 골인시키는 것에 있다.

주식 거래로 돌아가 비교해 본다면, 현재 등락률이 몇 퍼센트이고 얼마나 인기가 많은지, 어떤 이슈에 의해 현재 상한가를 이루고 있는지 등은 중요치 않다. 특히 정확한 분석이 아닌 당장의 이런 이슈들로 인한 증권사 직원의 추천은 조심해야 할 사항이다. 물론, 증권사 직원들도 이런 정보만으로 추천하진 않는다. 그러나 타인이 제공하는 정보보다 투자자 스스로의 힘으로 주식시장과 기업분석을 하는 노력이 실패하지 않는 비법의 하나이다.

주식 투자로 돈을 벌고 싶다면 기업이나 증권사 직원이 내민 재무제표만 의지하지 말자. 최근의 기업 동향만이 아닌 철저한 기업분석과 투자분석을 통해 먼 미래까지 내다보는 굳건한 믿음과 확신으로 이루어져야 한다. 주식 투자 메커니즘을 이해하고 증권회사에 휘둘리지 않는 장기투자, 가치투자에 입각한 안목이 필요하다. 잊지 말자. 주가 폭락으로 투자자는 손해를 보아도, 증권회사는 중개 수수료라는 수익이 남는다.

퓨전 상품으로 소비자를 현혹하는 보험사

최근 들어 보장도 되고 연금도 되는 1석 2조의 보험 상품의 판매가 인기다. 이름하여 연금 받는 종신보험, 미리 받는 종신보험이다. 상품 하나로 두 가지가 해결된다니 얼마나 좋은가. 말 그대로 '퓨전'이다.

하지만 자세히 들여다보면 순수한 연금 목적의 보험상품보다 사업비가 훨씬 높은데, 이것은 두 가지 단점이 있다. 하나는 만기 전 해지 시 원금 손실이다. 연금 받는 종신보험은 보장성 보험으로 인지하지 못하고 가입하는 경우가 많다. 나중에 알고 잘못 알았다며 해약하려고 하면 원금 손실 문제가 발생한다. 연금받는 종신보험은 적어도 20년 이상 장기적으로 납입해야 혜택을 받을 수 있어 인내와 끈기가 필요한 상품이다. 사업비가 크기 때문에 중간에 변심이나 개인 사정으로 불입을 중단하고 해지 수순을 밟는 불상사가 생길 경우, 원금에 턱없이 못 미치는 환급금을 받게 된다. 두 번째 단점은 받게 될 수령액이 순수 연금상품보다 적다는 것이다. 보험을 납입하는 동안 보장이라는 혜택을 주기 위해 사업비를 차감하고 저축으로 투입되는 금액이 줄어들기 때문이다.

종신보험은 본래 사망 후 보험금을 받도록 설계된 보험이다. 그러나 퓨전 종신보험은 보험 계약기간 동안 사망보험금을 받거나, 살아있을 때 저축금액을 찾아 쓸 수 있다는 점에서는 분명 구미가 당길 만하다. 하지만 연금을 기대한 사람은 앞서 이야기한 두 가지 문제로 실망할 수 있다. 따라서 보험에 가입할 때에는 분명한 목적을 세우고 그에 맞는 상품을 선택하는 것이 좋다.

가장 큰 문제는 이러한 퓨전 상품을 고객에게 장점만 부각시켜 권유하고 기존 연금보험 상품과 비교했을 때 어떤 장단점이 있는지를 제대로 알리지 않는 불완전 판매를 하고 있다는 것이다.

최근 조사된 보험연구원의 자료에 따르면 종신보험계약 유지율

개인연금 가입률과 계약 유지율

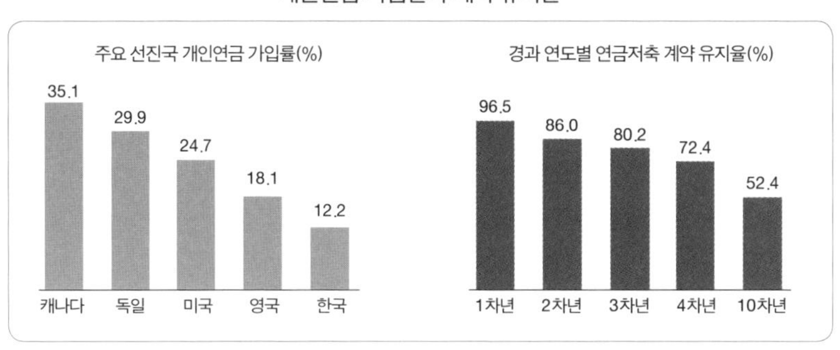

은 가입 후 1년 시점에 79.7%이며 점차 줄어들어 5년 후에는 절반인 50.9%로 뚝 떨어진다. 최종적으로 연금보험이 10년 후에도 50%가 넘게 유지되는 반면, 종신보험은 10년 후 불과 20% 정도만 유지되고 있다. 종신보험계약 유지율이 갈수록 떨어지는 이유는, 사람들이 처음엔 사후에 보험금을 타는 쪽으로 가입했지만, 기대수명이 길어지면서 사후보다는 사는 동안의 대비책을 만드는 게 더 중요하다고 생각을 바꿨기 때문으로 추정된다.

사정이 이렇다 보니 보험회사는 유지율 좋은 연금상품보다 유지율이 낮고 보다 이익이 많은 종신보험 판매에 열을 올릴 수밖에 없는 것이다. 종신보험이지만 사실은 저축보험과 같은 상품의 등장 배경에는, 보험회사의 이런 딜레마가 숨어 있다. 또한 가족을 위해 사망보험금도 받고 싶으면서 살아 있을 때의 보장도 원하는 소비자들의 심리도 반영된 것이라 봐야 한다.

최저보증이율(3.75%)이 있기 때문에 공시이율연금보다 낫다고 이야기한다. 그러나 가입설계서를 보면 원금이 회복되기까지 약 12~15년 정도 걸리는데 표면금리는 최저보증이율(3.75%)이지만 원금이 될 때까지 실제 금리는 사실상 '0'인 것이다.

분명한 것은 '연연보보'다. 연금은 연금보험에, 보장은 보장성 보험에 구분해서 따로 가입하는 것이 보장금액도 높고 연금액도 많아 유리하다는 사실이다. 마치 하나의 금융 상품으로 모든 것을 해결할 수 있는 것처럼 현혹하는 보험사, 확인도 없이 그걸 판매하려는 보험설계사를 믿어서는 곤란하다.

경인운하 아라뱃길에 가면 육지에서는 시속 100km, 물 위에서는 시속 7~8노트로 달리는 수륙양용 버스가 있다. 육지와 물을 자유롭게 오갈 수 있는데, 대당 가격이 무려 10억 원이다. 육지가 아닌 물 위까지 달려야 하니 자동차 엔진에 보트 엔진까지 달고 있다. 일반 버스가 그저 덩치 좋은 건장한 사내라면, 수륙양용 버스는 초대형 거인인 셈이다.

덩치가 크니 일반 버스처럼 속도를 내지 못한다. 물 위에서도 보트만큼의 위력을 발휘하지 못하고 있다. 무거운 차는 연료비도 많이 든다. 같은 속도와 힘을 내기 위해 많은 연료가 필요하기 때문이다. 퓨전 상품의 사업비가 떠오르는 부분이다. 무엇이든 배경에 맞는 가장 효율적인 옵션과 시스템이라는 것이 있는데 이도저도 아닌 어정쩡한 기능으로 그저 관광용의 역할에만 적합하다.

이렇듯 둘을 합쳐 놓으면 어느 쪽에서도 역할을 제대로 하지 못할

몇 가지 기능을 하나로 합쳐 놓으면 어느 쪽도 제 역할을 못할 가능성이 높다.
마찬가지로 퓨전의 함정은 두 마리 토끼를 모두 잡으려는 데 있다.
두 마리 모두를 잡으려다 보면 한 마리도 잡지 못할 때가 많다.

가능성이 높다. 마찬가지로 보장과 연금을 합쳐 놓은 퓨전 상품은 저축 여력이 높지 않고 보장도 낮은 사람에게 맞을 수 있지만, 일반적으로는 보장과 연금을 구분해서 가입하는 것이 훨씬 유리하다.

재테크의 시작은 자족이다

품위와 우월감을 돈으로 사는 사회에 대한 소고

명품 백에 담긴 품위의 함정

"당신도 명품 백 갖고 싶어요?"

아내가 명품 백을 사달라고 조른다며 투덜거리던 직장 동료가 생각나 아내에게 물었다. 그런데 아내는 대수롭지 않다는 듯 어깨를 들썩했다. 나는 아내에게 꼬박꼬박 존댓말을 하고 아내는 편하게 말을 놓고 있다. 10년을 넘게 산 부부지만 당연히 다른 점이 많다. 다르기에 다투기도 하지만 서로 존중해주려고 노력한다.

"명품 백을 안 갖고 싶은 사람은 없어. 그렇지만 없다고 해서 자존심 상하고 기죽는 건 아니야. 나는 막 욕심내서 신상 사려고 애쓰고 그러는 성격이 아니잖아. 능력껏 하는 거지 뭐…."

"친구 아내는 명품이 있어야 동창 모임에서 기죽지 않는다고 하는데요?"

"출세한 남편을 둔 친구들의 잘나가는 모습 앞에서 좀 기죽기는 해. 시장에서 산 싸구려 가방 들고 있는데 옆 친구가 샤넬 백 들고 있으면 비교되잖아. 누가 뭐라고 하지 않아도 괜한 자격지심에 그럴 수도 있고, 또 실제로 수군거리면서 말하기 좋아하는 여자들도 있고. 솔직히 자존심 상하지만, 능력껏 살아야지 어쩌겠어. 겉모습으로 사람을 판단하는 것은 못된 초딩 애들이나 하는 짓 아닌가?"

아내의 말에 전적으로 동감한다. 모든 것은 능력껏 하는 것이다. 물론 여기서의 능력은 저마다 처한 경제적 상황일 뿐, 진정한 의미의 능력은 아니다. 여건이 되지 않는데 타인의 눈을 의식해 무리해서라도 명품을 원하는 건 불행한 일이다. 경제적 상황을 그 사람이 가진 순수한 능력으로 평가하는 것도 썩 내키는 일이 아니지만, 행색이 그 사람의 능력을 평가하는 잣대가 되는 것도 잘못된 일임을 우리는 알고 있다. 알면서도 늘 마음의 유혹을 이기지 못하고 비교하며 시샘하고 욕심낸다.

내 안에 자족이 없다

사람이 살아가면서 가장 힘든 것 중 하나가 '자족'인 것 같다. 자족(自足)의 사전적 의미는 스스로 만족함을 느끼는 것이다. 즉 환경과 조건에 관계없이 자신의 만족을 충족시키는 것이라 할 수 있다. 자족하는 사람은 가진 것이 많든 적든 만족감을 느낀다. 나보다 남이 더 비싸고 좋은 것을 가졌다거나 부유하다고 상처받거나 질투하지 않는다.

욕심을 버리고 마음을 비운다는 점에서 참 어려운 경지이면서도, 삶의 질을 위해 반드시 실천해야 할 덕목이다. 남과 비교하는 한 나는 끊임없이 불행할 수밖에 없다. 나름의 기준을 충족했더라도 더 나은 상황의 타인을 보면 부러워질 수밖에 없다. 천신만고 끝에 집을 장만해도 행복감은 잠깐이다. 더 큰 평수에 사는 사람이 눈에 들어오면서 내 집이 하찮게 느껴진다. 차곡차곡 돈을 모아 1억 원을 만들었지만 5억, 10억 가진 사람을 보면 1억이 별것 아닌 것과 같다.

끊임없이 남과 비교하며 불만을 갖는 사람들의 심리로 덕을 보는 것이 명품 산업이다. 백화점에서 판매되는 명품 유모차는 가격이 수백만 원 대에 이르지만 없어서 팔지 못할 정도로 호황이다. 유모차는 아빠의 자존심이라고 하는 우스갯소리가 씁쓸하다. 귀한 자녀를 좋은 유모차에 태우고 싶은 마음은 이해하지만 영 · 유아기 때 잠깐 타는데 굳이 비싼 돈을 써야 할까?

한 달 월급을 호가하는 명품 가방도 잘 팔린다. 몇 백만 원은 족히 나가는(또는 그 이상) 명품 가방을 멘 사람을 거리에서 발견하는 건 그리 어렵지 않다. 과연 우리가, 이 책을 읽는 당신이 고가의 유모차를 사고 수백만 원짜리 가방을 들 정도로 경제적인 여유가 되는가? 신용카드 할부를 긁어서라도 비싼 물품으로 치장하고 싶어 하는 건 자족이 없기 때문이다. 끊임없이 비교하기 때문이다. 자족 없이 남과 비교하며 비싼 물품으로 우월감을 찾는 한 평생 멈추지 않는 갈증에 시달리게 될 것이다.

부모와 자녀를 절망으로 몰아넣는 비교의식

가계부를 살펴보자. 가장 큰 지출 항목이 무엇일까? 아마 거의 모든 사람들이 교육비라고 답할 것이다. 한국은 세계적으로도 유례가 없을 정도로 교육열이 높다. 그 결과 가계지출의 대부분은 자녀교육비에 치중되어 있고 매년 큰 폭의 증가세를 보인다.

그래서 우리 아이들이 공부를 무척 잘하고 행복해하느냐 하면 아니다. 학원은 족집게 시험이라는 요령을 공부하는 곳으로 전락된 지 오래다. 그럼에도 학원에 보내는 이유는 우리 아이만 뒤처질까 하는 불안 때문이다.

학원 보내는 게 나쁘다는 뜻은 아니다. 하지만 모두 공부를 잘할 수는 없다. 공부를 잘하는 사람이 있으면 못하는 사람도 있게 마련이다. 나는 그것이 머리가 나빠서라고 생각하지 않는다. 다만 우리가 공부를 잘하는 사람과 그렇지 않은 사람으로 나뉘는 것은 서로 다른 길을 가도록 각각 저마다의 다른 재능을 타고났기 때문이다. 그래서 사람들의 인생은 제각각이고 직업도 수천, 수만 가지가 있다.

이렇게 선택할 수 있는 길이 다양한데도 우리는 판사, 검사, 의사 등 특정 몇몇 직업에 목을 맨다. 부와 명예가 보장되었다고 믿어서겠지만 어디에도 자녀의 재능이나 적성을 먼저 생각하는 마음은 없다. 아이가 꾸는 꿈과 희망도 고려되지 않는다. '네가 아직 몰라서 그래.'라며 '엄마 말 들어. 후회하지 않을 거야.'라고 한다. 가장 상처 받는 말은 정말 있는지 모를 엄친아(엄마 친구 아들)들과의 비교다. 이러한 비교의식이 자녀의 마음에 상처를 남기고, 친구마저 경쟁상대로 삼게 한다.

자족을 알고 나면 자녀교육의 방향은 달라진다. 자녀에 대한 자족은 자녀의 현재 모습을 있는 그대로 인정하며 부모의 욕심을 내려놓는 것이다. 공부를 잘하면 잘하는 대로 못하면 못하는 대로 자신만이 갖고 있는 타고난 재능이 있다. 다만 부모는 그것을 찾는 데 관심을 기울이고 노력을 할 뿐이다. 자녀의 있는 그대로를 지켜보고 인정하는 것, 오직 자족의 마음이어야 가능하다.

자족은 지출을 통제한다

사람은 저마다 이 땅에 온 목적이 있다. 그건 누구나 마찬가지다. 그렇기 때문에 행복하게 살아야 하며 그럴 권리가 있다. 자족은 행복으로 안내하는 네비게이션이라 할 수 있다. 삶을 주관하며 자유롭게 통제하는 힘을 주는 것이 바로 자족이다.

또한 자족은 기쁨의 통로이다. 삶의 매 순간 언제 어디서나 당신을 웃게 만든다. 아무 이유도 없다. 그냥 삶이 즐거운 것이다. 자족은 그런 놀라운 에너지를 갖고 있다. 소소한 일상과 평범함 삶이 주는 진정한 기쁨이 무엇인지 알게 한다. 만약 내가 어떠한 상황에도 흔들리지 않고 자족한다면 어떤 일이 일어날까?

첫째, 내 마음을 괴롭히던 불평 불만이 사라지고 매사에 감사하는 마음을 가지게 된다. 급여를 200만 원 받든 500만 원을 받든 어떠한 형편에라도 감사하다. 전세든 월세든, 빚이 있든지 적든지 이유가 없다. 감사가 마음에 가득 차면 불만이 사라지고 인생이 훨씬 아름답게 변한다.

둘째, 이런 마음은 지출을 통제하게 만든다. 자족은 재물(돈)을 지배한다. 내가 가진 것에 감사하니 지출하고 싶을 때에도 훨씬 신중해지고 이것이 반드시 나에게 필요한 물품인지를 스스로 묻게 된다. 돈을 좇는 게 아니라 통제하며 살게 되는 것이다.

자족은 이처럼 내 삶 전반의 질을 향상시켜 줄 수 있다. 마음을 평안하게 하고 지출을 통제하니 경제적으로도 보다 안정적으로 꾸려갈 수 있다. 하지만 자족함은 말처럼 쉽게 갖춰지는 덕목이 아니기에, 태생적으로 욕망을 좇는 인간의 본성을 진정한 가치를 추구할 수 있도록 훈련시킬 수 있는 방법이 필요하다.

자족 훈련의 가장 좋은 방법, 감사노트

자족의 마음을 갖기 위해 매일 감사노트를 쓰는 것만큼 좋은 방법은 없다. 노트를 준비하여 매일 감사한 이유 다섯 가지를 정성껏 적는 것이다. 대충 적지 않고 진지하게 생각하고 마음을 다해 기록한다. 시간은 아침, 저녁 상관없지만 아무도 없이 혼자 있을 때가 좋다.

2015년 10월 28일 수 감사노트

1. 푸르고 맑은 하늘을 볼수 있으니 감사합니다.
2. 오늘 재우상 밥이 있어서 감사합니다.
3. 아이들이 건강하니 감사합니다.
4. 감사노트를 매일 쓸수 있어서 감사합니다.
5. 맘껏 운동할수 있어서 감사합니다.

사합니다. 감사합니다. 감사합니다. 감사합니다.
합니다. 감사합니다. 감사합니다. 감사합니다
합니다. 감사합니다. 감사합니다. 감사합니다

자족은 기쁨의 통로이다. 삶의 매 순간 언제 어디서나 당신을 웃게 만든다.
아무 이유도 없다. 그냥 삶이 즐거운 것이다.
자족은 그런 놀라운 에너지를 갖고 있다.

나는 이른 아침 일어난 직후에 감사노트를 쓰고 있다. 올해로 6년째로 접어들었는데 일기장 못지않게 추억할 거리가 많은 기록이다.

감사노트를 적다보면 쓸 만한 것이 생각나지 않거나 중복되기도 한다. 그래도 괜찮다. 반복함은 오히려 더 좋은 것이다. 예를 들어 '맛있는 커피 한 잔을 먹게 되어 감사합니다.' '화분에 물을 주게 되어 감사합니다.'와 같은 반복된 일상도 괜찮다. 일상적이든 특별한 것이든 모두 좋다.

매일 감사할 만한 것이 그렇게 많을까 하고 생각하는 사람들도 있을 것이다. 곰곰 생각해 보면 감사해야 할 것들이 너무도 많다. 내가 아무렇게나 보내버린 오늘이 누군가에게는 절실한 하루였을 수도 있다. 무심코 지나친 길가의 꽃들이 누군가에게는 보고 싶은 아름다움일 수도 있다. 눈을 뜨고 아무 일 없이 깨어났으니 얼마나 감사한 일인가. 밤새 많은 사고와 질병으로 숨진 사람들도 있지 않은가. 오늘도 살아 있기에 호흡할 수 있고 아침에 일어나 시원하게 물 한 잔을 마실 수 있으니 얼마나 고마운 일인가?

감사노트만으로 삶의 자세가 달라지고 정말 행복할 수 있을지 의문이 들 수도 있다. 감사노트는 마음에 강인한 근육을 만드는 것과 같다. 보이지 않는 마음의 근육이지만 꾸준히 지속되어야 더욱 단단해질 수 있다. 3개월이라는 목표를 정하고 시작해보자. 오래지 않아 마음 깊은 곳에서부터 긍정과 자존의 에너지가 마르지 않는 샘처럼 차오르는 것을 경험할 수 있다.

베이비부머와 에코 세대의 비애

추락하는 부동산 호에 갇힌 두 세대의 혼란을 엿보다

아들의 결혼과 아버지의 은퇴, 희비의 교차점

S씨는 기어이 올 것이 오고야 말았다며 한숨부터 내쉰 고객이다. 아들이 결혼할 여자를 소개하겠다며 상견례 날짜를 잡았는데, 기쁜 마음은 잠시였고 곧 걱정과 부담감이 몰려왔다고 한다.

부모 된 입장에서 결혼하는 아들에게 교통 좋은 지역의 번듯한 아파트를 사주고 싶은 마음이 어찌 없을까. 은퇴 후 생활비로 쓰기에는 턱없이 부족한 국민연금과 퇴직금으로 살아가는 S씨. 그래도 직장에 다니는 아들이 생활비를 보태주어 큰 어려움이 없었다. 그러나 이제 결혼해 독립하면 지금처럼 도움을 기대하기는 어려울 것이다. 아들 또한 자신만의 삶이 있지 않던가.

"요즘 거래가 좀 됩니까?"

답답한 마음에 부동산에 들렀건만, 중개인은 손사래를 쳤다. 급매물이라고 시세보다 굉장히 싸게 나오지 않는 한 팔리지 않는다고 했다. 아직 미처 갚지 못한 대출이 있으니 헐값에 내놓을 수는 없었다. 그래도 혹시 모르니 좋은 구매자가 있으면 연결해달라고 하고는 집을 내놓았다. S씨가 당장 할 수 있는 최선의 선택이었다.

"평생을 일했는데… 남은 것이 겨우 집 한 채가 전부예요. 이제 아들놈 장가보낸다고 그걸 내놓고 오니 어찌나 속이 쓰리던지. 선생님, 제가 헛살았지요? 저 같은 노인네들은 어떻게 노후를 대비해야 합니까?"

58년 개띠인 S씨는 대한민국의 전형적인 베이비부머 세대다. 삼십대 초반으로 결혼을 앞둔 아들은 베이비부머 세대의 자녀격인 에코 세대이다. 현재 대한민국 부동산 시장에서 가장 중요한 역할을 하고 있는 세대이기도 하다. 에코 세대 중 경제적 여유가 있는 이들은 부동산 가격과 전세가 상승을 이끌고 있으며, 경제적 여유가 없는 이들은 하우스 푸어, 전세 푸어가 되어 S씨처럼 부동산 리스크를 온몸으로 감당하고 있다.

반대로 베이비부머 세대인 S씨의 세대들은 은퇴 후 현금 자산이 없는 상태로 전 재산이 집 한 채인 경우가 많다. 나라가 가난했을 때 어렵게 공부하여 자수성가했고 대한민국 경제성장을 이끌어 냈으며, 한때 내 집 마련으로 재미를 보기도 했다. 그러나 IMF 사태, 부동산 하락으로 직격탄을 맞으면서 이제는 험난한 시절을 겪고 있는 세대다. 베이비부머 세 명 중 한 명이 준비된 노후자산이 없다고 답할 정도('베이비부머간 노후가치관과 준비실태', NH투자증권, 2015. 7)로 위기에 놓여 있다. 퇴직 무렵 현금자산은 퇴직금이 전부이고, 아직 납입이 한참 남은 보험이나 주택담보대출 등을 생각하면 걱정에 눈앞이 캄캄하다. 여기에 끝나지 않은 자녀 부양은 바위처럼 무거운 짐덩어리다.

벼랑 끝 베이비부머 세대, 울고 싶은 에코 세대

전세가의 고공행진이 연일 뉴스에 등장하고 있다. 2년에 한 번 계약 갱신 때마다 적게는 수백만 원부터 많게는 수천만 원씩 오르고 있다. 급여를 살뜰히 모아 저축을 한다고 한들, 치솟는 전세가를 따라잡기는 불가능해 보인다. 결국 불편함을 감수하며 집을 줄여 이사를 하거나, 대출에 의존하여 전세금을 올려줄 수밖에 없다. 이러한 상황은 2014년 신규 전세자금 대출 규모가 10조 원을 넘어선 것을 대변한다. 같은 시기, 이미 지급되어 갚아야 할 대출 잔액은 무려 33조 원이었다. 2010년도에 약 12조 원이었던 것과 비교하면 4년 만에 큰 폭으로 늘어난 셈이다.

최근에는 집주인들이 전세보다는 월세 혹은 반전세를 선호하는 편이다. 집주인 입장에서는 금리가 낮은 현 상황에서 임대료를 매월 받는 것이 훨씬 이득이라는 계산도 있다. 또한 어느 정도 담보대출을 끼고 있는 주택이라면 임대료를 통해 대출 이자와 원금을 갚아

나갈 수 있다는 장점도 있다.

전세가가 오르는 이유는 분명하다. 1차 베이비부머(55~63년생)의 자녀로 태어난 에코 세대(79~92년생)의 영향이 크다. 1차 베이비부머의 인구가 약 700만 명, 23~36세의 연령인 에코 세대의 인구는 천만여 명이다. 두 세대의 인구가 전체 인구의 34%에 해당한다.

S씨의 경우처럼 현금자산 없이 오직 부동산에만 의존했던 베이비부머 세대는 불균형적인 재무구조에서 탈피하고자 부동산을 포기하고 있다. 급매물이 등장하고 부동산 가격이 하락하는 이유다. 그러나 집을 구입하는 사람은 거의 실종 상태다. 집값이 떨어지긴 했지만 아직 거품은 남아 있는 상태로 보는 이들이 많기 때문이다. 거품이 낀 집값대로 사고 싶지도 않지만, 살 여력이 되지 않는 것도 문제다. 결혼 적령기인 에코 세대의 전세 수요는 더욱 증가하게 되는 이유이다.

결국 베이비부머 세대가 처한 최대의 난제는 준비되지 않은 은퇴이다. 이는 개인과 국가의 노력이 뒷받침되어야 하는 문제다. 개인으로서는 꾸준한 경제활동이 가능한 일자리를 찾는 것이 필요하고, 국가는 베이비부머를 위해 지속적이고 양질의 일자리를 제공해주어야 한다.

에코 세대는 부모인 베이비부머 세대 덕분에 오늘까지 성장할 수 있었다는 것을 인정하고 감사하자. 베이비부머 세대가 겪는 경제적 곤란함은 무능에서 기인한 것이 아니다. 부모를 부양하면서 자식도 키워야 했던 끼인 세대로서의 어려움이 있었던 것이다. 에코 세대는 이러한 부모의 어려움을 인지하고 언제까지나 부모 세대가 자신들을 떠받쳐 줄 것이라는 기대감을 버려야 한다. 스스로 경제적 독립을 할 수 있도록 저축 습관과 지출 통제로 삶의 자세를 바꿀 필요가 있다. 아울러 미리부터 은퇴 대비를 하는 것도 필요하다.

두 세대의 노력이 기울여진다면 당장 빠르게 결과를 얻지는 못하더라도 세월을 담보 삼아 더 나은 경제 상황으로 갈 수 있다. 어려웠던 시절 허리띠를 졸라맨다는 말로 절약하며 근면 검소한 삶을 살지 않았던가. 이제 다시 그런 마음이 필요한 시기이다.

1부 보이는 통장

Two conditions of happiness

돈 버는 습관, 돈 버리는 습관
_지출 편

01 물 붓기 전에 '깨진 독'부터 고쳐라
02 신용카드, 쿨하게 긁다 쿨하게 망한다
03 자동차 구입, 돌아오지 못할 강을 건너다
04 스스로 하는 DIY 보험설계
05 부동산은 사용자산이다

물 붓기 전에 '깨진 독'부터 고쳐라

지출 통제의 기본, 통장 분리

치솟는 물가, 월급을 따돌리다

토요일 오후, 아이들과 함께 마트에 들른 나와 아내는 장을 본 물건들이 가득 찬 쇼핑 카트를 계산대 앞에 줄 세웠다. 이미 내 앞으로 대여섯 명의 손님들이 서 있었고, 뒤로도 사람들이 다가왔다. 수백 평 매장 안은 상품만큼 손님들도 북적인다. 경제 불황이라는 말이 왠지 무색하다. 확성기로 '지금 이 순간을 놓치면 안 된다.'며 타임세일을 알리는 매장 직원의 호객 행위도 요란하다. 계산대 앞에 줄 서 있던 사람들 중에 몇몇이 이탈하며 카트를 밀고 그곳으로 달려갔다.

"몇 개월로 해드릴까요?"

카트에 담긴 물건들을 계산하기 위해 아내가 카드를 내밀자 계산

원이 물었다.

"체크카드인데요."

아내와 나는 체크카드를 쓰는 것이 습관화되어 있었다. 돈을 절약하고 싶다면 신용카드보다는 당연히 체크카드다.

집으로 돌아오는 길, 아파트 주차장에 차를 주차하고 짐을 내렸다. 문득 기이한 생각이 떠올라 등골이 오싹해지고 가슴이 서늘해진다. 내가 살고 있는 이 아파트에 대출 없이 온전히 자신의 집인 사람이 몇이나 될까. 노랫말처럼 '내 것인 듯 내 것 아닌 내 것 같은' 집에 살면서 생활필수품도 신용카드로 지불했다면? 쇼핑할 때 타고 다니는 자동차마저도 할부로 구입했다면? 그렇다면 우리는 지금 '빚의 무덤' 속에 살고 있는 것이다.

가계신용 · 주택담보대출 추이(단위 : 조 원)

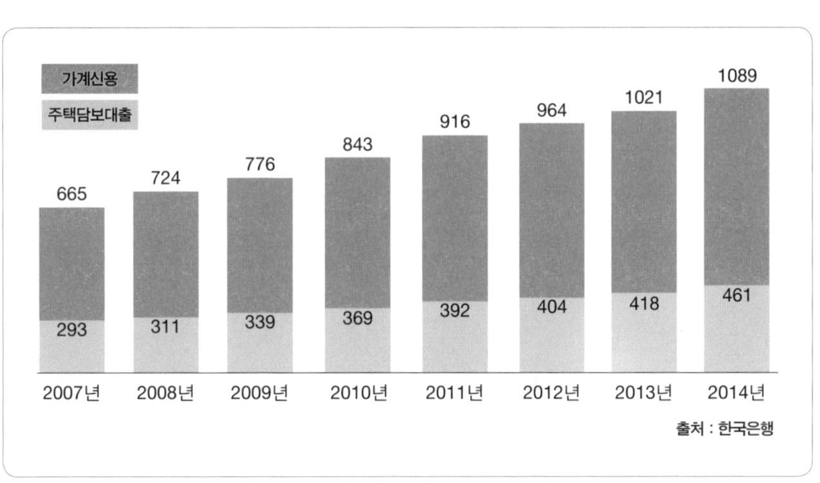

온통 빚이다. 위의 그래프에서 알 수 있듯, 한국은행에서 2014년 4분기 가계신용자료를 발표한 바에 의하면 가계대출 규모가 1천 89조에 달한다. 이는 국민 1인당 2천만 원이 넘는 빚이 있다는 뜻이다. 이 빚은 해마다 증가하고 있는 추세인데, 위에서 말했듯 일반적인 지출마저 카드로 스스럼없이 결제하고 있으니 온통 빚의 무덤이 아니고 무엇인가. 그러니 집도 차도 내 것인 듯 내 것이 아니다.

집의 대출금을 설령 모두 갚는다고 해도, 부동산 투자라는 명목 하에 더 큰 집으로 바꾸기 위해 대출을 받는다. 그뿐인가. 할부로 산 자동차는 시세가 좋을 때 중고로 팔아야 한다며 다시 새 차로 교체한다. 물론 할부 구입이다. 심지어 우리가 손에서 내려놓지 못하는 스마트폰조차도 할부로 구매하고 있지 않던가. 현금 쓰는 것보다 빚으로 거래하는 것이 자연스럽고 당연한 것처럼 여긴다. 이른바 빚을 권하는 사회다. 빚을 얻는 것이 아무렇지도 않을 정도로 둔감해졌다.

최상위 계층을 제외하고, 중산층과 서민층의 삶에 빚이 아닌 것이 있을까 의문이 든다. 평생을 일만 하다 퇴직했더니 남은 것은 집 한 채이고 현금 비중은 얼마 되지 않아 노년이 걱정된다는 어느 베이비부머의 고백이 두렵다. 텔레비전 다큐 프로그램에 등장한 그의 이야기는 경제성장과 더불어 산업화의 주역으로 살아온 한 가장에게 너무 불공평하다 싶을 만큼 암울한 현실이었다.

왜 서민들의 삶이 팍팍해지는 걸까? 그렇다고 소득 수준이 낮아진 것은 아니다. 통계적으로 보았을 때, 1997년 IMF 외환위기 때와

한국의 1인당 국민소득(GNI) 추이 (단위: 달러)

가계 비소비지출 증가 추이 (단위: 원)

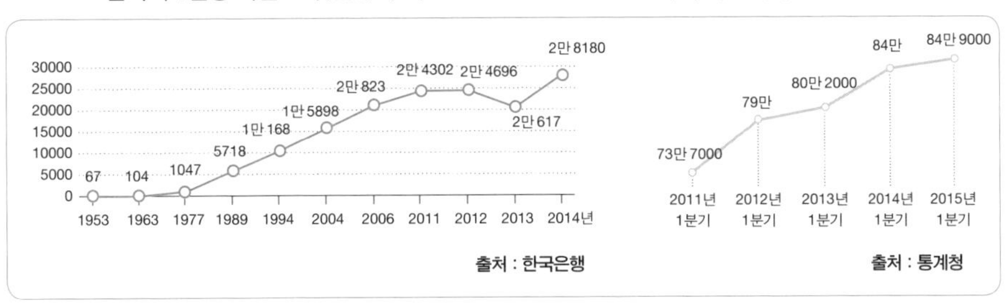

비교해보면 무려 두 배 가까이 오른 2만 8천 불의 소득을 넘어 3만 불 시대에 임박하고 있다. 하지만 이것은 숫자에 불과하다. 소득수준이 올랐지만, 덩달아 오른 물가와 소비 형태의 변화로 이루어진 지출들이 너무 많아졌다. 즉, 소득보다 세금, 국민연금, 건강보험이나 대출금과 같은 고정비용(비소비 지출)이 더 늘어났기 때문에 가계에 부담을 주고 있다.

여기에 자녀가 성장하면서 점점 늘어나게 되는 사교육비의 부담은 가정경제를 더욱 압박하는 부담이 된다. 물가가 오르니 1만 원짜리 한 장으로 충분히 장을 볼 수 있던 시절은 이미 가버린 지 오래, 이제는 10만 원으로도 장바구니를 채우기 힘들다는 비명이 흘러나온다. 이 모든 것들이 결국 우리들이 저축할 틈을 주지 않는 가장 큰 요인이다.

특단의 조치가 필요할 수밖에 없다. 당장 저축과 소비에 대한 욕망을 내려놓고 빚을 갚는 데 힘을 모아야 한다. 나중에 갚겠다는 마음은 잘못된 생각이다. 구멍 난 독에는 물을 채울 수 없다. 부채를 갚을 노력이 먼저다.

가장 먼저 확인할 것은 자신의 지출을 분석하는 것이다. 지출을 체계적으로 관리하려면 가계부를 작성해야 하는데, 지출 항목을 잘 구분하도록 하자. 집집마다 조금씩 차이가 있겠지만, 대개 식비(외식비 포함), 세금&공과금(전기세, 수도세, 관리비, 자동차세 등), 통신비, 차량유지비, 경조사비, 대출금, 용돈, 교육비, 의료비, 저축 등으로 나뉜다. 수기로 작성하는 것보다 컴퓨터로 작성하면 몇 달 치, 몇 년 치를 합해 평균을 내볼 수 있으므로 어느 항목에서 과도한 지출이 일어나고 있는지를 파악하기가 수월하다.

월별로, 분기별로 불필요한 지출이 무엇인지, 어떤 항목이 비중이 높은지 따져봐야 한다. 사교육비가 부담이라면 해당 사교육이 자녀에게 반드시 필요한 것인지, 부모의 욕심에 의해 자녀를 몰아세우고 있는 것은 아닌지도 점검하자. 아이가 원한다면 어쩔 수 없지만, 억지로 등 떠밀어 성과가 없는 것이었다면 다시 생각해볼 필요가 있다.

별 의식 없이 지출하는 외식비가 의외로 과다하게 나올 수도 있다. 언제 구입했는지 모를 식품들이 냉장고에 가득하지 않는지도 확인하자. 번거로워도 필요한 만큼만 장을 보는 습관은 생활비를 엄청나게 줄여주는 효과가 있다. 필요하다면 대형마트 출입을 삼가는 것도 좋은 방법이다. 대신 현금을 갖고 재래시장을 이용하자. 쇼핑 카트를 사용하지 않는다는 것만으로도 충분히 과소비를 막을 수 있다.

이러한 모든 노력들을 통해 지출 습관이 바로 잡히면, 빚을 갚는 것이 수월해진다. 명심하자. 똑같은 조건에서 똑같은 지출을 한다면 빚을 갚을 여유 자금을 만들기란 불가능하다. 빚을 갚는 동안 이 노력들이 바람직한 습관으로 자리 잡을 것이다. 이것은 분명 보너스다. 덕분에 과도한 소비로 다시 빚을 지게 되는 일은 없도록 만들어 준다.

지출 통제의 기본, 통장 3개

지출을 관리하기 위해서는 '자동 시스템'을 만들어야 한다. 직접 관리하지 않아도 입금과 지출이 자동으로 이루어지게 하는 것이다. 가장 먼저 할 일은 통장을 세 개 만드는 일이다. 통장은 같은 은행 또는 다른 은행에 3개를 만들거나 증권회사의 CMA를 3개 만들어도 좋다. CMA는 은행의 예금, 적금처럼 안전한 금융상품으로 단 하루만 맡겨도 이자를 주는 수시입출금 통장이다.

여러 가지 종류의 CMA가 있는데 상품마다 이자지급, 투자방법, 예금자보호 가능 유무 등 차이가 있다. CMA는 4가지 형태로 각각 운용 형태가 다르므로 자신의 성향에 맞게 선택하는 것이 바람직하다. 만약 선택에 어려움이 있다면 가입 시 재무설계사를 통해 상담받는 것도 좋은 방법이다.

세 개의 통장 중 첫 번째 통장은 급여가 이체되는 것으로 생활비 통장으로 사용한다. 두 번째 통장은 저축하는 금액들이 빠져나가는 중간 기점 통장이다. 급여통장에서 이 통장으로 적금, 펀드, 변액보험 등 저축하는 금액만큼 맞춰서 급여일에 자동이체 되게 한다. 지출되

CMA 종류

RP형	MMF형	MMW형	종금형
고객이 입금한 돈으로 '환매 조건부 채권'에 투자, 수익금을 고정된 금리 이자로 지급	금리가 정해져 있지 않으며, 운용 결과에 따라 수익의 변동이 있고, 손실도 가능	우량 기관의 단기 상품에 투자하여 매일 정산, 익일 원리금(원금 + 이자)	고정금리 + 예금자 보호가 가능한 상품. 안정적인 수익을 선호하는 고객에게 추천하는 상품
국공채와 우량채권에 투자하여 운용	기업어음(CP), 양도성예금증서(CD), 콜 등의 단기성 자산에 투자하여 운용	한국증권금융의 예금 및 콜론, 발행어음에 투자하여 운용	우량 기업 어음과 채권에 투자하여 운용
금리 상승기에 유리	실적배당형, 수익률 수시 변동, 금리 하락기에 유리	일일 정산으로 복리 효과 가능	수익률은 낮지만 예금자 보호 가능

어야 할 적금이나 보험료 등이 빠져나가면 통장 잔고는 언제나 0이 된다. 저축만 통장정리가 되기 때문에 자동이체가 되지 않은 경우 한눈에 알 수가 있다. 세 번째 통장은 비상예비통장이다. 재무상태와 현금에 따라 각자 개인차가 있을 수 있지만, 생활비의 3개월분 내지는 6개월 치를 미리 준비하는 것이 좋다. 생활비 통장에 잔고가 부족한 경우 비상예비통장에서 인출해서 사용하고 남는 경우 비상예비통장으로 이체한다.

간혹 CMA는 금융기관에 따라 저축 시 자동이체가 안 되는 경우가 있으니 확인해 보기 바란다. 여기에 더 보탤 것이 있다면 생활비

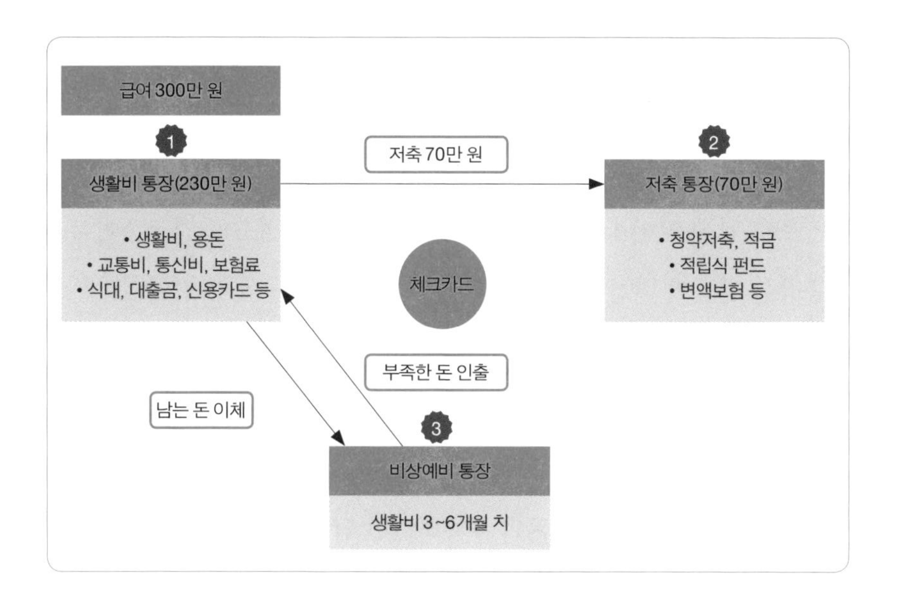

통장에서 지출이 될 시에 문자 알림 서비스를 받는 것이다. 사용내역 알림 서비스를 받게 되면 현재 통장의 잔고를 매번 확인할 수 있고 지출의 속도를 조절할 수 있어 매우 유용하다.

눈에 보이는 현금으로 용돈관리

개인 용돈을 낭비 없이 효율적으로 사용하려는 노력도 필요하다. 한 달간 필요한 만큼의 현금을 인출하여 필요시 사용하는 것이 바람직하다. 예를 들어 한 달 용돈을 40만 원으로 정해두었다고 하자. 일주일에 10만 원, 하루 2만 원을 쓸 수 있다. 봉투 4개에 10만 원씩 담아둔다. 출근할 때 2만 원을 꺼내어 오늘 하루 그 범위 안에서 지출하겠다는 다짐을 하고 지갑에 넣는다.

물론 점심 식사 후 동료들과 커피 한 잔을 하거나 퇴근길 회식자리가 있다면 부족할 수밖에 없다. 그러나 막상 실천해보면 부족한 날보다 남는 날이 더 많다. 이렇게 남은 액수는 별도의 저금통이나 통장을 만들어 비상금으로 축적하자. 작은 모래알 하나가 넓디넓은 백사장을 만들고, 작은 꿀벌이 부지런히 날개를 움직여 모은 꿀이 항아리를 채우지 않던가. 동전 한 닢부터 시작하지 않은 목돈은 없다. 또한 부족함이 없는 넉넉한 용돈도 없다.

만약 정해진 하루의 용돈이 부족하다면 남는 돈을 모아 둔 통장의 체크카드를 만들어 활용하자. 미리 용돈을 더 지참하는 것도 방법이다. 그러나 비상금이 모아졌다면 이런 때에 쓰는 것도 좋은 방법이다.

이렇듯 고정적인 지출은 통장에서 자동이체 되는 것이 편리하지만, 생활비나 용돈은 직접 눈으로 현금을 보고 만져야 지출 통제 훈련이 자연스럽게 이루어진다. 완전히 내 것으로 습관이 되기까지 불편함을 참기 힘들 것이다. 그러나 최소한 6개월 정도만 도전하는 마음으로 버텨보자. 현금으로 용돈 관리를 하지 않고 체크카드와 신용카드로만 했을 때 생기는 충동구매를 줄일 수 있다. 지출하는 만큼 줄어드는 자산이 눈에 보이기 때문이다. 덕분에 지출에 대한 계획을 미리 세울 수 있어 무분별한 낭비가 현저히 줄어들게 된다.

'돈이 사랑하는 사람'이 되자!

우리가 돈으로부터 오는 압박을 벗어나려면 돈을 좇는 것이 아니라 내게 오도록 기다려야 한다고들 한다. 돈은 아름다운 여인과 같다. 결코 마르지 않을 연정을 품에 담고 있다면 그 여인이 나를 사랑하도록 만들어야 한다. 자신이 가진 사랑이 얼마나 깊은지 고백하며 쫓아다니기만 한다면 사랑이 아니라 집착이고 스토킹이다.

제일 좋은 방법은 나를 사랑하게 하는 것이다. 나를 사랑하게 하려면 내가 그 여인이 원하는 사람이 되면 된다. 물론 나만의 매력을 잊지 않는 것도 중요하다. 이것은 여인이 아닌 재물(돈)이었을 경우, 돈을 잘 운용하는 재테크의 기술이라 말하고 싶다. 그러나 이런 기술이 없더라도 여인(돈)이 원하는 남자가 되려는 노력은 누구나 할 수 있다.

여인은 자신을 소중히 여기고 존중하며 아껴주는 남자를 원한다. 이것은 동서고금 유사 이래 진리다. 아껴주고 소중히 다뤄 곁에 머무르게 해야 한다. 소중한 줄 모르고 함부로 대하고 펑펑 써버리는 돈이 곁에 머무를 수 있을까. 지갑이 몇 번 열리느냐에 따라 당신이 그토록 사랑하는 돈이 날아가 버릴 수도 있다. 지갑은 닫고 돈을 소중히 여기자. 그것이 서푼 동전이라고 해서, 당신의 사랑이 서푼짜리가 되는 것은 아니다. 서푼이 곧 삼천이 되고 삼천이 삼 만이 될 수 있도록 아끼고 사랑해서 돈의 가족을 불리는 노력이 필요하다. 아끼면 내게로 온다. 소중히 여기는 마음이 클수록 곁에 머무를 것이다.

또한 이렇게 내게 온 돈을 잘 관리하는 기술이 필요하다. 나를 떠나려는 돈(지출)을 막아야 한다. 입구 관리(수입)와 함께 출구 관리(지출)를 잘해야 한다. 따뜻한 마음으로 입구의 문을 활짝 열고, 들어온 연인에 대한 변치 않는 마음으로 도망가지 않도록 출구를 닫자. 필요한 경우만 열어둔다. 반드시 필요한 지출이 있지 않은가.

사람들은 대개 어떻게 하면 수입을 늘릴 수 있을지만 고민하고 관심을 갖는다. 그러나 수입이 아무리 늘어나도 지출을 관리하지 않으면 자산이 늘지 않는다. 이 단순한 원리를 자각하지 못해 억대의 연봉자도 자산관리에 실패하고 만다. 급여를 늘리는 것에 몰두하지 말자. 급여도 적당히 올라야 하겠지만 사실은 우리의 지출이 어떻게 관리되느냐에 따라 빚의 노예가 되느냐 마느냐가 결정된다.

우리가 돈으로부터 오는 압박을 벗어나려면 돈을 좇는 것이 아니라
내게 오도록 기다려야 한다고들 한다. 돈은 아름다운 여인과 같다.
결코 마르지 않을 연정을 품에 담고 있다면 그 여인이 나를 사랑하도록 만들어야 한다.

신용카드, 쿨하게 긁다 쿨하게 망한다

신규 발급 땐 고객님, 하루라도 연체하면 빚쟁이! 악의 고리를 끊어라

무이자 할부의 덫

"날도 더운데 밖에서 점심 먹을까?"

둘째 아이 지호가 막 걸음을 뗄 무렵의 어느 휴일 아침, 아내에게 제안했다. 이때는 아직 우리 부부가 지출에 대한 엄격한 통제를 하지 못할 때였다. 백화점 입구에 들어서니, 주차요원이 다가왔다. 우리 가족은 VIP 멤버라서 발렛 파킹을 해주려는 것이었다. 능숙하게 자동차 키를 맡기고 백화점 로비로 들어섰다. 휘황찬란한 쇼윈도의 상품들을 둘러보던 우리는 한 고급 브랜드의 꽃무늬 스카프에 눈길을 주었다.

"이거 너무 예쁘다. 그렇지?"

"정말 예쁘네. 당신한테 잘 어울리겠어. 30%나 할인하는데 싸다. 하나 골라."

드라이클리닝을 해야만 하는 고급 실크 스카프였다. 직원이 우리가 고른 스카프를 쇼핑백에 담아주었고, 나는 늘 그렇듯 지갑 속에서 신용카드를 꺼냈다.

"A카드 있으세요? 그럼 무이자 할부 가능합니다. 고객님."

10만 원이 넘는 상품을 할인 받아 8만 원가량 계산해야 했다. 3개월 무이자 할부를 받으면 대략 3만 원씩 매월 지불하면 된다. 한 달에 3만 원 정도면 잘 의식하지 못할 정도의 지출이다. 우리는 남성복 매장에 들러 내가 좋아하는 브랜드의 셔츠를 골랐고, 아동복 매장에서 아이들 상하의 세트도 구입했다. 모두 무이자 할부였다.

"우리 돈 너무 많이 쓰는 것 아닌가?"

아동복 매장을 빠져나오는데 아내가 조심스레 물었다.

"아니야. 세일 기간인데다 무이자 할부라 싸게 샀어. 돈을 번 기분인데 뭐."

우리 가족은 백화점 식당가에서 우아하게 식사를 마치고 집으로 돌아왔다. 그러나 20여 일 후 나온 카드값을 보고 더 이상 우아할 수 없었다. 그날 우리는 대략 5~10만 원 가격의 물품을 총 여섯 가지를 구입했다. 3개월 혹은 6개월의 무이자 할부로 계산했으니 당분간은 매월 30만 원 정도의 현금 지출이 꼬박꼬박 이어질 것이다. '매월 3만 원쯤이야~' 하고 긁었던 돈들이 뭉쳐서 매월 30만 원이 되어 있었던 것이다.

신용카드, 지출 습관을 망친다

하루 동안 우리나라 국민들이 사용하는 평균 신용카드 결제액이 무려 1조 6,000억 원이다. 카드대란으로 한바탕 소동을 치렀던 2004년과 비교해보면 무려 세 배나 늘어난 금액이다. 실제로 점심시간 인근의 식당에서 밥을 먹을 때도 카드를 사용하는 사람들이 현금을 지불하는 사람보다 많다. 택시를 탈 때나 버스 및 지하철을 탈 때도 신용카드만 있으면 된다. 현금으로 십 원짜리 동전 한 개 없어도 카드 한 장이면 어디든 갈 수 있고 무엇이든 할 수 있다.

우리나라의 카드결제액 비중은 미국 · 유럽 · 영국 · 일본 등 선진국보다 높다. 한마디로 카드천국이라 해도 지나치지 않다. 편리함과 질 좋은 서비스를 생각한다면 신용카드는 참 좋은 소비문화일 수 있다. 그러나 문제는 사람이다. 충동구매와 즉흥적인 소비심리에 약해 지출 통제를 하기 어렵다. 지나간 일이지만 한때는 신용불량자가 무려 500만 명에 육박하여 국민 5명 중 한 명이 신용불량자인 시절이 있었다.

신용불량자들을 구제하고 생활경제를 활성화하기 위한 궁여지책으로 대규모 신불 사태는 어느 정도 해결이 되었다. 그러나 현재에도 신용불량자 수는 엄청나다. 아직도 도로 어디쯤 '파산·면책'을 도와준다는 광고 현수막들을 자주 보게 된다. 혼자서는 회생이 불가능했던 서민들이 파산을 신청하고 빚을 탕감 받았으며, 구제금융을 통해 아직도 빚을 갚아나가는 이도 있다. 파산과 면책, 회생절차는 신용불량에 빠져 경제활동이 불가능해진 서민들을 돕는다는 점에서는 바람직하나, 한편으로는 빚에 대한 도덕적 해이에 빠질 수 있다는 단점도 있다. 이에 대해서는 사회적 논의가 지속되어야 할 것이다.

대체 우리는 왜 신용카드 빚에 무감한 것일까? 신용카드의 최대 장점이 바로 편리함이다. 단지 현금 없이도 물건을 살 수 있다는 것에만 있지는 않다. 전화 혹은 스마트폰 앱, ATM기 앞에서 누구나 원한다면 얼마든지 소액 대출을 받아 현금을 운용할 수 있다.

카드 결제일이 다가와 결제대금이 부족해지면 카드론을 받기도 한다. 소위 '급전'이 필요할 때도 카드론이나 현금 서비스를 이용한다. 별도의 심사를 필요로 하지 않으니 은행에 갈 필요도 없어 편리하다. 리볼빙 서비스도 있다. 이는 대금 납부를 늦추는 대신 고액의 이자를 물게 되는데 10~20%대를 넘는 경우가 허다하다.

균형 있는 가계 운영을 하려면 수입에 맞춰 계획적인 지출을 해야 한다. 그런데 대금 결제를 미루는 신용카드를 자주 쓰게 되면 균형 잡힌 지출을 할 수가 없다. 당장 주머니에서 돈이 나가지 않으니 크게 의식하지 못하고 카드를 긁게 되는 것이다. 그래서 신용카드를 과감하게 나의 지갑에서 쫓아내는 결단이 필요하다.

통계적으로 급여가 100만 원일 때 저축하는 금액은 3% 미만이라고 한다. 이것은 대한민국이 엄청난 소비 공화국이자 지출 공화국임을 여실히 말해준다. 아끼고 저축하지 않으면 삶이 도탄에 빠질 수밖에 없다.

한때 신용카드의 올무에서 헤어나지 못했던 나 자신도 변명의 여지가 없다. 위와 같은 상황을 몇 차례 겪으면서 우리 부부는 공포에 휩싸였고, 상의한 끝에 꼭 필요한 카드 한 개만 남겨놓고 모두 가위로 잘라버렸다. 물론 카드 해지 신청도 했다. 해지 신청을 하지 않으면 연회비가 나오므로 꼭 해지 절차를 밟아야 한다.

몇 달간 카드빚을 청산하느라 곤혹스러운 시간들을 보냈다. 대신 현금과 체크카드를 이용했다. 그렇게 1년 정도 고생하자 최장 기간의 할부가 드디어 끝이 났다. 남은 카드 빚은 차량 운행으로 인한 주유비였고, 높은 유가 때문에 조금이라도 할인을 받아야 하므로 이 정도는 남겨두기로 결정했다. 대신 카드의 한도를 낮춰 함부로 쓰지 않도록 제한을 두었다.

이 책을 읽는 독자들에게도 과감히 카드를 자르라고 권한다. 얼마간의 불편함은 있을 수 있다. 그러나 우리에게는 신용카드 없이도 불편하지 않았던 시절이 있었다. 지갑 속의 카드가 몇 장이고, 카드의 색깔이 골드이냐 플래티넘이냐는 우리의 사회적 지위와 능력 수준을 대변하지 않는다. 그저 우리가 빚을 얼마나 쓸 수 있는 사람인지 계산된, 얄팍한 상술의 결과이다.

신용카드 대신 체크카드를 추천한다. 또한 사용할 때마다 결제내역을 문자로 알려주는 서비스를 반드시 설정하자. 통장의 잔고를 매번 알려주므로 현재 나의 재무 상태를 잊지 않을 수 있다. 이렇게 지출을 통제하고 충동구매를 억제하는 훈련의 기간을 거치고 나면 재정 상태가 마이너스에서 흑자로 돌아서는 날을 맞이할 수 있다.

자동차 구입, 돌아오지 못할 강을 건너다

남자의 로망 '자동차', 폼에 살다 할부 빚에 장렬히 전사하리니…

스피드에 죽거나, 할부 빚에 쓰러지거나

영국의 배우 알렉 기네스는 할리우드에서 만난 금발의 미남 배우 제임스 딘을 만나자 이런 말을 했다. 제임스 딘이 그의 새 애마 포르쉐 550 스파이더를 보여주었을 때였다.

"If you get in that car, you'll be found dead in it by this time next week."

말인 즉, "네가 이 차를 계속 타면, 다음 주 이 시간쯤 어딘가에서 죽은 채로 발견될지도 몰라."였다. 그리고 제임스 딘은 정확히 일주일 후인 1955년 9월 23일, 자신의 새 애마 포르쉐 550 스파이더와 함께 죽음을 맞았다. 평소 스피드를 즐겼던 그가 사고로 안타까운 목숨을 잃은 것이다. 덕분에 그에게 애끓는 연정을 품었던 전 세계의 여인들이 눈물을 흘렸다.

알렉 기네스에게 예지력이 있었던 것은 아닐 것이다. 그러나 나도 그를 닮은 어조로 지금 고가의 자동차를 할부로 구입하려는 여러분에게 감히 이런 충고를 남기고 싶다.

"지금 감당하지 못할 할부 프로그램으로 고가의 승용차를 구입한다면, 조만간 할부 빚에 허덕이다 좌절하거나 후회의 쓴맛을 보게 될지도 모릅니다."

1997년 이후 자동차 등록 증가율(단위: %)

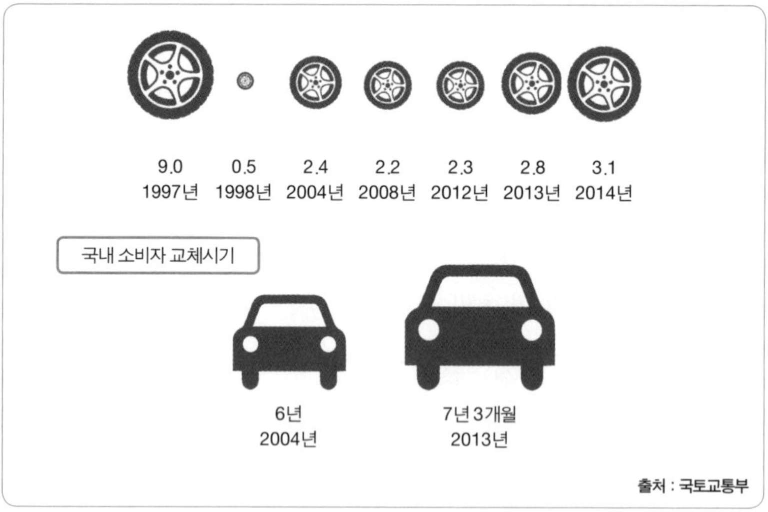

9.0	0.5	2.4	2.2	2.3	2.8	3.1
1997년	1998년	2004년	2008년	2012년	2013년	2014년

국내 소비자 교체시기

6년
2004년

7년 3개월
2013년

출처 : 국토교통부

국토교통부는 2014년 10월 말 기준으로 우리나라 자동차 누적등록대수가 무려 2천만 대를 돌파했다고 발표했다. 자동차 생산대수만도 세계 5위이며, 자동차 1대당 인구수가 2.6명이라는 계산이 나온다. 이러한 현실은 쉽게 확인된다. 남편이 사용하는 고급 승용차나 SUV 승용차와 함께 아내가 사용하는 작은 경차 혹은 소형 세단을 보유하고 있는 가정들을 많이 볼 수 있다.

우마(牛馬)를 빌리지 않고 기동성 면에서 비교될 수 없는 자동차가 발명되어 생활 속으로 들어오게 된 것은 여러 가지 획기적인 발전을 이끌었다. 인간의 활동성을 높였고, 업무의 효율을 상승시켰으며, 화물의 운송을 빠르게 하여 경제성장과 산업혁명의 밑거름이 되기도 했다. 이제 자동차는 교통수단으로서의 편리함과 안전성 면에서 유용함과 경제발전을 이루게 하는 수단이자, 수출로 수익을 올리는 이익창출 산업으로도 없어서는 안될 산물이다.

그런데 언제부터인가 자동차가 가정경제를 죄는 족쇄가 되고 있다. 금융 정보와 뉴스를 제공하는 미국의 미디어그룹 블룸버그 통신은 2015년 2월 놀라운 뉴스를 전했다. 소비자의 자동차 교체주기가 스마트폰만큼이나 빨라졌다는 내용이었다. 이는 자동차산업 분석 기업인 에드먼즈닷컴(http://www.edmunds.com)의 자료가 바탕이 되었다. 에드먼즈닷컴은 미국 내 리스 자동차를 사용하는 소비자들의 자동차 교체주기를 조사했고, 교체를 시도하는 원인으로 소비자들이 새로운 신차를 이용하는 다양한 경험을 원하기 때문이라고 밝혔다.

우리나라 자동차 구매자들의 경우, 리스 이용자보다 직접 구매하는 사람들이 많아 비교 대상이 되기 어렵다고 할 수도 있다. 그러나 매년 신모델의 자동차가 더욱 강화된 기능과 진보된 디자인으로 출시되는 것을 놓치지 않으려는 구매자들을 보게 된다. 또한 '빌린 차'라는 선입견으로 '허'자 자동차 번호판을 기피하던 국내 구매자들이 이제는 자동차 리스가 더 유리하다는 판단 아래 개인 리스를 이용하는 현상도 생겨났다.

직접 구매의 경우 신차로 교체하는 주기는 2013년의 조사에 따르면 대략 7년 3개월이었다. 2006년에 6년이었던 것이 내수 시장의 포화 상태로 조금 늘어나긴 했으나 여전히 10년을 타지 못하고 빠르게 교체하고 있다는 것을 알게 해준다.

자동차를 빠르게 교체하는 소비자의 심리에는 몇 가지 이유가 있다. 빠르게 등장하는 신차의 유혹에 이끌리기도 하지만, 중고차 가격을 최고로 받을 수 있을 때 파는 것이 유리하다는 생각이 있어서다. 자동차 판매 회사 또한 다양한 할부 프로그램으로 소비자를 유혹한다. 각종 무이자 할부 혜택 및 할인 혜택, 거기에 일부 가격 할부 유예 프로그램까지 등장했다. 어차피 할부로 구매한다면 각종 세금으로부터 자유로울 수 있다는 리스 프로그램은 언제든 다른 차로 바꿔 탈 수 있다는 유혹까지 덤으로 얹어 소비자를 유혹한다.

2013년 녹색소비자연대가 발표한 자료에 따르면 주 4회 이상 운전하는 자가용 차량 운전자를 조사했을 때, 연간 유지 비용이 평균 462만 원가량이었다. 가장 큰 비용은 역시 주유비다. 유류비가 얼마나 오르고 내리느냐에 따라 조금씩 달라질 수 있지만 대체적으로 월 25만 원 정도의 비용이 들었다. 거기에 자동차 보험료와 소모품 교체 비용 등의 부담도 컸다. 이러한 차량 유지 비용은 매월 생활비의 상당 부분을 차지하는데 생활비의 10분의 1을 넘기는 사람이 절반에 가까운 44%나 되었다.

자가용 차량 유지 비용 현황

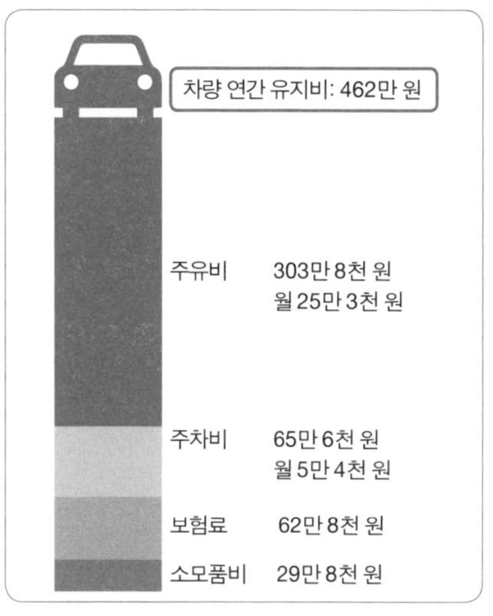

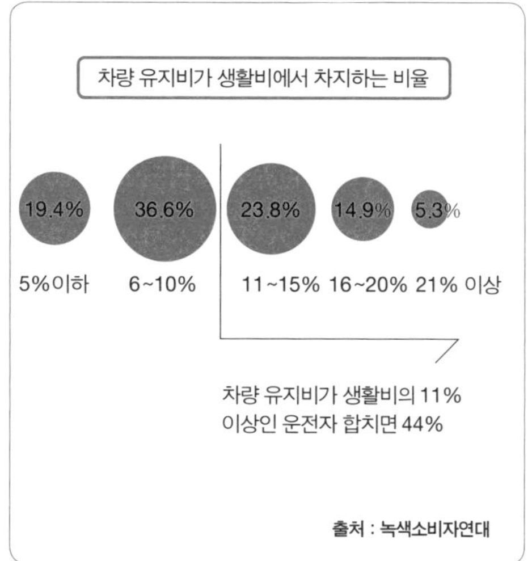

자동차와 맞바꾼 나의 재정행복

"이번에 차 팔까요?"

뉴스를 보고 있는데 새로운 모델의 SUV 승용차 광고가 눈에 들어왔다. 가족여행으로 캠핑을 다니는 일이 잦다 보니 승용차보다 SUV 차량에 자꾸만 구미가 당겼다. 아내가 싱긋 웃었다.

"잘됐네. 대중교통 이용하면 생활비가 많이 절약될 테니 당장 팔

아버려요."

"차 없으면 불편하잖아요?"

"유지비 훨씬 덜 드는 중고 경차를 한 대 사면 되잖아. 꼭 고급 승용차 타라는 법 있어?"

"그래도…."

"자동차가 그 사람의 품격을 대변한다는 편견은 버려. 우루과이 무히카 대통령은 1987년식 비틀 승용차를 아직도 타고 다닌대. 무려 20년이야. 우리 차는 아직 10년도 안됐다고!"

세계에서 가장 검소하기로 유명한 무히카 대통령의 이야기를 아내가 들고 나온다면 나는 할 말이 없어진다. 아무리 그래도 20년이라니 감히 나와 같은 남자는 범접할 수 없는 그의 가치관과 검소함에 절로 고개가 숙여질 수밖에.

아쉬움이 남았던 나는 조용히 방으로 들어가 자동차를 팔고 새 차를 구입하는 것에 얼마나 비용이 소모될지 계산해 보았다. 지금의 차를 대략 700만 원에 판매하고 3,700만 원 정도의 중형차를 산다고 가정했다. 추가로 3,000만 원의 돈이 필요하다. 유류비와 보험료 등등 유지 비용이 어림잡아도 매월 30~40여 만 원 들어갈 것이다. 또한 기존 차량과 달리 새 차라는 이유로 자동차세와 보험료가 증가되는 것은 당연한 일이다. 당장 현금이 없어 할부 프로그램을 이용한다면 매월 자동차 때문에 사용하게 될 비용은 엄청난 액수로 불어난다. 머리가 지끈거리며 두통이 몰려왔다. 신용카드의 악몽이 되살아났다. 그러는 사이 아내가 방으로 들어왔다. 아내는 이미 내가 새 차 구입의 충동을 느끼고 있음을 눈치챈 상태였다.

"우리 차가 10년 되었으니 언젠가는 바꾸긴 해야겠지. 어차피 시간이 지나면 고장도 잦고 안전에도 문제가 생길 테니까. 하지만 현재 아무런 문제가 없다면, 새 차를 구입하는 것보다 소모품들을 교체해 가면서 정비를 자주 하는 것이 현명한 방법 아닐까? 우리가 신용카드를 잘라버리고 카드값을 정리하면서 고통스러웠던 시간들을 기억해 봐요."

꼬박꼬박 갚을 빚이 없다는 것은 엄청난 안정감을 준다. 이것은 경험해보지 않은 사람은 알 수 없다. 당연한 듯 빚을 지며 매월 결제 대금에 시달리는 사람들은 빚이 없을 때의 자유로움이 어느 정도인지 알 수 없다.

결국 나는 차를 구입하기 위한 자금을 별도로 저축하는 방법을 찾기로 했다. 자동차를 구입하고 할부금으로 30만 원씩 매월 지출한다면 그 안에 할부 수수료도 포함되어 있을 것이다. 그러나 반대로 미리 30만 원씩 일정 기간 모으게 된다면? 할부 수수료로 깎이는 돈 없이 매월 30만 원이 고스란히 저축된 금액에 이자까지 챙기게 되는 것이다. 1,000만 원이 빚이라면 그에 대한 할부 수수료를 추가로 지불해야 하고, 1,000만 원의 저축이라면 반대로 은행에서 주는 이자 수익이 생기는 것이다.

누구나 한 번씩 '거한 소비의 유혹'을 받을 때가 있다. 이때를 잘 넘기면 몇 년이 평안하지만 잘 못 넘기면 두고두고 주머니에 구멍이 난다. 자동차는 사고 싶은 유혹이 큰 품목이다. 특히 남자들이 충동을 잘 느끼고, 대학 졸업하고 갓 회사에 입사하고 나면 차를 사고 싶다는 생각이 많이 든다. 처음으로 월급을 받고 보면 돈을 모아야겠다는 생각보다는 일단은 쓰고 싶은 생각이 먼저 드는 게 사실이기 때문이다. 그렇기에 이때 지출의 고삐를 잘 조절하는 것이 중요하다. 첫 월급의 지출 형태가 평생의 습관으로 남는다. 초보 운전자의 첫 운전 실력이 평생 습관이 되는 것처럼 말이다.

한 가지 더 기억할 것은, 자동차는 사용자산이라는 사실이다. 사용자산이란 가치가 올라갈 가능성이 있는 것이 아니라 사용하면 할수록 가치가 떨어지는 자산을 말한다. 구입 즉시 하루라도 소유하고 있으면 바로 중고차로 인정되어 가격이 떨어지기 시작하지 않던가. 차를 사고 싶다면 가급적 현금을 모아서 할부 없이 사고, 할부를 하더라도 최소한으로 낮출 수 있도록 최대한 현금을 많이 모아야 한다.

다른 사람에게 과시하기 위한 소비이거나, 현금흐름을 살펴보지 않는 충동적인 선택은 결국 재정적인 실수를 반복하게 만든다. 그로 인한 최종 종착점은 바로 돈에 쪼들리는, 돈의 노예가 되는 삶이다. 소비로 인한 경제적 쪼들림을 줄이기 위해서는, 내가 사고자 하는 물품이 진짜 나에게 꼭 필요한지 되묻는 습관이 필요하다. 꼭 필요한 것인지를 재차 생각하다 보면 과소비를 줄일 수 있다. 우리의 소비는 진짜 필요한 품목에 대해 이루어져야 한다.

스스로 하는 DIY 보험 설계

내게 맞는 상품으로 불안한 미래를 대비하자

보험, 재무 상황과 조건에 맞게 가입하자

'보험'이 좋은 이유는 불안한 미래를 미리 대비할 수 있다는 장점 때문이다. 갑작스럽게 찾아온 큰 질병이나 장해나 죽음까지도, 각종 사고 및 천재지변들, 나아가 더 이상 일을 하지 못하는 은퇴 이후의 노후 대비까지 미리 예측하고 대비할 수 있다.

보험으로 준비해야 하는 위험은 크게 세 가지로, 인적위험, 재산위험, 배상책임위험이다. 문제는 헤아릴 수 없을 만큼 다양한 위험에 대비하고 자신의 상황에 맞는 보험을 어떻게 설계하느냐이다. 예를 들어 질병으로 사망하게 될 때 남은 가족을 위해 사망 보험금으로 큰 금액을 남기고 싶겠지만, 그러려면 매월 고액의 보험료를 납

인적위험	재산위험	배상책임위험
조기사망 장수위험 실업 재해(상해) 질병, 수술, 입원 등	화재(주택) 자동차 공장(기계) 등	일상생활배상책임 제조물배상책임 영업배상책임 음식물배상책임 등

입해야 하니 상황에 맞지 않는다. 또한 질병이나 상해를 보장해주는 손해보험에 암에 대한 특약을 넣고 싶다고 여성이 남성들에게나 생길 법한 종류의 암을 보장받겠다고 할 이유는 없다. 그래서 무척 세밀한 부분까지 파고들면, 모든 종류의 암이 아닌 발생률이 높은 암에 대해 설계가 가능해진다.

큰 그림으로 본다면 1층집인지 2층집인지 선택하고 몇 개의 방을 둘지, 각 위치는 어디일지 정도다. 그러나 세밀한 부분의 설계는 각 방의 바닥재나 도배지, 조명, 창문 위치, 가구 배치 등등 보다 눈에 들어오는 구체적인 모습을 그려낼 수 있다. 맞춤형 DIY 보험 설계는 결국 최종 설계 도면으로 만들어진 3D 입체 조감도처럼, 만약의 사태에 직면한 우리가 어떤 혜택을 받게 될지 구체적으로 시각화 된다.

이렇게 자신만의 보험을 DIY 하려면 보험설계사의 말에만 의존하는 것보다 스스로 정보를 구하고 미리 준비해두는 것이 옳다. 내 집을 짓는 건축주가 소중한 자기 자산을 쓰면서 어떤 자재로 몇 개의 방을 어떻게 만드는지 모른다면 말이 안 되지 않겠는가. 또한 스스로 DIY 할 수 있도록 준비한다면 과도한 비용의 다이어트가 가능해진다. 이는 실제 집을 짓는 건축이건, 보험을 설계하는 것이건 공통적으로 해당된다. 이제 시작하기 전 스스로에게 질문하자. 보험에 가입하기 전에 꼭 필요한 질문이다.

당신의 직업은 안정적인가? 매월 어느 정도의 수준으로 보험료를 지출할 수 있는가? 정해진 답은 없으나 나를 비롯한 대개의 재무설계사들은 월수입의 대략 10% 미만으로 지출할 것을 권장한다. 특히 상대적으로 급여가 적은 사회초년생들은 5% 선이 적당하며, 보다 급여가 높은 30~40대의 경우 10% 선이 적당하다. 만약 계약기간 중에 자신의 재무 상태에 문제가 발생하여 더 이상 납입이 불가능했을 경우에는 '감액완납', '연장정기'를 이용할 수 있다. 일부 보험의 경우, 가입 기간과 보장 기간에 따라 다르겠으나 보장금액을 축소할 수도 있고(감액완납), 보장내용은 그대로 두고 보험기간만 연장시키며(연장정기) 둘 다 월 보험료를 더 이상 내지 않는다. 해지보다 훨씬 유리하므로 잘 기억해두자.

보험 DIY, '재료'부터 알자

우리가 살 집을 고를 때 아파트가 있고 단독주택이 있듯, 보험에도 큰 그림의 분류가 가능하다. 정부가 운영하는 4대 보험(국민연금, 건강보험, 산재보험, 고용보험)과 민간 회사들이 운영하는 민간보험(민영보험:생명보험, 손해보험, 제3보험)이다.

표에서 보듯, 민간보험은 세 가지로 다시 분류되지만 대분류로 보

민간 보험의 분류 및 대표 상품과 성격

	생명보험	손해보험	제3보험
대표 상품	사망보험, 연금보험 (변액보험) 등 생명과 관련된 보장	자동차, 화재, 도난보험 등 재물에 대한 보상	실손의료보험, 질병 및 재해(상해) 생명보험과 손해 보험의 성격이 섞인 보험
특징	정액보상 중심	실손보상 중심	정액보상과 실손보상 혼재

면 생명보험과 손해보험 두 종류로 나뉜다. 제3보험은 생명보험과 손해보험에 각각 포함되기 때문이다. 이를 토대로 인적 위험에 대한 DIY 보험 설계가 가능하다. 정부가 운영하는 4대 보험은 알다시피 마음대로 설계할 수도 없거니와 원하든 원치 않든 의무 가입해야 하는 것들이다. 복지 차원에서 반드시 필요한 부분이라 정부가 직접 운영하고 주도하므로 마음대로 설계하는 것은 가능하지 않다.

대신, 정부 운영 4대 보험으로 채워지지 않는 부분들을 민간보험으로 보장받으려는 사람들은 보험사에서 제공하는 각종 특약 사항을 설정함으로써 맞춤형 설계가 가능해진다. 이때 보장금액과 보장범위에 과도한 욕심을 내는 것은 바람직하지 않다. 물론 그렇게 가입한 보험은 오래 유지될 수도 없다. 보장 금액과 범위를 높이면 매월 불입해야 할 보험료가 덩달아 커지기 때문이다. 따라서 DIY 보험설계를 하면 자신의 재무상태와 현금흐름을 고려하여 최적의 보장을 받을 수 있는 적정한 보험료로 이루어지게 된다.

종신(건강)보험 | 보험 가입자 사망 시 유가족들이 생계에 어려움을 겪지 않게 하고 질병, 장해 발생 시 치료비 부담을 줄이기 위해 가입하는 보험이다. 사회구조상 남자가 가장인 경우가 많은데 주소득원인 가장은 사망보장을 포함해서 가입하는 것이 좋다.

연금보험 | 은퇴 이후 삶을 걱정하는 사람들에게 소득을 보장해주는 상품이다. 정부 4대 공적연금(국민연금, 공무원연금, 사학연금, 군인연금)이 있는데, 이것만으로 노후를 완벽하게 대비할 수는 없어 연금보험을 추가로 가입하게 된다. 특히, 고령화 시대가 이미 도래했고 기대수명도 높아 앞으로도 많은 수요가 따를 전망이다.

변액보험 | 가입자가 납입한 보험료 중 사업비를 제한 금액을 주식과 채권 등에 투자하여 받는 금액이 수익률에 따라 변하는 저축성 보험이다. 변액보험과 위험보장이 합쳐진 '변액종신보험'도 있는데 이는 별도의 지면을 통해 깊이 다룰 예정이므로 여기서는 간략한 소개만 하겠다.

화재보험 | 가입자의 재산(주택, 공장, 재물 등)을 보장해준다. 자신의 재산이 화재, 도난, 파손 등 피해를 입었거나 반대로 타인의 재산에 피해를 입혔을 때 보장이 가능하다. 따라서 해당 재산이 반드시 가입자의 소유가 아니어도 가입이 가능하다.

자동차보험 | 이미 우리에게 친숙한 보험이라 생각된다. 차를 소유하고 있는 사람은 반드시 가입해야 할 보험으로, 특히 '대인배상 1'의 경우 사망 시 1인당 최고 1억 원까지 보장하고 부상 시에는 등급에 따라 최고 2천만 원의 배상을 해주며 무조건 가입해야 하는 의무 가입이

다. '대인배상 2'부분은 '대인배상 1'에서 보장하는 금액을 초과하는 것에 대한 대비책이다.

실손보험 | 보험 가입자가 지불한 대부분의 의료비를 보장해주는 보험으로 다만 임신, 출산 산후기 관련, 성형수술이나 정신과 질환, 예방 목적 등의 경우는 해당되지 않는다. 여러 보험사의 상품에 가입한다고 해서 중복 보장되지 않는다. 생명보험의 경우 여러 보험을 중복 가입해도 가입한 보험금액만큼 보장액이 늘지만, 실손보험은 말 그대로 '실제 손해액=실제 발생한 의료비' 한도까지 보장한다.

본격 맞춤 설계, 무엇을 고려할까?

한 가지 분명히 할 것은, 보험은 저축이 아니고 미래를 위한 오늘의 비용이라는 점이다. 세상에 나쁜 보험은 없다. 다만, 잘못 설계한 보험이 나쁜 보험이다. 나에게 최고의 선택이었던 보험이 누군가에게는 최악의 보험일 수 있다. 또한 고액의 납입금을 낸다고 무조건 좋은 보험이 아니라는 것을 미리 염두에 두고, 각자 여건에 맞는 보험을 설계하자. 그러려면 가족 구성원의 상태, 현금흐름, 부채를 포함한 전반적인 재무상태를 분석하고 반영해야 한다.

아울러 보험이 미래의 위험에 대비하는 만반의 준비라고 해서 수만 가지 위험을 모두 고려하려는 부담은 덜어내자. 반드시 그럴 필요는 없다. 지진이 없는 나라에서 지진에 대한 대비를 한다는 것은 불필요한 일이고 우스꽝스럽지 않겠는가. 때문에 가능성이 최고로 높은 위험을 골라내는 안목이 필요하다. 지면을 통해 이 모든 것을 소개하기에는 역부족이다. 아울러 일부 보험(연금보험, 변액보험)의 경우 별도의 지면을 통해 보다 상세하게 다룰 예정이므로 생략했다. 그 외의 보험은 무엇을 고려해야 할지 핵심적인 부분만이라도 소개하고자 한다.

사망보험, 생명보험사 VS. 손해보험사 어디로 갈까?

똑같은 담보, 예를 들어 사망을 담보로 했을 때 사망의 이유가 중요해진다. 생명보험은 '사망'에 대해 거의 대부분 까다로움 없이 보험금이 지급된다고 봐도 무방하다. 자살의 경우에도(가입 후 2년이 지난 경우 한) 보험금을 지급하니까 말이다. 원칙상 사망 사고를 담보로 하고 있지만, 특약으로 재해사망을 추가할 수 있다. 그러나 재해에 대한 인정 조건이 있으니 가입 전 미리 약관을 살펴야 한다.

반대로 손해보험의 경우 상해사망을 주계약으로 하고 질병에 의한 사망 원인으로 보험금을 지급하는 질병사망(자살면책) 특약을 설정할 수 있다.

이처럼 두 보험사 모두 사망에 대해 보장은 하고 있으나 사망의 조건에 따라 보험금의 지급과 산정이 다르다(재해, 상해 약관 참조). 사망보험과 관련하여 생명보험사는 자살과 돌연사를 포함한 일반사망보장을 하는데 보장 범위가 넓고 유리한 것은 사실이다. 그러나 보장범위가 넓은 대신 납입보험료가 높다. 때문에 보험료가 비싼 종신보험보다는 보험료가 저렴하며 일정 기간(은퇴 시점)까지 보장하는 정기보험을 활용하는 것이 좋다. 젊은 층의 경우 일반사망보다 상해사망의 확률이 높기 때문에 당장은 손해보험사를 선택하는 것이 유리할 수 있다. 하지만 좀 더 포괄적으로 높은 보장을 받고 싶다면 생명보험사가 유리하다. 일단 생명보험사의 사망보장은 손해보험사와 달리 이유를 묻지 않고 보험금이 지급되기 때문이다. 재해와 상해는 용어만 다를 뿐 보장내용은 거의 비슷하다. 보험료가 비싸지 않기 때문에 가급적 둘 다 가입하는 것이 좋다.

생명보험	손해보험
일반사망(자살, 돌연사 포함)	상해사망(상해)
재해사망(재해)	질병사망(자살면책)

화재보험, 의외의 사각지대

여러 보험 중에 의외로 등한시되고 있는 보험이 화재보험이다. 그 이유는 아파트라는 공동주택에서 주거하는 경우가 많고, 이 경우 공동으로 화재보험에 가입하게 되어 있으며 관리비 항목에 별도로 청구되고 있다. 그러나 자세히 살펴보면 보장금액이 현저히 낮아 실제 화재사고 발생 시 큰 도움이 되지 못하는 경우가 발생하게 된다.

특히 2009년 5월 '실화 책임에 대한 법률'이 개정되어 화재 원인 제공자가 배상의 책임과 함께 벌금까지 내야 하는 형법상의 책임도

지게 되었다. 이전까지만 해도 고의 방화나 중과실만 아니라면 피해에 대한 보상책임을 물지 않아도 되었지만 이제는 상황이 다르다. 나의 집에서 화재가 발생하면 이웃 주민의 피해까지 모두 자신의 책임이 되며, 말 그대로 회복불능의 잿더미에 올라앉는 것이 된다. 만약 화재보험에 가입한다면 피해보상과 더불어 벌금까지도 보장이 가능해진다. 추가로 가전제품 수리비 실손보상, 강도나 절도로 재산상 피해를 본 것도 보장이 가능하다.

화재보험의 일반적인 보상 내용-주택화재보험의 경우

① 화재사고로 인한 재산, 인명 손해 보상(화재로 인한 상해, 사망 등 인명손해까지)
② 화재사고로 인한 배상책임과 벌금 보상
③ 임대주택 화재사고로 인한 보상(자신의 집을 타인에게 임대해준 경우 피해액 보상, 임대료 손실도 보상 가능)
④ 6대가전제품(TV, 세탁기, 냉장고, 김치냉장고, 에어컨, 전자레인지) 고장수리비용 보상(실제 수리비에 대한 실손 보상)
⑤ 강도 및 절도로 인한 재산 손해 보상(절도 및 절도미수, 강도로 인해 재산이 파손 및 도난당했을 경우 재산손해액 보상) 보이스피싱, 전화금융사기 피해 보상.

화재보험은 주택과 상가를 따로 구분하여 가입해야 한다. 규모상 상가의 경우 훨씬 피해 범위가 클 수 있다. 또한 불특정 다수인이 이용하는 업종 중에 화재나 폭발 등의 재난이 발생할 수 있는 곳은 반드시 화재보험(화재배상책임보험)에 의무적으로 가입해야만 과태료를 피할 수 있다. 음식점 및 주점이나 노래방, 비디오방 등 소규모 업종들은 2015년 8월부터 의무 가입해야 한다. 당연한 일이겠지만 화재보험은 고의 사고에 대해서는 피해를 보상하지 않는다.

자동차보험, 똑똑하게 가입하기

의무 가입인 자동차보험(미가입 시 과태료 부과)의 경우 자세히 살피지 않고 싼 보험료의 상품을 선택하는 이들이 많다. 운전자이고 자동차 소유자라면 꼭 가입해야 하는 자동차 보험도 불필요한 지출을 줄이고 알짜배기 보장을 받을 수 있도록 설계가 가능하다.

운전자의 나이 제한을 설정하고 핸들은 남에게 맡기지 말자

자동차 보험은 운전자의 나이 제한에 따라 보험료가 낮아진다. 단, 설정된 가입자의 연령대가 아닌 사람이 운전하여 사고가 났을 경우 보장을 받을 수 없다. 보험료를 아끼기 위해 나이 제한을 설정하고 핸들은 남에게 맡기지 않는 것이 최선이다.

내 차의 옵션은 폼이 아니다. 보험료 절약에 활용하자

자동차의 옵션 장치 중 안전장치들이 있다. 에어백, ABS, 도난방지장치, 자동변속기 등이다. 출고 전에 장착되었건, 출고 이후 장착되었건 상관없이 보험료 할인 혜택을 받을 수 있다. 블랙박스의 경우는 보험사마다 다르므로 확인하여 선택하자.

자동차보험 경력으로 보험료를 낮추자

자동차보험 경력이라고 해서 반드시 자신의 소유인 차만 해당되지 않는다. 만약 관공서나 법인체 기업에서 운전직 종사자로 근무했다면 이에 대한 증빙자료를 제출하여 할인 받을 수 있다(군 운전경력 인정- 병무청 발급).

이 외에도 주행거리제한 설정으로 할인 받는 방법도 있다. 아울러 자동차보험은 보험회사마다 금액이 크게 차이가 날 수 있으므로 여러 곳에서 견적을 산정하여 비교하는 것이 좋다.

실손보험으로 백세시대 대비하기

매우 적은 금액으로 병 · 의원과 약국에서 지출한 실제 의료비를 보장해주는 보험으로 생명보험사와 손해보험사 두 곳에서 가입 가능하다. 총 30만 원(외래 진료비 25만, 처방조제비 5만)한도 내에서 보장하고 있으며, 다양한 특약을 추가하여 보험료의 절감과 함께 더 크고 넓은 보장을 받는 것이 가능하다.

생명보험사 VS. 손해보험사

두 곳에서 실손보험 상품을 판매하고 있으나 현재는 손해보험사의 실손보험이 유리하다고 볼 수 있다. 손해보험사의 경우 단독실손으로 가입할 수도 있어 보험료가 훨씬 저렴하며, 다양한 특약을 추가할 수 있어 생명보험사보다 유리하다. 또한 알짜배기 특약이라 할 수 있는 가족일상배상책임특약과 운전자보험특약을 몇 천 원 보험료로 장착할 수가 있다. 가족일상배상책임의 경우 일상생활에서 가족 중 누군가가 타인의 신체나 재물에 손해를 입혀 법적인 책임을 져야 하는 경우 보상하는 특약이다. 예를 들어 자녀가 누군가의 집에 방문하여 시계, 휴대폰, 골동품 같은 물건을 파손했다면 자기부담금을 제외하고 과실을 따져 보험금을 지급한다. 이로 인해 심각한 후유장해나 정신적 손해가 발생했다면 이 부분도 보상한다. 운전자보험은 단독으로 가입하면 필요 없는 특약이 붙어 보험료가 몇 만 원씩 한다. 실손보험을 가입할 때 특약으로 가입하면 저렴한 비용으로 가입할 수 있다. 자동차보험에도 운전자보험을 추가할 수 있으니 참고하기 바란다. 이 외에도 아래 여러 가지 내용을 보면 손해보험사쪽의 실손보험이 유리하다는 것을 알 수 있다.

생명보험	손해보험
질병 관련(진단금, 수술 등) 보장기간: 80세(일부 100세) 실손보험 다른 특약 추가 불가	질병 관련(진단금, 수술 등) 보장기간: 100세 실손보험 다양한 특약 추가 가능 -가족일상배상책임특약 -운전자보험특약 등

수술 · 진단금 특약으로 완벽한 맞춤 설계

위에 생보사와 손보사의 비교에서 일부 언급되었지만, 손해보험사의 경우 저렴한 금액에 다양한 특약 구성으로 폭넓은 보장이 가능하다. 특히 암이나 중증질환의 경우도 별도의 보험에 가입하는 것보다 특약으로 진단금과 수술비를 설정하여 보험료 절감이 가능하다.

수술 특약 | 생명보험에서 말하는 수술은 질병 또는 재해로 인한 치료를 목적으로 하고 기구를 사용해서 몸에 절단(특정 부위를 잘라내는 것), 절제(특정 부위를 잘라 없애는 것), 흡인(주사기 등으로 빨아들이는 것), 천자(바늘 또는 관을 꽂아 체액, 조직을 뽑아내거나 약물을 주입하는 것) 등 조작을 가하는 것을 말한다.

대부분 생명보험사의 수술보장기간은 80세에 끝나고 1종, 2종, 3종 등으로 나뉘어져 있지만 보장금액도 높지 않고 치료를 많이 받는 레이저수술, 방사선치료, 박피수술은 보장하지 않는다.

이에 비해 손해보험은 예방 차원의 검사 목적을 제외하고 위의 치료 내용을 포함한 대부분의 경우에 보장을 받을 수 있다. 그만큼 생명보험에 비해 손해보험의 보장범위가 넓으며 또한 보장기간도 100세까지로 훨씬 길다.

3대 사망질환(암, 뇌, 심혈관) 진단금 특약 | 암이 만연하는 세상이다. 고령화 시대이므로 각종 뇌질환과 심혈관 질환도 빈번하다. 또한 나이를 불문하고 발생하는 경우가 점차 늘고 있어 비교적 나이가 젊은 사람들도 진지하게 고려하여 특약 사항으로 넣는 것을 추천한다. 특약

을 가입하면 목돈의 진단금을 받을 수 있다.

진단금 특약은 매우 중요한 특약이다. 2005년 9월 1일부터 시행하고 있는 국가중증환자등록 제도로 인해 진료비 중 10%만 환자가 부담하면 되므로 과거보다 많은 비용이 줄어들었고, 실손보험 기본 특약으로 진료비와 처방조제비의 부담도 줄어든다. 그러나 암이나 3대 중증질환의 경우 발견 시 당장 일상생활도 어려워지지만 소득활동을 할 수 없다는 큰 문제가 생긴다. 이는 곧 생활비의 압박을 불러올 수밖에 없다.

또한 치료가 되었다 해도 후유증과 치료 후 부작용 등으로 인해 이전처럼 일상으로 쉽게 돌아오기 힘든 경우가 많다. 암의 경우만 해도 완치의 개념이 치료 후 5년 이상 재발이 없어야 하므로, 이 기간 동안 이어질 정기검진 비용과 생활비 등의 부담은 여전히 숙제로 남게 된다.

그러므로 3대 사망 질환인 암, 뇌, 심혈관질환에 대한 진단금 특약을 설정하고, 보장금액과 가입기간을 확인하자. 진단금은 각 보험사 상품마다 조금씩 차이가 있을 수 있으나 대개 2,000만 원 안팎으로 설정할 수 있다. 치료 이후 생활을 생각하면 부족할 수도 있다. 그러나 이러한 특약마저 없다면 훨씬 더 곤란한 상황이 될 수 있다는 점에서 반드시 특약으로 설정할 것을 추천한다.

아울러 뇌질환의 경우 생명보험사와 손해보험사의 보장범위에 큰 차이가 있다. 현재 생명보험사는 가장 발병률이 높은 뇌경색을 보장에서 제외했고 뇌출혈만 보장하고 있다. 가장 발생률이 높은 만큼 보험사의 손해율이 높기 때문으로 뒤늦게 알아차린 생명보험사 가입자들의 공분을 사고 있는 실정이다. 뇌출혈은 말 그대로 혈관이 터져 출혈이 생긴 상태이고, 뇌경색은 뇌질환으로 심각한 증상이 나타났어도 혈관이 터지지 않은 상태이다. 통계청의 2013년 사망 원인 통계자료를 참고하자면, 암 사망자보다 순환기계질환(뇌혈관질환, 고혈압, 심장질환)으로 인한 사망자가 32.55%로 암으로 인한 사망자 28.85%보다 월등히 높았다. 반드시 특약으로 설정하여 만약의 사태에 대비하는 것이 바람직하다. 또한 과거에는 중대한 질병(암, 뇌, 심혈관질환)에 대해 생명보험과 손해보험사의 보장기간이 80세로 차이가 없었지만, 현재 손해보험사의 보장기간은 100세까지 가능하기 때문에 중대한 질병에 대한 진단금은 손해보험사가 다소 유리하다.

재해, 상해에 어디까지 보장이 가능한지 구체적으로 살피자

생명보험사에서는 '재해'를 기준으로, 손해보험사의 경우 '상해'를 기준으로 한다. 보장성 보험에서 이 두 단어의 미묘한 차이 때문에 보험금 지급 시 해석이 달라질 수 있다. 바로 이러한 점 때문에 최근에는 생명보험사나 손해보험사의 '재해'와 '상해'의 구분이 점차 희석되어 가고 있기는 하나, 약관상 명확하게 구분지어 놓고 있는 부분이 있으므로 참고하기로 하자.

생명보험사 [재해]

[보험금을 지급하지 않는 사유]

(1) 회사는 다음 중 어느 한 가지로 보험금 지급사유가 발생한 때에는 보험금을 지급하지 않습니다.

① 피보험자가 고의로 자신을 해친 경우. 다만, 피보험자가 심신상실 등으로 자유로운 의사결정을 할 수 없는 상태에서 자신을 해친 경우에는 보험금을 지급합니다.

② 보험수익자가 고의로 피보험자를 해친 경우. 다만, 그 보험수익자가 보험금의 일부 보험수익자인 경우에는 다른 보험수익자에 대한 보험금은 지급합니다.

③ 계약자가 고의로 피보험자를 해친 경우

재해분류표

1. 보장 대상이 되는 재해

다음 각 호에 해당하는 재해는 이 보험의 약관에 따라 보험금을 지급합니다.

① 한국표준질병. 사인분류상의(S00~Y84)에 해당하는 우발적인 외래의 사고

② 감염병의 예방 및 관리에 관한 법률 제2조 제2호에 규정한 전염병(콜레라, 장티푸스, 파라티푸스, 세균성 이질, 장출혈성 대장균감염증, A형 간염)

2. 보험금을 지급하지 아니하는 재해

다음 각 호에 해당하는 경우에는 재해분류에서 제외하여 보험금을 지급하지 않습니다.

① 질병 또는 체질적 요인이 있는 자로서 경미한 외부 요인에 의하여 발병하거나 또는 그 증상이 더욱 악화된 경우

② 사고의 원인이 다음과 같은 경우

과로 및 격심한 또는 반복적 운동(X50)

무중력 환경에서의 장시간 체류(X52)

식량부족(X53)

물부족(X54)

상세불명의 결핍(X57)

고의적 자해(X60~X84)

" 법적 개입" 중 법적처형(Y35.5)

③ "외과적 및 내과적 치료 중 환자의 재난(Y60~Y69)"중 진료기관의 고의 또는 과실이 없는 사고(단, 처치 당시에는 재난의 언급이 없었으나 환자에게 이상반응이나 합병증을 일으키게 한 외과적 및 기타 내과적 처치(Y83~Y84)는 보상

④ "자연의 힘에 노출(X30~X39)" 중 급격한 액체손실로 인한 탈수

⑤ "우발적 익사 및 익수(W65~W74), 기타 호흡과 관련된 불의의 위협(W75~W84), 눈 또는 인체의 개구부를 통하여 들어온 이물질(W44)" 중 질병에 의한 호흡장해 및 삼킴장해

⑥ 한국표준질병. 사인분류상의 (U00~U99)에 해당하는 질병

㈜ 1. ( ) 안은 제6차 개정 한국표준질병.사인분류(통계청고시 제2010-246호, 2011.1.1.시행)상의 분류번호이며, 제7차 개정이후 상기 재해 이외에 추가로 위1 및 2의 각 호에 해당하는 재해가 있는 경우에는 그 재해도 포함되는 것으로 합니다.

2. 감염병에 관한 법률이 제 · 개정될 경우, 보험사고 발생당시 제 · 개정된 법률을 적용합니다.

손해보험사 상해

급격하고도 우연한 외래의 사고로 신체(의수, 의족, 의안, 의치 등 신체보조장구는 제외하나, 인공장기나 부분 의치 등 신체에 이식되어 그 기능을 대신할 경우는 포함합니다)에 입은 손해를 말합니다.

[보험금을 지급하지 않는 사유]

(1) 회사는 다음 중 어느 한 가지로 보험금 지급사유가 발생한 때에는 보험금을 지급하지 않습니다.

① 피보험자가 고의로 자신을 해친 경우. 다만, 피보험자가 심신상실 등으로 자유로운 의사결정을 할 수 없는 상태에서 자신을 해친 경우에는 보험금을 지급합니다.

② 보험수익자가 고의로 피보험자를 해친 경우. 다만, 그 보험수익자가 보험금의 일부 보험수익자인 경우에는 다른 보험수익자에 대한 보험금은 지급합니다.

③ 계약자가 고의로 피보험자를 해친 경우

④ 피보험자의 임신, 출산(제왕절개를 포함합니다),산후기. 그러나 회사가 보장하는 보험금 지급사유로 인한 경우에는 보험금을 지급합니다.

⑤ 전쟁, 외국의 무력행사, 혁명, 내란, 사변, 폭동

(2) 회사는 다른 약정이 없는 한 피보험자가 직업, 직무 또는 동호회 활동 목적으로 아래에 열거된 행위를 하던 중 제3조(보험금의 지급사유)에 따른 상해 관련 보험금 지급사유가 발생한 때에는 보험금을 지급하지 않습니다.

① 전문등반(전문적인 등산용구를 사용하여 암벽 또는 빙벽을 오르내리거나 특수한 기술, 경험, 사전훈련을 필요로 하는 등반을 말합니다), 글라이더 조종, 스카이다이빙, 스쿠버다이빙, 행글라이딩, 수상보트, 패러글라이딩

② 모터보트, 자동차 또는 오토바이에 의한 경기, 시범, 흥행(이를 위한 연습을 포함합니다) 또는 시운전(다만, 공용도로상에서 시운전을 하는 동안 보험금 지급사유가 발생한 경우에는 보험금을 지급합니다.)
③ 선박승무원, 어부, 사공, 그밖에 선박에 탑승하는 것을 직무로 하는 사람이 직무상 선박에 탑승하고 있는 동안

부동산은 사용자산이다

인식을 바꾸면 길이 보인다

'과거의 영광' 말고 '미래'를 보자

"땅은 거짓말 안 해. 집값이 아무리 떨어진다고 해도 결국 오르게 되어 있어."

부동산에 대한 미련을 저버리지 못하는 사람들이 하는 말이다. 아쉽지만 이젠 이 '법칙'이 통하지 않는 시대가 되었다. 과거처럼 어느 지역의 어떤 집을 사면 오른다는 정설은 통하지 않는다. 물론 지금도 어느 정도 부동산 수익을 올린 사람들도 있다. 그러나 어떤 집이든 사두기만 하면 고공 행진하는 수익률에 입이 벌어지던 호시절은 갔다. 자칫 투자 목적으로 대출이라도 받아 집을 샀다가는 깡통주택으로 전락하는 낭패를 볼 수 있다.

우리나라 부동산 전망에 대한 전문가들의 시선은 엇갈린다. 서점의 재테크 코너에 가보면 전문가들의 이야기가 담긴 부동산 서적들이 있다. 부동산이 아직 투자의 대상으로 매력이 남아 있다고 말하는 책들이 있다. 반면에 어떤 책들은 부동산이 더 이상 투자 대상이 될 수 없으며, 하락할 일만 남아 있다고 예측한다.

전문가들의 시각이 어떠하든 서민들의 꿈은 내 집 마련이다. 여전히 '집'은 투자의 대상이고, 사 두면 당첨된 1등 로또복권이라 믿고 있다. 정부뿐 아니라 집을 한 채라도 보유하고 있는 이들은 집값이 떨어질까 노심초사다. 아파트 부녀회가 나서서 집값을 담합하는 지역도 있다.

"베란다 밖으로 이불 널지 말래요. 주변 경관 해쳐서 아파트 값 떨어진다고요."

우리 회사 여직원의 얘기에 직원들 모두 황당한 표정으로 웃고 말았다. '베란다에서 이불을 털면 서민 아파트'라는 생각은 대체 어디서 어떻게 나왔을까? 어쨌든 집값 하락을 걱정하는 몸부림이라는 생각에 씁쓸한 마음을 지울 수 없다. 집에 대한 사람들의 이러한 신념은 믿고 싶지 않을 만큼 강렬하고 그래서 때로는 절망적이다. 사람의 편리를 위해 존재하는 집이 사람을 지배하고 있다. 부동산에 대한 열렬한 짝사랑은 대체 언제쯤 끝날 수 있을까?

아직도 우리를 맹렬히 지배하고 있는 부동산 신화가 정말 믿을 만한 것인지, 우리는 집을 어떻게 생각해야 하는 것인지 지금부터 차근차근 짚어보도록 하겠다. 이제부터의 이야기는 이 책을 읽는 당신에게 조금은 실망스러울 수도, 아쉬울 수도 있을 것이다. 하지만 반드시 알아야 하는 진실이라고 나는 믿는다. 먼저, 부동산 시세가 오를 것이라는 입장과 오히려 하락할 것이라는 입장을 살펴보자.

"지금이 바닥이고 오를 일만 남았다."는 입장

1인 가구 증가

'무턱대고 낳다 보면 거지꼴을 못 면한다.'

과거 우리나라는 이런 캐치프레이즈를 내걸며 산아제한정책을 펼 정도로 인구가 많았다. 집집마다 자녀가 대여섯 명 이상이었으니까. 요즘 이런 가정은 뉴스에 등장할 정도다. 어느 순간 대가족에서 핵가족으로 사회 구조가 바뀌더니 이제는 나 홀로 사는 1인 가구가 증가 추세에 있다. 젊은 사람뿐만 아니라 능력 있으면 따로 사는 게 편하다며 노인들도 자녀와 함께 사는 것을 거부하는 추세다. 세대가 계속 분리되니 가구 수가 늘고 있는 것이다.

1980년 우리나라 전체 가구 수는 7,969가구에 평균 가구원 수는 4.5명이였다. 전체 가구의 약 30%가 6인 이상 대(大)가구에 해당됐다. 2010년도에 들어서부터는 1인 가구 수가 빠른 속도로 늘어나면서 전체 가구 수는 17,339가구로 두 배 이상 늘어났다. 그러나 평균 가구원 수는 2.7명에 불과했다. 앞으로 1인 가구 수는 계속 늘어날 전망이다. 이러한 1인 가구의 증가로 인해 주택 가격이 하락하지 않을 것이라고 예상하는 전문가들이 있다. 혼자 살아도 주택은 필요하

가구원수별 가구 구성과 평균 가구원수(단위: 1000가구, %, 명)

		가구수	가구원수별 가구 구성비율						평균 가구원수
			1인	2인	3인	4인	5인	6인 이상	
전국	1980	7,969	4.8	10.5	14.5	20.3	20	29.8	4.5
	1985	9,571	6.9	12.3	16.5	25.3	19.5	19.5	4.1
	1990	11,355	9	13.8	19.1	29.5	18.9	9.8	3.7
	1995	12,958	12.7	16.9	20.3	31.7	12.9	5.5	3.3
	2000	14,312	15.5	19.1	20.9	31.1	10.1	3.3	3.2
	2005	15,887	20	22.2	20.9	27	7.7	2.3	2.9
	2010	17,339	23.9	24.3	21.3	22.5	6.2	1.8	2.7

출처 : 통계청 (인구주택총조사, 각 년도)

기 때문이다.

외국인 증가

어린 시절 벽안(碧眼)의 외국인을 만나면 신기해서 몇 번이고 쳐다보았던 기억이 있다. 그러나 이제는 외국인이 전혀 낯설지 않다. 파란 눈의 서양인, 흑인들도 적지 않고 무엇보다 동남아시아에서 유입된 인구도 상당히 많다. 행정자치부는 2015년 외국인 주민 현황에서 우리나라에 거주하는 외국인 주민이 모두 174만 1,919명이라고 발표했다. 이는 우리나라 등록인구 5,148만 명의 3.4%에 달하는 규모다.

앞으로 외국인 주민은 계속 늘어날 것으로 보인다. 건설현장, 제조, 서비스 할 것 없이 외국인 노동자를 어렵지 않게 볼 수 있다. 체

체류유형별 외국인 수(단위: 1000명)

		2008	2009	2010	2011	2012	2013
전체		1,159	1,168	1,261	1,395	1,445	1,576
합법체류	장기	801	837	923	1,034	1,026	1,122
	단기	157	154	169	193	241	271
불법체류	불법체류	200	178	169	168	178	183

출처 : 법무부 (출입국 · 외국인정책본부 통계월보)

류유형별 외국인 수를 살펴보면 단기, 장기를 포함한 합법체류자는 매년 늘고 있으며 불법체류자도 적지 않은 규모다. 이들도 거주할 주택이 필요하기 때문에 부동산 시장에 영향을 주는 요인으로 작용하고 있다. 사람이 늘어나는 한 집값이 떨어질 수는 없다는 것이다.

이혼율 증가

검은 머리 파뿌리가 될 때까지 변치 말자던 맹세가 잘 지켜지지 않는 시대다. 과거에는 무조건 참고 살자는 분위기가 강했지만, 여성들의 경제력이 증가하면서 마음에 들지 않는 결혼을 유지할 필요가 없다는 인식이 확산되고 있다.

지난 2014년 대법원 통계에 따르면 대한민국 남녀 10쌍이 혼인신고를 할 때 3.5쌍이 이혼신고를 했다. 1970년도에 1만 건에 달하던 이혼율은 1998년도 10만 건을 넘어서더니 2003년도에는 사상 최고점인 16만 건을 넘어섰다. 인구 1,000명당 이혼건수를 말하는 조이혼율(crude divorce rate)을 보더라도 2.9명에 해당하며 OECD 가입국 중에 9위, 아시아에서는 1위를 기록하는 기염을 토했다. 또한 한국사회가 급속히 고령화로 이어지면서 결혼생활 20년 이상 지난 부부의 황혼이혼마저 늘고 있다. '2015년 사법연감'에 따르면 이혼 사건 전체 11만 5,510건 가운데 황혼이혼은 3만 3,140건으로 28.7%를 차지했으며 주원인은 경제적 문제와 성격 차이였다.

한 가정을 이루어 살다가 이혼으로 헤어지게 되면 각자 주택이 필요하게 마련이다. 때문에 이와 같은 이혼율의 증가는 주택가격 상승을 부추길 수 있다고 전문가들은 말한다.

주택보급률의 오류

주택보급률이란 국가 또는 지역에 있어서 주택재고가 그곳에 거주하고 있는 가구들의 수에 비하여 얼마나 부족한지 또는 여유가 있는지를 전체적으로 보여주는 물량지표라고 할 수 있다.

> 주택보급률 : 일반가구 수에 대한 주택 수의 백분율(주택 수/일반가구 수×100)
>
> 일반가구 수 : 보통 가구 수에서 비혈연 가구와 1인 가구를 포함한 가구 수로 정의
>
> 주택 수 : 인구주택 총조사결과를 기준으로 빈 집을 포함하여 산정

2013년 기준 국토교통부의 발표에 의하면 국내 주택보급률이 103%를 넘어섰다고 한다. 하지만 이것은 전국 평균에 불과하며 실

(신) 주택보급률

년	지역	가구수(천 가구)	주택수(천 호)	보급률(%)
2013	전국	18,408	18,969	103.0
	수도권	8,846	8,719	98.6
	서울	3,638	3,548	97.5
	부산	1,284	1,326	103.2
	대구	906	935	103.2
	인천	988	1,008	102.0
	광주	556	574	103.2
	대전	573	581	101.4
	울산	399	429	107.5
	경기	4,220	4,163	98.7
	강원	584	627	107.4
	충북	598	650	108.8
	충남	817	908	111.2
	전북	688	767	111.5
	전남	693	772	111.3
	경북	1,053	1,173	111.5
	경남	1,220	1,301	106.6
	제주	193	209	108.2

자료 : 국토교통부(2013년)

제로 서울과 수도권에는 주택이 부족하다. 이는 평균의 함정이다. 사람이 많이 몰리는 서울과 수도권에 주택을 많이 지어야지 주문진에, 신안 앞바다에 아파트를 짓는 것은 의미가 없다는 것이다. 주택보급률은 이를 다 합하여 평균을 낸 것이기에 공급률이 100%를 넘었는데도 집이 부족한 현상이 계속 유지되는 것이다. 때문에 주택보급률 수치는 현실적으로 주택 부족 상황을 파악하는 데는 큰 의미가 없다.

서울과 수도권의 주택보급률은 수요에 비해 현저히 부족한 실정이다. 이를 반영하듯 전세가는 주택가격의 90%에 육박하고 있다. 어떤 곳은 전세가와 매매가의 차이가 거의 없다. 매년 전세 가격이 오르는 것은 그만큼 집 없는 사람이 많다는 반증이다. 전세가가 이렇게 높아 매매가와 차이가 없을 바에야 언제든 주택을 구매할 의지가 있는 층이라 할 수 있다.

전국적으로 대도시의 전셋값은 매년 상승하는 추세이다. 따라서 향후 주택공급은 지역의 수요에 따른 차별화된 공급이 필요하다.

"부동산, 잔치는 끝났고 추락만 남아 있다."는 입장

인구수 감소

앞서 잠깐 이야기를 했지만, 1980년대까지만 해도 우리나라의 인구정책은 출산을 제한하는 분위기였다. 1960년대에는 '덮어놓고 낳다 보면 거지꼴을 못 면한다.'고 했고, 70년대에는 '딸 아들 구별 말고 둘만 낳아 잘 기르자.'고 회유했다. 급기야 78년도에 등장한 '잘 키운 딸 하나 열 아들 안 부럽다.'며 아들을 낳기 위해 출산을 지속하는 세태를 비틀기도 했다.

그래서일까? 언제부터인가 자식을 많이 낳으면 세련되지 못한 사람으로 눈을 흘기는 분위기까지 조성됐다. 마치 1960년대 표어처럼

총인구, 인구 성장률

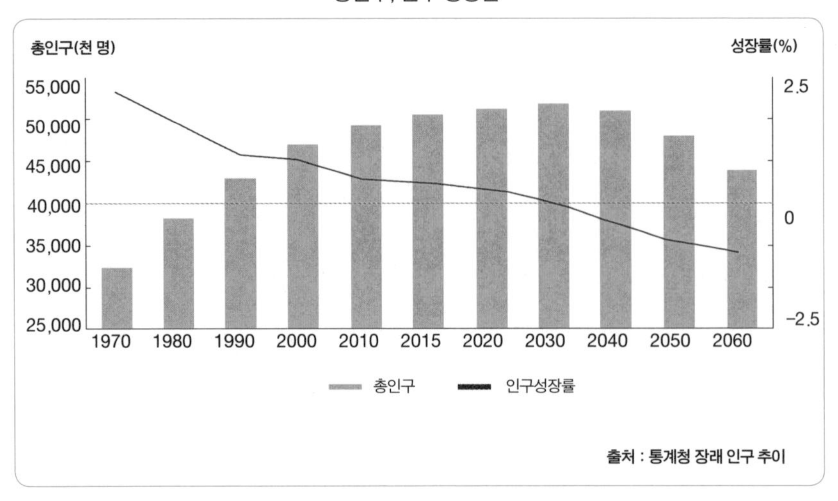

경기흐름도 어려운데 대책 없이 '덮어놓고' 애를 낳았다는 듯이 말이다.

결국 2000년대에 들어서면서 급격히 감소된 출산율에 화들짝 놀란 정부가 다시 애를 낳으라고 부추기기 시작했다. 2004년에 등장한 '아빠, 혼자는 싫어요. 엄마, 저도 동생을 갖고 싶어요.'라는 표어는 절절함이 묻어나기까지 한다.

그럼에도 불구하고 인구수는 계속적인 감소세를 나타내고 있다. 우리나라 인구수는 2015년 12월 말 약 5,151만 명으로 세계 26위에 해당한다. 1980년대만 하더라도 3,800만 명에 불과했고, 곧 4,000만 시대가 열린다며 인구 증가를 염려했다. 현재의 예상으로는 2030년도가 되면 5,200만 명으로 정점에 이르렀다가 2060년이 되면 4,400만 명으로 1990년도 인구수만큼 줄어들 것으로 예상된다. 인구가 줄어든다는 것은 말 그대로 집이 남아돌게 된다는 것을 의미한다.

주택보급률 증가

집값 옹호론자들이 아직도 집이 부족하다고 하는 이유는 주택보급률의 허점을 파고들었기 때문이다. 이에 반해 집값 하락론자들은 서울과 수도권의 주택보급률이 아직 수요를 따라가지 못하지만, 우리나라의 전체 주택보급률은 이미 100%를 넘어선 것(국토교통부 발표 2013년 기준 103%)과 수도권, 경기도권 등의 신도시 건설계획에 주목한다.

또한 2기 신도시는 2015년을 기준으로 수도권에만 약 60여 만 가구를 건설할 예정이며 뿐만 아니라 재건축, 재개발, 뉴타운, 장기임대전세주택 시프트(Shift) 등도 지속적으로 이어질 전망이다. 이와 같은 주택 보급 정책의 계속된 시행은 그동안 수요에 비해 부족했던 공급을 채워주게 된다. 그러므로 공급 부족으로 인한 가격 상승은 멈출 것이고, 오히려 공급 과잉으로 인한 가격 하락이 있을 것이라는 전망이다.

베이비부머, 부동산 하락 이끌 것

앞서 이야기한 바 있듯, 향후 부동산은 베이비부머의 은퇴와 그들의 자녀인 에코 세대의 영향으로 큰 변화를 맞이하게 될 것으로 예측된다. 지금부터 향후 약 7년간은 에코 세대의 결혼으로 전세 수요가 폭발적으로 일어날 것이며, 대출이자의 부담이 낮은 상태에서 월세보다는 전세 수요가 높아 집값을 부추길 것이다. 그러나 그 이후는 어떻게 될 것인가?

2010년 인구총주택조사 자료

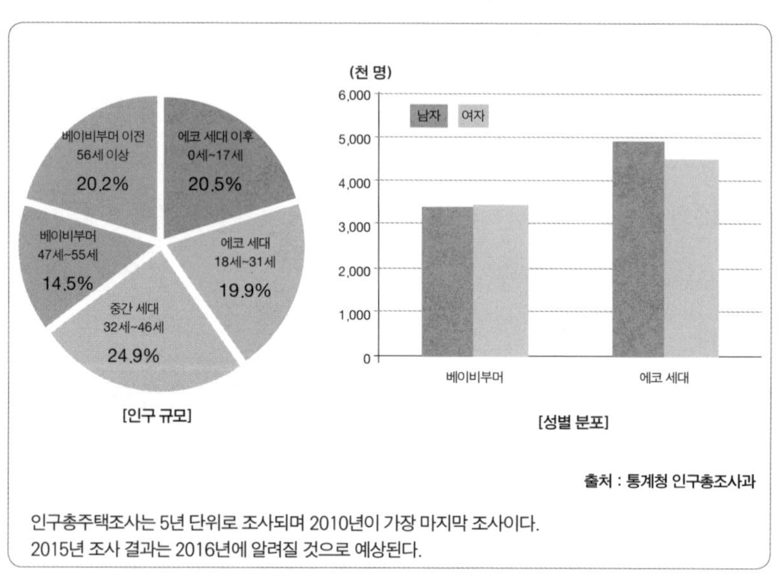

집값 하락론자들은 베이비부머의 은퇴가 부동산 시장에 영향을 줄 것으로 예상한다. 베이비부머 세대가 직장인이 되고 결혼을 시작할 무렵인 1988년부터 1990년대 초반까지 본격적인 소형 아파트에 대한 수요가 늘어났고 결국 부동산 가격 폭등으로 이어졌다. 이들이 40대에 접어든 2000년대부터는 자녀들의 성장으로 좀 더 넓은 중대형 아파트에 대한 수요가 급증했고 역시 부동산 폭등을 이끌었다.

베이비부머 세대는 아파트 평수를 넓혀가며 부동산으로 돈을 불려왔다. 또한 자녀들에 대한 교육열이 높아 자신의 노후준비는 뒤로 한 채 엄청난 교육비를 쏟아 부었다. 지금 이들의 나이가 50대 중반으로 공무원을 비롯한 일부를 제외하고는 대부분 은퇴를 했다.

자녀를 결혼시켜 보내고 나면 비둘기처럼 부부만 남는데 큰 집이 무슨 필요가 있겠는가. 이제 집값이 오를 것 같지도 않고 관리비 부담 등으로 중대형 아파트를 매물로 내놓고 있다. 때문에 집값 하락론자들은 자녀 세대인 에코 세대의 결혼이 끝나는 시점인 2022년 전후가 부동산 변화의 분수령이 될 것으로 예상하고 있다.

집, 살까 말까?

눈높이를 낮춰라

부동산은 지금이 바닥이고 오를 일만 남았다는 입장, 잔치는 끝났고 추락만 남았다는 입장, 양쪽 모두를 살펴보았다. 양쪽 주장 모두 논리적인 근거를 갖추고 있다. 여기서 조심스레 내 생각을 밝히자면, 더 이상 집값의 폭등으로 인해 재미를 볼 수 있는 시대는 끝났다는 것이다. 앞으로 우리나라 부동산은 하향 안정화로 갈 것이라 생각한다. 다만 어느 시기에, 어느 정도의 하락폭으로 나타날지, 하락폭이 얼마나 가파르거나 완만할지가 문제일 뿐이다. 물론 미래를 정확히 맞추는 건 사람으로서는 불가능하다. 누구도 정답을 알 수는 없다.

나는 부동산 폭등은 없을 것이라는 입장에서 집에 대한 조언을 하려고 한다. 우선 주택을 반드시 사라고 권하고 싶다. 물론 투자 목적이 아닌 거주 목적에서다. 가족이 함께 안정적인 둥지를 꾸려나가기 위해서는, 철마다 이사를 다니지 않아도 되는 내 집이 꼭 필요하다고 생각한다. 특히 자녀가 성장해 학교에 다니는 가정이라면 더욱 안정적으로 둥지를 틀 필요가 있다.

사람은 거주지가 안정되어야 자신의 일에 더 집중할 수 있고 가정도 행복할 수 있다. 부족한 보증금으로 전세가 만료될 때마다 집을 옮겨 다니는 스트레스가 얼마나 크던가. 오죽하면 '내 집 없는 설움'이라고 하지 않는가. 나 역시 충분히 경험했고 썩 좋지 못한 기억으로 남아 있다. 단, 평수 넓고 비싼 아파트가 아닌, 내 가정경제 형편에 어울리는 집을 선택해야 한다.

서울에서 신혼집을 아파트 전세로 구하려면 최소한 2억 원 이상 준비해야 한다. 부모님 도움과 대출 없이 스스로 전셋집을 마련하는 것은 거의 불가능하다고 해도 과언이 아니다. 실제 전세자금 대출을 받아 신혼집을 마련하는 경우는 부채를 갚기 위해 행복한 결혼생활을 포기하는 것과 같다. 갱신 시마다 올라가는 전세금을 맞추기 위해 2년마다 추가 대출을 반복하는 것도 심각한 문제다.

그러나 조금만 눈높이를 낮춘다면 아파트보다 부담 없는 선에서 얼마든지 빌라, 다세대 전세를 구할 수가 있다. 남의 시선에 매이지 말고 빚을 최소화하여 현재 재정 상태에 맞는 주택을 선택하자. 조금은 불편하고 좁을 수 있겠지만 빚으로부터 해방되어 저축하는 기쁨을 누릴 수 있다. 매달 나오는 급여로 재무목표에 맞게 자녀교육

자금, 주택마련자금, 노후준비자금으로 나눠 차곡차곡 준비하자. 그렇게 준비하다 보면 언젠가 우리 가족에게 잘 어울리는 집을 장만하고, 조금씩 넓혀갈 수 있게 될 것이다. 시작은 미약하지만 그 끝이 창대함을 믿고 오늘은 눈높이를 낮추는 것이 미래를 위한 현명한 선택이다.

급매물과 경매, 내 집 마련의 지름길

적은 자금으로 집을 장만하려면 급매물을 찾거나 경매를 활용하는 것도 좋은 방법이다. 급매물을 잡고 싶다면 자신이 원하는 지역의 부동산 중개인들과 친분을 쌓아두는 게 필요하다. 내가 아는 부동산 전문가 중에는 지역 토박이 부동산 중개인들과 친분을 유지하며, 좋은 물건을 소개해주면 중개 수수료를 올려 지급하는 방식으로 그들의 호감을 사는 이들도 있다. 어떤 방식으로든 지속적인 방문을 통해 중개인들과 인맥을 유지하며 좋은 물건을 소개받도록 노력해보자.

경매는 시세보다 저렴하게 집을 장만할 수 있는 좋은 방법이다. 경매 공고는 대법원경매정보(http://www.courtauction.go.kr)를 통해 무료로 접할 수 있으므로 정기적으로 방문하여 정보를 접하는 게 필요하다. 내 집 장만이 가장 큰 목표라면 굳이 땅값 비싼 도심의 중심을 찾을 게 아니라 중심에서 약간 벗어난 지역이나, 수도권 쪽으로 눈을 돌리는 것도 바람직하다. 서울을 벗어나 경기도 용인, 안양, 안산, 부천, 김포, 파주, 남양주, 하남, 성남, 수원, 오산 등에서 24평,

32평대 아파트를 서울 전세가격 이하로 구입할 수 있다. 교통은 다소 불편하겠지만 아파트는 시세의 80~85%, 단독주택은 시세의 70%대, 빌라는 시세의 60%대에서 낙찰 받을 수 있다.

최소 6개월 정도 시간을 두고 준비해야 하는데, 혼자 경매를 참여한다는 것은 리스크가 따르고 여건상 어려울 수 있다. 이때에는 전문가를 통해 경매에 참여하는 것이 좋다. 경매대행사는 권리분석과 입찰까지 대행해 주며 명도와 등기까지 완료해주는데, 대략 낙찰가격의 1% 정도를 수수료로 받는다. 나는 무주택자 재무상담 시 경매에 관심을 갖게 하고 실제 입찰에 참여할 수 있도록 도움을 주고 있다. 경매에 관심 있는 독자를 위해 간략히 경매에 관해 소개하겠다.

경매입찰할 물건이 3억 원이라면 10%에 해당하는 입찰보증금(3천만 원)으로 입찰에 참여할 수 있다. 자금 사정이 넉넉지 않고 전세로 거주하고 있는데 경매에 참여한다면, 경락자금대출을 이용하는 것도 방법이다. 경매 낙찰된 후 1개월 안에 경락자금을 납부해야 하는데 우선은 경락자금대출을 이용해서 잔금을 납부하고 나중에 전세를 빼서 갚으면 된다. 요즘 대출이자가 연 3% 초반대로 부담스럽지 않으므로 실수요자 입장이고 맞벌이를 한다면 고려해볼 만하다.

경매 정보

경매 입찰 참여 시 꼭 확인하자!

- 물건분석 [매각물건 명세서, 현황조사보고서, 감정평가서, 등기부 등본, 건축물대장, 토지이용계획확인서, 이해관계인 목록, 현장답사 등]
- 수익분석 [경락자금대출 활용분석-임대, 매매 등]
- 권리분석 [선순위 용익물건 파악(지상권, 지역권, 전세권), 소유권과 관계된 권리& 대항력 있는 임차인 파악, 유치권, 예고등기

경매 시 무엇을 준비하나?

- 입찰보증금(최저매각 가격의 10%-자기앞수표 또는 현금)
- 신분증(운전면허증)
- 도장

경매 참여 시 주의해야 할 점

- 경매 당일 아침에도 경매물건이 변경되거나 경매 취하, 취소되는 경우가 빈번하므로, 출발 전 대법원 경매 사이트(http://www.courtauction.go.kr)를 통해 미리 확인하자.
- 개정(오전 10시 10분) 전 여유 있게 도착하자. 입찰법정 입구의 게시판을 확인하여 입찰하고자 하는 물건에 새로운 내용이 첨삭되었거나 변경된 것은 없는지 살펴야 한다. 경매물건의 사건번호와 목록을 확인하고 매각조건의 변동이 없는지도 반드시 살피자.
- 입찰표 제출 전 확인 또 확인! 간혹 입찰표에 기재를 잘못하였거나, 입찰보증금을 잘못 넣지 않았는지 점검하자. 의외로 실수하여 무효가 되는 경우가 많다.
- 권리분석 단계에서 이미 확인했겠으나, 그래도 등기부등본 확인 강조는 반복해도 지나치지 않다. 낙찰 후 낙찰자에게 인수되는 권리가 있는지 꼼꼼하게 살피자. 또한, 종종 선순위권리가 수정되는 일이 있다. 이는 권리순위의 변동을 의미하므로 마지막까지 확인을 해야 한다.

1부 보이는 통장

Two conditions of happiness

왕의 지갑, 거지의 지갑

_저축 편

꿩 먹고 알 먹는 금융상품들

최고의 선수는 안정적인 수비와 적극적인 공격의 멀티플레이어다

저금리에도 저축은 계속되어야 한다

"아니, 이자를 이렇게 낮게 주는데 적금을 하라고요? 길거리 가다 동전 줍는 액수가 적금 이자보다 더 크다니까요? 수익 좋은 투자 상품을 좀 추천해 주시라고요."

"코딱지만 한 이자 받자고 은행에 저축을 하는 제가 너무 어리석어 보여요. 돈 있는 사람들은 주식이나 펀드 같은 걸로 돈을 불린다면서요. 저도 그런 상품 좀 추천해 주세요."

"빌릴 땐 10%나 이자를 물리면서, 내가 은행에 돈 넣을 땐 겨우 1% 이자라니 이건 정말 너무한 것 같아요."

낮은 금리 탓에 저축으로 수익을 볼 수 없게 되자 사방에서 볼멘

우리나라 가계저축률 변동 추이(단위 %) 가계소득, 가계소비 증가율 비교(단위 %)

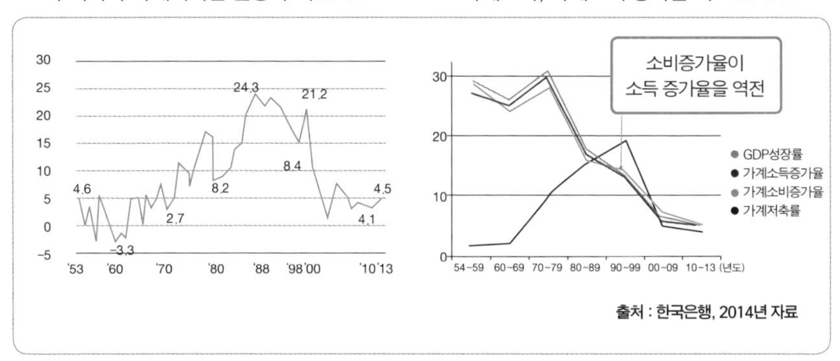

출처 : 한국은행, 2014년 자료

소리가 들려온다. 내 돈을 받을 땐 저리로 받고, 빌려줄 땐 고리의 이자를 받는 현실이 씁쓸하다. 저금리 탓일까? 최근 몇 년간 우리나라의 저축률은 현저히 떨어지고 있다.

그래프에서 보듯 1953년 이후로 꾸준히 상승하던 우리나라 가계저축률은 1988년에 정점을 찍었으며 24%에 육박했다. 지금 생각하면 한여름 대낮에 나무 그늘에서 낮잠 자다 꾼 달콤한 꿈이었나 싶을 만큼 아련하다. 국가의 성장이 국민들의 저축을 바탕으로 이루어지던 시기다. 과소비를 삼가고 저축을 해야 한다며 대대적인 국민캠페인을 벌이기도 했다. 아마 현재의 40대들은 초등학교 시절 저축 포스터 한두 장쯤은 그려봤을 듯하다.

그러다 1990년대부터 금리가 조금씩 하락하기 시작했다. 그래도 13~15%대를 유지했었다. 1997년 IMF 사태 때는 다시 25~30%대까지 올랐다. 덩달아 저축률도 올랐다. 이렇게 올랐던 금리는 2000년대 들어 7~8%대 한 자릿수로 또다시 떨어지기 시작한다. 급기야 최근 2015년 6월 기준 1.5%의 기준금리를 유지하고 있으며 은행예금, 적금도 이에 맞춰 상품이 출시되고 있다. 저축률은 고작해야 4.5%이다.

저금리가 유지되는 현상은 우리나라뿐 아니라 다른 나라에서도 쉽게 예를 찾을 수 있다. 선진국에 해당하는 미국은 0~0.25%, 캐나다 1%, 덴마크 0.2%로 저금리 정책을 유지하고 있다. 말라위 25%, 감비아 22%, 파키스탄 9.5%의 고금리를 유지하고 있지만 이들 국가는 후진국에 해당한다.

이자수익률이 낮다 보니 많은 이들이 저축을 기피하고 다른 투자처를 찾아 헤맨다. 이것은 앞서 그래프만 보더라도 뚜렷하게 나타나는 현상이다. 특히 은행 적금에 대해 아예 무시하는 사람들이 많다. 그러나 이 점을 분명히 하자. 적금은 저축의 기본이다.

적금은 원금이 손실되지 않으며 저금리라도 이자수익을 올릴 수 있다는 장점이 있다. 약 1~3년 내 단기간의 목표로 돈을 모을 때에는 적금으로 하는 것도 생각해 볼만하다. 우리가 저축을 할 때에는 그 목적에 맞게 설계를 해야 하는데, 사람 일이 무조건 장기적으로 바라봐야만 하는 일만 있는 건 아니므로 단기간의 목표를 위한 적금도 필요하다.

실제로 나의 고객 중에는 적금통장 하나 없이 모든 현금을 펀드에 넣어 놓은 경우도 있었다. 당장 목돈을 융통해야 하는 상황이었는데 거의 전 재산이 펀드에 들어가 있으니 이러지도 못하고 저러지도 못하는 상황이었다. 게다가 주가가 오르락내리락 할 때마다 무척이나 신경을 썼다. 상품을 해약하면 원금 손실이 발생하기 때문에 조언하면서도 너무 안타까웠다.

10년 이상 장기적 플랜을 가져야 할 것은 비과세 혜택과 펀드 변경, 추가납입 기능이 있는 변액유니버셜보험 가입을 권한다. 단, 투자 목적의 상품을 가입할 때는 자신이 감당할 수 있는 수준의 월 불입액을 책정해야 함을 잊지 말자. 내가 상담한 고객들 중, 갓 회사에 입사한 20대 후반의 청년은 결혼자금을 모으겠다며 월 100만 원씩 붓는 변액유니버셜보험에 가입했다고 했다. 그 상품은 10년 이상 납입을 해야 수익을 기대할 수 있는 장기상품이었다. 결혼을 10년, 15년 이후에 할 것도 아닐 텐데, 목적에 맞지 않은 상품을 가입한 것이다. 나와 상담을 한 후 고민을 하던 청년은 눈물을 머금고 상품을 해약했다. 해약환급금도 거의 받을 수 없었지만 불행 중 다행이라면 가입한 지 오래 되지 않았다는 점이었다.

투자상품은 원금이 보장되는 것과 보장되지 않는 것이 있다. 원금이 보장되는 경우는 안정적인 운용을 최우선시하기 때문에 상대적으로 수익률이 낮다. 반면 원금이 보장되지 않는 상품은 공격적 투자를 하기 때문에 원금이 깎일 우려가 있지만 투자수익률은 높다는 것이 특징이다. 가끔 "원금 보장이 되면서 수익률이 높은 상품은 없나요?" 하는 질문을 듣는다. 불가능한 얘기다. 정도의 차이는 있겠지만 두 가지는 공존할 수 없다. 수익이 높다는 것은 그만한 위험부담을 갖고 있다는 것이고, 수익이 낮다는 것은 공격적인 투자를 하지 않으니 안정적이라는 말과 일맥상통한다. 그러므로 반드시 자신의 투자 스타일과 목적에 맞게 상품을 선택하기 바란다. 오늘날 이자수익률이 낮고 전 세계 주식시장이 불안한 상황에서 좋은 상품을 찾는 건 쉽지 않다. 여기에서 소개하는 것은 사람들 입에 많이 오르내리는 상품들이다. 중요한 것은 남들 따라 묻지 마 투자를 하는 것이 아니라, 이러한 것들의 특징과 장단점을 반드시 파악한 후 나의 재정상태와 계획에 맞는 상품을 골라 가입해야 한다는 것이다. 달콤한 장점만을 보고 가입했다가 갑작스러운 상황 변동에 불이익을 당할 수도 있다. 이를테면 의무가입기간을 지키지 못할 상황이 생겨 중도 해지할 경우 기타소득세 추징을 당하게 된다. 가입 전 상품의 모든 특징을 반드시 파악하자.

목적에 맞는 '선수'를 선택하라

우리가 삶을 윤택하게 하기 위한 맞춤형 재무설계를 하는 것은 훌륭한 선수(금융상품)를 골라 적시적소에 배치하는 감독의 역할과 다르지 않다. 수비수로서 진가를 발휘하면서도 공격수로서의 역할도 멋져야 한다. 또한 드넓은 운동장을 종횡무진 날아다니며 미드필더와 윙포워드 및 그 어느 위치에서도 역할을 잘 해내는 박지성 같은 선수가 필요하다. 그래서 우리는 이러한 선수를 멀티플레이어라고 부른다.

재무설계를 하는 사람으로서 여러 금융상품들이 축구선수와 다르지 않다는 것에 종종 놀라곤 한다. 참 재미있다. 다재다능하며 여러 선수들의 장점을 골고루 갖고 있어 수비수의 역할을 하는 상품도 있지만, 때로는 실책의 위험에도 과감하게 슈팅하여 끝내 득점을 이루어내는 상품들도 있다. 이러한 상품들을 고객과 함께 설계할 때마다 한일 월드컵 때의 히딩크 감독이나 2014년 브라질 월드컵 우승에 빛나는 독일의 요하임 뢰브 감독이 된 기분마저 든다.

우리 삶을 월드컵이라 하자. 우승상금(목돈)을 위한 재무설계는 즐거운 축구라고 생각하자. 그러기 위해서는 선수들을 파악하는 것이 중요하다. 선수를 모르고서야 어떻게 감독이라 할 수 있겠는가. 각각의 선수들은 목적, 즉 수비 역할이냐 공격이냐에 따라 언제 어디에 어떻게 배치할지 결정된다.

3년 이하, 단기 플랜에 적합한 상품들

먼저, 체력은 높지 않지만 단기적으로 보았을 때 높은 효율을 보이는 선수들인데, CMA 상품과 비과세종합저축이다. 살면서 목돈이 필요한 순간들도 생기고, 짧은 미래에 어떤 목적을 달성하기 위해 계획을 세우게 되는데 이럴 경우 매우 유용하다. 3년 이내에 목돈을 마련해야 할 경우가 이에 해당된다. 예를 들어, 대학 재학 중 어학연수를 가기 위해 아르바이트를 하며 자금을 모은다거나 취업 후 곧 자동차를 구입하기 위한 자금을 모을 때, 1년 혹은 2년 뒤 해외 배낭여행을 가기 위한 자금, 부모님 곁을 떠나 독립을 하기 위한 최소 자금 등을 모으는 데 좋다. 그 외에도 가입 연령에 상관없이 최고 3년 정도 이후에 어떠한 목적을 둔 자금이 필요하다면 추천하고 있다.

이렇게 활용하자!

유학자금, 해외어학연수 자금, 독립자금, 자동차 구입을 위한 준비자금, 해외여행자금, 성형수술 자금, 라식·라섹 수술 자금, 2년 후 오를 전세금이나 임대 보증금에 대한 준비자금 등 단기목적자금에 적합하다.

증권사의 CMA 통장

앞서 설명한 바 있지만 CMA 통장의 경우 단 하루를 맡겨도 높은 수익을 얻을 수 있다는 점에서 편리하고 수시입출금이 가능하여 혹시라도 모를 불상사에 중도해지로 인한 불이익을 겪지 않아도 된다. 자세한 이야기는 이미 하였으므로 생략하기로 하자(2장 '지출통제의 기본, 통장분리'편 참고).

단, CMA 통장이 네 가지로 분류되는데 이들이 각각 성격이 다르다. 좀 더 높은 이자를 주는 상품과 낮은 이자의 상품이 있는데, CMA가 투자상품이기 때문에 100% 원금이 보장되는 건 아니다. 다만 국공채와 우량채권에 투자하기 때문에 원금 손실 가능성이 무척 낮다고 봐야 한다. 안정적인 상품은 RP, MMW, 종금형의 CMA 통장이며, MMF형의 통장은 우리가 저축한 돈을 증권사에서 어떻게 운용하느냐에 따라 좀 더 높은 이자가 발생하거나 손실이 발생할 수도 있다. CMA 통장은 일반 은행이 아닌 증권사의 상품이다. 가까운 증권사 어디든 찾아가면 만들 수 있다.

비과세종합저축

2014년 말까지 있었던 세금우대종합저축(20세 이상 1천만 원까지 가입), 생계형저축(조건 갖춘 자 3천만 원 한도)이 합쳐지면서 2015년 비과세종합저축으로 이름이 변경되었다. 5천만 원 한도까지 비과세 적용을 받을 수 있고, 분리과세 되어 종합소득세에 포함되지 않는다. 2015년부터 2019년까지 5년간 매년 가입연령이 증가되어 2018년부터는 만 64세 이상인 자만 가입할 수 있다. 가입연령 제한이 있어 60대 이전의 세대에겐 가입이 불가하다는 점은 매우 애석한 일이다. 가족 중 61세 이상의 부모님이 계시면 가입을 고려하면 좋겠다.

가입대상	납입한도	적용시기
1. 연령 2015년 가입자 : 만 61세 이상 2016년 가입자 : 만 62세 이상 2017년 가입자 : 만 63세 이상 2018년 가입자 : 만 64세 이상 2. 장애인 3. 독립 유공자와 그 유족 또는 상이자 4. 국민기초생활수급자 5. 고엽제후유의증환자 6. 5.18민주화운동부상자	전 금융기관 통합한도 5천만 원까지 비과세 단, 기존 세금우대종합저축과 생계형저축 가입자는 기존 가입한 한도에서 제외한 금액만큼 추가가입 가능.	2015년 1월 1일 이후

3~10년까지, 중기 플랜에 적합한 상품들

제목 그대로 단기 목적이 아닌 좀 더 먼 미래에 필요할 자금들에 대한 계획에 부합한 상품들이다. 인생 전반전을 뛰고 후반전에 들어서기 전, 더 먼 미래를 위한 재무설계를 할 때 종자돈을 만들어줄 수 있다. 살고 있는 아파트를 더 넓은 평수로 옮겨 구입한다거나 뚜렷한 목적이 없어도 자산을 늘리기 위한 목적으로도 이용할 수 있다. 모든 저축이 결국 부를 축적하여 여유롭고 안정된 미래를 목표로 삼는다는 점에서 중기 플랜이 성공의 열쇠를 쥐고 있다 해도 과언이 아니다. 각 상품들의 특성을 고려하고 가입 대상이 된다면 반드시 나만의 '선수'로 영입하도록 하자.

이렇게 활용하자!

단기목적자금이 예정된 소비지출금액을 일정 기간 동안 준비하여 반드시 지출될 금액이라면, 중기 플랜의 상품들은 자산을 축적하기 위한 씨앗이 된다. 구체적인 목적을 부여하기는 어렵지만, '자산축적'이라는 목적이 재무설계의 기본 취지이자 목표임을 감안한다면 거시적인 관점에서 반드시 가입해야 할 중요 상품이다. 자녀 교육 자금, 자녀 결혼 자금, 주택 구입 자금, 은퇴 후 노후자금, 종자돈 마련 등에 10년 앞을 내다보아야 할 목적자금으로 활용할 수 있다.

2016년 새로 도입되는 선수 'ISA'

국민의 재산형성을 실질적으로 지원하기 위한 세제혜택 프로그램인 '개인종합자산관리계좌(ISA: Individual Saving Account)'는 개인이 직접 구성 · 운용하는 장바구니형 통장으로, 보다 넓은 개념의 펀드라고 할 수 있다. 저축률이 크게 떨어진 국내의 상황에 맞게 가계의 금융자산 비중을 높이고 근로자 및 자영업자에게 금융재산 형성을 지원하려는 취지로 만들어졌다.

우선, ISA는 근로소득과 사업소득이 있는 자는(농어민 가입 가능) 구분 없이 1인당 1계좌씩 가입 가능하다. 그러나 절대 가입이 불가한 대상이 있다. 이미 높은 금융자산을 갖고 있는 사람은 가입이 불가능하다. 즉, 가입 직전연도에 이자와 배당소득의 합계가 2천만 원을 초과하는 금융소득과세대상자는 해당되지 않는다. 또한 신규 취업자는 해당 연도에 소득이 있는 경우에만 가입이 가능하다. 한마디로 서민과 중산층을 위한 자산형성 통장이므로 이미 부를 축적한 사람에게는 해당이 되지 않는다고 보면 된다.

아울러 ISA는 연간 2천만 원 한도와 의무기간 3년(연소득 5천만 원 이상 5년 의무)을 유지해야 한다. 이 기간 동안에는 원금이나 이자 수익이 발생해도 인출을 마음대로 할 수 없다.

ISA가 특별한 점은 가입자의 기호대로 골라 담을 수 있다는 것이다. 때문에 장바구니라는 별명이 생겼다. 마음에 들지 않는 상품은 언제라도 변경이 가능하다. 기존 상품들은 가입기간 중 상품변경이 불가했고, 변경을 위해 해지를 하는 경우 비과세 혜택을 취소하고 세금을 추징했다. 반면 ISA는 계좌 안에서 예·적금, 펀드(국내주식형, 해외주식형, 채권형, ETF 등), 파생결합증권까지 개별상품을 자유롭게 교체하며 운용할 수 있다.

만기 인출 시에는 순소득(이자와 배당소득의 합) 기준으로 250만 원까지는 비과세하고 250만 원 초과분에 대해서는 저율분리과세(9.9%) 한다.(연소득 5천만 원 이상 시 200만 원 한도) 예를 들어 연소득 5천만 원 이하인 경우 5년간 납입금이 6,000만 원이고 수익이 2,000만 원이 발생했다고 하자. 감면 전 세금은 308만 원 나오지만 감면 후 세금은 약 173만 원이 나온다. 절세액이 135만 원으로 44%에 이른다. 영국 ISA는 16세 이상 국민이 가입할 수 있는데 1만 5,000파운드(한화 3,000만 원)한도이며 국민의 40% 이상이 재테크 통장으로 활용하고 있다. 가까운 일본은 2014년 1월 거주자에(20세 이상) 한해 연간 100만 엔(약 1,000만 원) 내에서 ISA를 운용할 수 있다. 영국과 일본에 비해 세제혜택 범위가 작지만 다양한 투자를 할 수 있고 세제혜택까지 있어 반드시 편입해야 할 금융상품이다.

적립식 펀드

중기 플랜의 자산 프로그램에 빠질 수 없는 것이 바로 적립식 펀드이다. 모든 투자가 그러하듯 선택은 투자자의 몫이고 수익과 손실 또한 투자자의 몫이다. 그러므로 위험률이 있는 상품에 모든 경제력을 집중하는 것은 바람직하지 않다. 신중하게 알짜 상품을 고르는 안목을 먼저 갖기를 바란다.

적립식 펀드를 설명하기 전에, 먼저 펀드(fund)에 대한 설명을 해야겠다. 쉽게 보자면 우리가 수익을 목적으로 투자를 할 때에는 직접 참여하는 직접 투자방식이 있고, 여럿이 모여 기금을 마련하여 공동

투자하는 간접 투자방식이 있다. 개인이 직접 하는 경우를 주식투자라 하고, 간접 투자방식이 바로 펀드이다. 즉, 투자자가 펀드를 구입하면 위탁자인 투자회사는 해당 기금을 예정된 투자처(주식이나 채권 등)에 투자하여 수익을 올리고 투자자에게 다시 수익을 배분한다.

거치식 펀드의 경우 한꺼번에 목돈을 넣어야 한다는 점에서 자산이 높지 않은 일반 직장인이나 젊은 층의 경우 부담이 컸다. 그러나 적금처럼 매월 일정 금액씩 적립하는 적립식 펀드는 수익률에 따라 원금 손실이 있을 수 있다는 점만 빼면, 오히려 일반 금융상품보다 높은 수익을 얻을 수 있어 많은 관심을 받고 있다. 더구나 매월 1만 원씩 불입하는 것으로도 펀드 구매가 가능하다.

또한 적립식 펀드의 경우 매월 같은 금액을 불입하게 되지만, 주가나 채권가격이 하락했을 때 펀드의 매입가격이 낮아진다는 장점이 있다. 이는 평균매입단가를 하락시키는 효과가 있고 분할 매수와 분산투자를 할 수 있어 투자 위험을 낮출 수 있다. 그러므로 당장은 수익률이 낮거나 설령 손실이 있다 하더라도, 장기적으로 보았을 때는 거치식 펀드와 달리 수익을 내는 경우가 많다. 그러므로 만기 이전에 수익률이 떨어져 전전긍긍하는 것보다 장시간 기다려주는 것이 좋다.

아울러 펀드는 투자 상품이므로 철저하게 정보를 구하고 보다 안정적인 운용을 하는 펀드를 고르는 것이 좋다. 펀드 판매처인 증권회사나 은행에서 권유하는 펀드를 무조건 가입하는 것보다 재무상담 전문가를 통해 나의 투자성향과 재무목표에 맞게 충분한 상담을 한 후 신중히 가입하는 것이 좋다. 또한 적립식 펀드는 손실이 발생

할 수 있다는 점에서 여유자금의 대부분을 투자하는 것보다는 부담스럽지 않은 적은 금액으로 시작하는 것이 좋다.

단, 신규 펀드의 경우 수익률에 대해 검증된 기간이 짧으므로 개설된 지 3년 이상 된 상품들 중 안정적인 운용을 하는 펀드들이 좋다고 할 수 있다. 아울러 자투리 펀드라 불리는 총 설정액 50억 미만의 상품은 관심을 갖지 않는 것이 좋다. 개인적으로 펀드의 규모액이 채권형은 100억 원, 주식형은 500억 이상이여야 한다고 생각한다. 이는 규모가 큰 펀드는 충분한 분산투자가 이루어져 손실에 대한 위험 부담이 줄어들기 때문이다. 투자의 기본 원칙은 속칭 '몰빵'이라 불리는 집중투자가 아닌 '분산투자'임을 잊지 말자.

한편 적립식 펀드는 수익을 냈다가 손실되는 과정의 반복으로 장기투자를 하기에 불리하다. 그 이유는 펀드 변경이 불가능하기 때문이다. 따라서 수익이 난 시점에 적절히 환매를 하는 것이 중요한데 스스로 결정을 내리기 어렵다. 오를 때는 한없이 오를 것 같고 떨어질 때는 한없이 떨어질 것처럼 공포를 주는 게 적립식 펀드이기 때문이다.

주택청약종합저축

민영주택, 국민주택 등을 공급받기 위해 무주택세대주 여부와 무관하게 적금식으로 가입하는 저축이다. 현재 농협, 하나, 국민, 신한, 우리, 기업은행에서 누구나 가입 가능하다. 단, 전 금융기관에 1인 1계좌만 허용된다. 월 2~50만 원 한도 내에서 자유롭게 납입할 수 있다.

가입 후 순위에 따라 원하는 지역의 아파트에 청약 후 당첨이 되면 종료할 수 있다. 예금자보호는 되지 않지만 국민주택기금에서 조성한 재원으로 정부가 관리하고 있는 만큼 안정적인 상품이며 원금 손실의 경우가 없다고 볼 수 있다.

또한 총급여액이 7천만 원 이하 근로자인 무주택세대주에 한해 연말정산 시 일정 부분 소득공제 혜택도 가능하다. 기준금리가 하락하여 다른 적금상품들이 관심의 대상에서 벗어났지만, 그와 비교했을 때 오히려 고금리 상품이며 주택당첨 때까지 장기 보유하는 대신 복리 효과도 있다. 다만 가입한 날로부터 5년 이내 해지하거나 국민주택규모 85㎡를 초과하는 주택에 당첨된 자는 무주택확인서를 제출한 이후 납입금액 누계액의 6%(지방소득세 별도)를 추징한다.

10년 이상 : 연금저축계좌(개인,퇴직), 변액유니버셜

이제 우리 삶의 전반전과 후반전을 위해 풀타임으로 뛰어줄 '선수'들이다. 결국 우리들의 삶은 안락한 노후를 걱정해야 하고, 그러기 위해 달려오는 것이리라. 때문에 영광의 순간을 위해 풀타임으로 뛰어줄 장기 플랜, 10년 이상 운용해야 하는 금융 상품들은 은퇴자금(노후자금)이라는 목적을 위해 매우 중요하다. 그러므로 앞부분의 이야기들보다 훨씬 길고 자세하게 담았다.

이렇게 활용하자!

단기 목적자금이 끝났을 무렵 중 · 장기 플랜은 동시에 출발하는 것이

연금저축 분류 : 금융감독원 연금저축통합공시

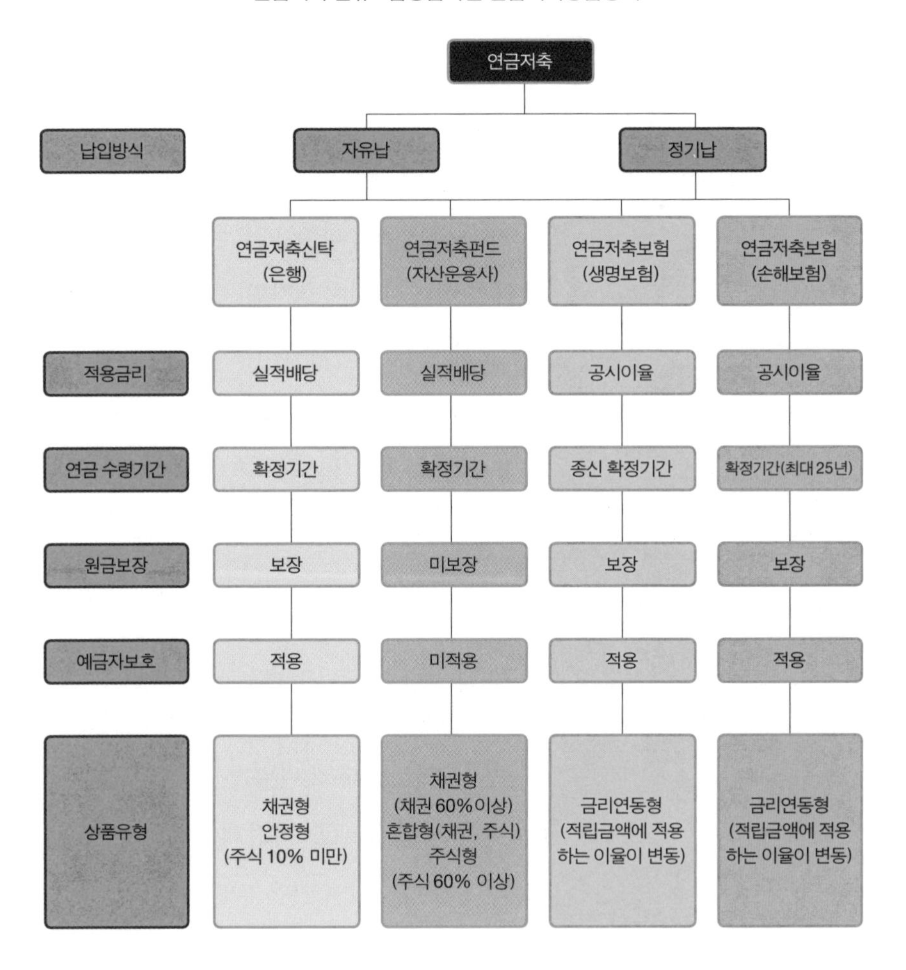

좋다. 물론 더 일찍 시작한다면 부담은 줄어들 수 있겠으나, 미래를 위해 젊은 날의 즐거움을 모두 포기할 수는 없지 않겠는가. 사치와 낭비는 하지 않되, 준비가 되었다면 적절한 시기에 노후를 준비하자. 이는 빠를수록 좋다.

연금저축신탁

기준가격 방식에 의한 실적배당 상품으로 약정된 기간 동안 적립한 후 원리금을 연금으로 수령한다. 주식 및 주식관련 파생상품에 신탁재산의 10% 이내, 대출, 채권 및 채권관련 파생상품, 유동자산 및 기타자산에 90% 이상 운용된다. 매회 1만 원 이상, 연간 1,800만 원 한도 내에서 자유롭게 적립 가능하며 예금자보호법에 따라 5천만 원까지 보호 받는다.

연금저축보험

공시이율로 운용이 되며 위험보장이 없는 순수 연금저축보험이다. 총기본보험료의 2배 범위 내에서 추가 납입 가능한 상품도 있으며 만 19세부터 최고 75세까지 가입 가능하다. 연금개시 나이는 만 55~80세까지 선택을 다양하게 할 수 있다. 또한 5년, 7년, 10년, 15년, 20년 납으로 가입한도 월 5~50만 원까지 자유롭게 정한다. 종신연금형, 확정기간 연금형 등 연금수령 방법도 다양하며 예금자보호법에 따라 5천만 원까지 보호된다.

연금저축펀드

노후생활을 영위할 목적으로 5년 이상 일정 금액을 펀드에 투자하여 만 55세부터 연금으로 수령할 수 있는 펀드 상품이다. 연 1,800만 원 이내로 자유롭게 납입 가능하며 가입자 사망 시 배우자의 안정적 노후소득 보장을 위해 계좌 승계가 가능한 특징이 있다. 특별

계정으로 운영되어 예금자보호는 적용되지 않는다.

'연금저축신탁, 연금저축보험, 연금저축펀드'는 구분없이 연간 납입금액(연간 400만 원 한도)에 대해 연소득 5,500만 원 이하일 경우 16.5%, 그 이상일 경우는 13.2%의 세액공제를 받을 수 있다. 연금의 목적이 아닌 이유로 중도인출하거나 해지할 경우 '세액공제 받은 금액 + 운용수익'에 대해 기타소득세 16.5%가 부과된다. 연금수령 시는 수급연령에 따라 연금소득세를 저율 과세(55~70세 5.5%, 70~80세 4.4%, 80세 이상: 3.3%) 한다. 세액공제 받지 않은 금액에 대해서는 과세 없이 인출할 수 있고 운용수익에 대해서는 비과세 혜택을 받을 수 있다.

과거 3년간 연금저축보험의 생명보험사와 손해보험사의 수익률 및 적립은 가입자가 부담하는 일체의 수수료를 차감 후 계산된 것으로, 실제와 차이가 많다. 최근 공시이율 하락으로 원금회복까지 대략 7년 정도 걸릴 것으로 보인다. 또한 기준금리 하락으로 공시이율도 계속 떨어져 과거에 비해 연금상품으로서 메리트가 크게 낮아졌다.

반면 증권사의 연금저축계좌는 수수료가 대략 1~2% 안팎으로 보험사에 비해 낮아 투자되는 금액이 훨씬 많다. 또한 국내 주식, 채권(국공채, 회사채), 인덱스, 배당주, 공모주, 롱숏에 투자하거나 글로벌 이머징마켓, 중국, 유럽, 브릭스, 섹터(원자재, 소비재, 인프라), 공모주 등 다양한 포트폴리오에 운용할 수 있다. 재무전문가를 통해 주가상황에 맞춰 펀드 변경을 하여 다양한 포트폴리오로 운용을 한다

납입 시	연금 외 수령	연금수령 시
세액공제 혜택 13.2~16.5% (지방소득세 포함)	기타소득세 16.5% (지방소득세 포함)	연금소득세 5.5~3.3% (지방소득세 포함)

면 저금리 시대 현명한 노후 준비가 가능하다.

개인연금저축계좌이전제도 활용

연금저축계좌이전제도란 자신이 가입한 연금저축에 수익률, 서비스, 수수료 등에 대해 불만이 있는 경우 기존 계약을 유지하면서 다른 금융회사의 연금저축계좌로 바꾸는 것을 말한다. 보험사에 가입한 연금보험은 증권사의 연금저축계좌로 단 한 번의 방문으로 간단히 이전할 수 있다. 예전에는 증권사에 방문하여 신규 연금계좌를 먼저 만들고 기존에 가입한 보험사에도 방문하여 계좌이전신청을 해야 하는 두 번의 번거로움이 있었다.

계좌이전은 적립금액(보험은 해지환급금)을 기준으로 이전된다. 이때 계약해지나 인출로 보지 않으며 세제혜택을 계속 받을 수 있다. 단, 압류 등이 설정된 계약은 이전이 불가하다. 과거 연금보험의 경우 최저보증이율이 높은 경우가 있는데 이때는 계약이전보다 유지하고 납입이 끝나면 새롭게 가입하는 게 좋다. 보험회사에서 판매하는 연금보험은 7년 이내에 계좌이체하는 경우, 해지공제액을 추가로 공제하니 참고하기 바란다.

퇴직연금 (Retirement Pension) | 2012년 7월 26일 근로자퇴직급여보장법이 개정되면서 퇴직연금이 새롭게 시작되었다. 고용노동부 통계에 의하면 2013년에 전체 사업장의 16%가 퇴직연금제도를 도입했다고 하며, 전체 상용근로자(고용기간 1년 이상의 근로자)의 46.3%가 퇴직연금제도에 가입했다고 한다. 적지 않은 숫자다.

퇴직연금은 확정급여(DB: Defined benefit)형과 운용결과에 따른 수익금을 지급받는 확정기여(DC: Defined contribution)형, 개인연금저축계좌(IRP: Individual Retirement Pension)로 나뉘어져 있는데, 각각의 개념을 모르는 사람들이 많다. 내 돈이 어떻게 관리되고 있는지 모르는 건 곤란한 일이다. 회사 차원에서 퇴직연금 방식을 선택하는 기업도 있지만, 직원에게 퇴직연금 종류를 선택하게 하는 기업들도 있으므로 정확한 개념을 파악하면 선택하는 데 도움이 될 것이다.

확정급여형(DB) | 기존 퇴직금 제도와 같은 계산법으로 나온 예상금액의 70% 이상을 사외적립하는 것이다. 위험한 투자보다는 안정지향적인 사람에게 적합하다. 근로자가 받을 퇴직금은 퇴직일 직전 3개월간 받은 평균임금×근속년수이다. 퇴직금 수준이 사전에 확정되어 있으므로 안정적인 퇴직금 수령이 가능하다. 적립금의 운용에 대해 회사가 책임지므로 퇴직금에 대한 근로자의 부담이 없다. 기업 재무구조가 건전한 튼튼한 회사이고 회사의 평균임금상승률이 높은 편이라면 확정급여형을 선택하는 것이 유리하나, 한 번 가입하면 다른 연금제도로 바꾸기가 어렵다.

확정기여형(DC) | 회사가 근로자와 사전협의하여 연간임금총액의

1/12을 금융기관에 납부하는 방식이다. 근로자가 자신의 퇴직금에 대한 책임을 지고 투자성향에 따라 직접 운용한다. 때문에 운용결과에 따라 퇴직 시 받을 퇴직금의 금액이 달라진다. 주식투자 비중이 높아 투자수익을 기대할 수 있지만 반면에 잘못 운용하면 원금 손실 발생 가능성이 있으므로 신중한 선택이 필요하다. 그러나 회사의 임금 상승률이 낮아서 고민이라면 확정기여형을 선택하는 것이 유리하다.

개인퇴직계좌(IRP) | 근로자가 이직이나 퇴직을 하더라도 퇴직일시금을 은퇴 시점까지 계속 적립 · 계산할 수 있는 제도로, 근로자가 개인적으로 가입하는 것이 특징이다. 퇴직할 때 개인퇴직계좌(IRP)로 퇴직금이 이전되는데, 확정급여형(DB), 확정기여형(DC) 모두 퇴직 시 개인퇴직계좌(IRP)로만 퇴직금을 받을 수 있다. 한마디로 개인퇴직계좌(IRP)는 저수지 통장인 셈이다. 그 외에는 확정기여형과 동일하다.

아울러 퇴직연금에 가입했다면 누구나 개설할 수 있으며, 연간 1,200만 원까지 추가 납입이 가능하다. 개인연금저축 납입액과 합쳐 연간 총 700만 원 한도 내에서 세액공제(13.2%~16.5%)가 가능하고, 원금이 보장되는 예금과 원금이 보장되지 않는 펀드 즉, 예금 · 주식 · 채권 등 다양하게 운용상품을 변경하여 분산투자가 가능하다는 장점이 있다.

IRP는 연금저축처럼 의무적으로 유지해야 하는 저축기간 요건이 없다. 기존 퇴직금제도에서는 퇴직자는 일시금으로만 퇴직금을 받을 수 있어 대부분 받아서 사용하는 경우가 많았다. 그러나 IRP는 일시금이나 연금으로 선택해 수령할 수 있다. 2015년 7월 1일부터 주식투자한도가 40%에서 70%까지 확대되었으며 개별 자산별 운용한도가 폐지

되었다. 주의할 점은 원금이 보장되지 않는 펀드 등의 투자는 신중해야만 한다는 점이다. 2016년 300인 이상, 2017년 300인~100인 이상, 2018년 100인~30인 이상, 2019년 30인~10인 이상, 2022년에는 모든 사업장에 대해 단계적으로 퇴직연금 도입을 의무화한다.

가입된 퇴직연금 수익률이 낮아 마음에 들지 않은 경우 언제든지 다른 금융사로 이전할 수가 있다. 나는 은행, 보험사보다는 펀드 변경이 가능하고 다양한 투자 포트폴리오가 있는 증권사의 퇴직연금을 적극 추천한다.

위와 같이, 많은 금융상품들이 우리의 선택을 기다리고 있다. 초저금리 시대라 기대에 부응하기 어렵겠지만 상품의 면면을 잘 따지면 남들에 비해 보다 많은 수익을 기대할 수 있는 부분도 있다. 일시적 투자를 해야 할지 장기적 투자를 해야 할지 고민한 후, 나의 재무상황을 잘 살펴 감당할 수 있는 수준의 액수를 정해야 한다. 과거 장기주택마련펀드가 세제혜택이 없어지면서 설정 금액 규모가 작아져 자투리 펀드가 된 것처럼 일시적인 세제혜택상품을 가입할 땐 더욱 신중해야 한다. 이렇게 스스로 자신의 자금을 적극적으로 관리하면서 저축·투자한다면 조금 더 탄탄하게 내 미래를 준비할 수 있을 것이다.

노란우산공제

노란우산공제는 중소기업협동조합법에 따라 중소기업중앙회가 관리 및 운용하는 공제저축을 말한다. 소기업, 소상공인 사업주의 폐업이나 고령에 따른 생계위협으로부터 생활의 안정자금을 마련하고자 만들었다. 또한 사업 실패 시 재기의 기회를 제공받을 수도 있다.

납입부금에 대해 연간 300만 원까지 소득공제 혜택이 있으며, 법률에 의거 압류, 양도, 담보제공이 불가능하게 되어 있어 생활안정과 사업재기를 위한 자금 확보를 위해 큰 도움이 된다. 아울러 중소기업청이 감독하고 비영리법인인 중소기업중앙회가 운영하기 때문에 안전성도 갖춘 금융상품이다.

가입 3개월이 지나면, 자금사정이 어려운 경우 매월 납입금 미납 여부와 관계없이 수시로 증액과 감액할 수 있으며 납부월수가 1년이 넘은 경우 자금 필요 시 이미 납부한 금액에 따라 대출도 가능하다.

가입대상: 소기업, 소상공인 사업주 (주점업, 유흥주점업, 도박장, 안마업 가입 제한)

업종	상시근로자
광업, 제조업, 건설업, 운수업 출판, 영상, 방송통신 및 정보서비스업 사업시설관리 및 사업지원 서비스업 보건업 및 사회복지 서비스업 전문, 과학 및 기술 서비스업	50명 미만
도 · 소매업 등 상기 업종 외의 업종	10명 미만

공제의 해약	
일반해약	계약자의 자유의사에 따른 해지
간주해약	개인사업자인 가입자가 배우자 또는 자녀에게 사업의 전부를 양도한 경우 개인사업자인 가입자가 현물출자에 의해 법인으로 전환하는 경우 법인대표인 가입자가 질병, 부상 이외의 사유로 대표에서 퇴임한 경우
강제해약	공제부금을 12개월 이상 연체하거나, 공제금 등을 부정한 방법으로 수급한 경우

가입 금액은 월 5~100만 원(1만 원 단위 선택), 월납 또는 분기납을 선택할 수 있다. 가입기간은 폐업이나 공제금 지급사유 발생까지이고, 가입 시 청약서, 사업자등록증 사본, 원천징수이행상황신고서, 법인등기부등본(법인의 경우)이 필요하다.

폐업했거나 가입자의 사망, 법인대표자의 질병과 부상으로 인한 퇴임, 가입기간이 10년 경과하고 가입자 연령이 만 60세 이상인 경우에는 공제금 지급사유가 된다. 공제금은 매분기별 중소기업중앙회가 정한 연간 기준이율(2015년 2.3%)을 적용하여 지급하며, 일시금으로 받거나 만 60세 이상, 공제금이 5천만 원이 넘을 경우 분할지급도 가능하다. 일반해약, 강제해약 시 기타소득세를 원천징수하고 지급하니 주의해야 한다.

초저금리 시대,
일시적 투자를 해야 할지 장기적 투자를 해야 할지 고민한 후,
나의 재무상황을 잘 살펴 감당할 수 있는 수준의 액수를 정해야 한다.

말도 많고 탈도 많은 변액보험

미운 오리 새끼, 백조가 될 수 있을까?

미운 오리 새끼인가, 될성부른 떡잎일까?

고객에게 수익을 나눠줄 목적으로 만들어진 금융상품들 중에 변액보험이 '못난이 미운 오리 새끼' 소리를 듣고 있다. 미래가 되어봐야 이 미운 오리 새끼가 백조였는지, 그저 그런 날지 못할 오리 새끼였는지 알 수 있겠지만, 현재로서는 참으로 뜨거운 감자이고 먹을까 말까 고민되는 계륵(鷄肋) 같은 존재임이 분명하다.

소비자들의 이해부족과 금융회사 간 치열한 경쟁으로 인해 변액보험이 좋지 않은 금융상품으로 비춰지는 게 현실이다. 우리나라 금융소비자연맹은 2012년에 변액보험을 판매하는 22곳 생명보험 상품 60개를 비교분석하여 언론에 공개했다. 변액보험 연평균 수익률이 2.06%에 불과하며 이 중 6개만이 소비자물가 상승률을 조금 넘었을 뿐 최근 10년간 소비자물가 평균 상승률인 3.19%를 밑돌았다는 것이다.

이런 발표가 나자 고객과 금융업계에서는 발칵 뒤집혔다. 행복한 노후생활과 투자에 대한 안정성을 믿고 매월 저축했는데 소비자물가 상승률만도 못한 수익률이라니? 적잖이 충격을 받을 수밖에 없었다. 이러한 결과가 나온 이유는 결국 변액보험에 대한 이해부족과 금융기관의 경쟁에 따른 것이었다.

변액보험의 역사는 상당히 길다. 개념 자체는 미국에서 1952년에 등장했고, 상품으로 정식 출시된 것은 4년 뒤인 1956년 네덜란드에서였다. 우리나라에는 2001년 변액종신보험이, 2002년 변액연금이, 2003년에는 변액유니버셜이 처음 출시되었다. 많은 논란에도 불구하고 매년 성장을 거듭해 왔으며 2014년 현재 변액보험 자산규모는 무려 86조 원에 이른다. 은퇴 준비와 저금리에 따른 투자에 대한 관심 증가로 변액보험 시장은 앞으로도 큰 성장을 할 것으로 전망된다.

변액보험(variable insurance)은 이름 그대로 풀면 보험가입자가 납입한 보험료 중 사업비와 위험보험료를 뺀 나머지를 주식이나 채권 등에 투자해 운영성과에 따라 가입자에게 수익금을 주는 상품을 말한다. 변액유니버셜이란 이름을 많이 들어봤을 텐데, 이는 중간에 필요한 자금을 빼서 쓸 수도 있고 여유자금이 있으면 추가로 불입할 수 있는, 마치 은행통장 같은 기능이 덧붙여진 것이다.

변액보험에 가입하는 사람들은 저금리인 저축에 실망하고 좀 더 수익률이 높은 상품을 찾고자 하는 이들이다. 변액보험은 투자수익에 따라서 적립금이 달라진다. 수익도 공유하지만 투자로 인한 손실도 공유하기 때문에 투자수익률에 따라서 높은 금액을 받을 수도 있으나, 원금손실의 위험이 따른다는 특징이 있다.

사실 변액보험과 펀드상품은 주식과 채권 등에 투자되는, 이름만 다른 쌍둥이 금융상품이다. 그러나 변액보험은 변액유니버셜종신보험, 변액CI종신보험 등 투자에 보장성을 겸한 것들이 많아 구분이 필요하다.

적립식 펀드와 변액보험 수수료 비교

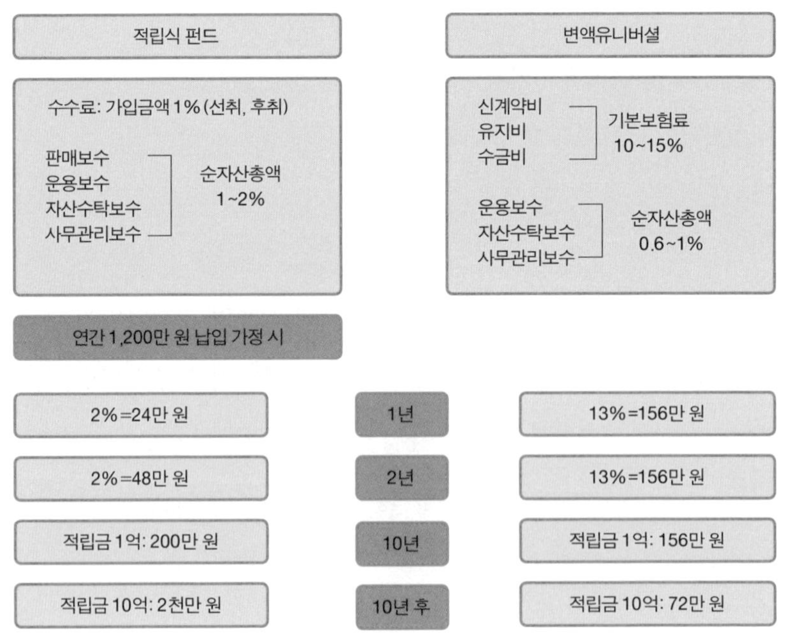

아울러 이 두 가지가 쌍둥이지만 각각 논란의 대상이 되는 이유가 분명하다. 적립식 펀드에는 매년 차감하는 보수(판매보수, 운용보수, 자산수탁보수, 사무관리보수)와 일회성으로 차감하는 선취·후취 수수료(1%)가 있다. 게다가 매월 불입하는 적립식이므로 운용보수가 점점 늘어 수수료 금액이 커진다(보수와 수수료 약 2%).

반면 변액보험은 월 기본 보험료의 선취 수수료(신계약비, 유지비, 수금비) 약 13% 정도를 미리 제하는데 10년이 넘는 경우에는 절반으로 줄어든다. 같은 조건(동일한 불입금액, 동일한 수익률)이라는 가정 하에 단기간 안에 해지하게 되면 변액보험이 펀드보다 불리해지는 이유이다. 또한 변액보험을 7년 안에 해지하게 되면 해약공제금액이 있으며 변액보험 유지 중 사망하는 경우에 보험금 지급을 위한 위험보험료를 추가로 차감한다.

그러나 상황은 10년이 되는 시점부터 달라진다. 적립식 펀드는 누계 적립금의 덩치가 커져 수수료가 같이 늘어나는 데 반해 변액보험은 처음의 절반 정도 선취 수수료를 부담하면 된다. 아울러 10년이 지나면 비과세 적용이 된다는 것도 중요하다. 이렇듯 변액보험은 복잡한 금융상품임엔 틀림없다는 것이 중론이지만, 10년 이상을 내다보는 장기투자로 보았을 때는 적립식 펀드보다 유리한 것은 사실이다.

왜 변액보험인가? 장점을 골라보자

세상에 나쁜 금융상품은 없다. 소비자에게 득이 될 게 전혀 없는 상품이라면 일찌감치 시장에서 퇴출되었을 것이다. 변액보험 역시 마찬가지다. 위와 같은 많은 논란에도 불구하고 변액보험이 유지되고 판매되는 이유는 분명한 장점이 있기 때문이다. 재무목표에 맞느냐 맞지 않느냐가 중요하다. 변액보험에 대해 좋다 나쁘다 얘기가 나오는 것은 상품에 대한 문제가 아니라 금융소비자의 이해부족과 상품을 판매하는 판매자의 문제라 할 수 있다.

그러므로 여기에서 변액보험의 장점에 대해 보다 상세하게 살피기로 한다. 앞서 말했지만 기본적으로 변액보험은 10년을 내다보는 안목이 필요하다. 단기간에 승부수를 내려는 조바심은 버려야 한다.

변액보험 장점 1. 펀드 변경 기능

첫 번째는 펀드 변경 기능이다. 적립식 펀드를 비롯한 일반적인 투자상품은 국내외를 구분하여 채권형, 채권 혼합형, 주식형, 주식 혼합형, 섹터투자 등으로 이루어져 있기 때문에 서브프라임, IMF 같은 금융위기가 발생할 때 펀드 변경을 할 수 없어 고스란히 그 상황을 맞닥뜨릴 수밖에 없었다.

변액보험은 국내외 다양하게 구성되어 있는 포트폴리오에 따라 국내주식이 좋을 때는 국내주식형으로 해외주식이 좋을 때는 해외주식형으로 해외채권이 좋을 때는 해외채권형으로 다양하게 펀드 변경을 통해 투자할 수 있다.

변액보험 장점 2. 절세

두 번째는 누가 뭐래도 절세이다. 변액보험은 10년간 유지 시 비과세로 세금을 피할 수 있다는 엄청난 장점을 갖고 있다. 우리나라에서는 대부분 금융상품의 이자소득에 대해 15.4%에 해당하는 이자소득세를 부과한다. 미국은 46%, 일본은 37%를 부과하고, 네덜란드에서는 무려 60%를 부과하고 있다. 다른 나라들에 비해 우리나라의 이자소득세율이 매우 낮은 편에 속하지만 더 절세할 수 있다면 좋아하지 않을 사람이 어디 있을까. 그러나 정부에서는 세원확보를 위해 비과세 금융상품을 축소하고 있으므로 향후 이자소득세가 높아질 가능성이 있다.

또한 다른 상품들이 연간 이자와 배당소득 2천만 원 이하는 분리과세하고 초과하는 부분은 다른 소득과 합산하여 금융소득 종합과세하는데 반해 변액보험은 이것마저도 적용받지 않는다. 가령 ELS(주가연계증권금융상품)에 1억을 투자하여 3억이 되었다고 하자. 배당받은 2억 원 중 2천만 원에 대해서는 15.4%로 분리과세하고 1억 8천만 원에 해당하는 것은 무려 41.8%로 종합과세하게 된다. 그러나 변액보험은 투자수익이 나더라도 이러한 엄청난 세금으로부터 자유로울 수 있다.

변액보험 장점 3. 추가납입

앞에서 얘기했듯이 변액보험은 초기 사업비가 많기 때문에 적립식펀드나 적금과 비교해서 초기에 수익을 내기 어려운 구조로 되어 있

변액보험 추가납입에 따른 수익률표

월 저축액	200,000
10년 이내 사업비	13.0%
10년 이후 사업비	6.0%

월 추가 저축액	400,000
사업비	0%

기간	연불입액	추가저축금액	총 납입금액	0.0%	3.75%	6.50%
1	2,400,000	4,800,000	7,200,000	6,888,000	7,146,300	7,335,720
2	2,400,000	4,800,000	14,400,000	13,776,000	14,56,586	15,148,262
3	2,400,000	4,800,000	21,600,000	20,664,000	22,252,908	23,468,619
4	2,400,000	4,800,000	28,800,000	27,552,000	30,233,692	32,329,799
5	2,400,000	4,800,000	36,000,000	34,440,000	38,513,756	41,766,956
6	2,400,000	4,800,000	43,200,000	41,328,000	47,104,322	51,817,528
7	2,400,000	4,800,000	50,400,000	48,216,000	56,017,034	65,521,387
8	2,400,000	4,800,000	57,600,000	55,104,000	65,263,972	73,920,998
9	2,400,000	4,800,000	64,800,000	61,992,000	74,857,671	86,061,582
10	2,400,000	4,800,000	72,000,000	68,880,000	84,811,134	98,991,305
11	2,400,000	4,800,000	79,200,000	75,936,000	95,312,152	112,940,380
12	2,400,000	4,800,000	86,400,000	82,824,000	106,032,657	127,617,225
13	2,400,000	4,800,000	93,600,000	89,712,000	117,152,182	143,248,065
14	2,400,000	4,800,000	100,800,000	96,600,000	128,694,801	159,894,909
15	2,400,000	4,800,000	108,000,000	103,488,000	140,667,156	177,623,798

다. 그렇기 때문에 보험료 납부 방식을 설정할 때에도 의무납입보험료와 추가납입보험료를 조정하면 갑자기 보험료를 내기 어려운 상황이 닥쳤을 때 대처하기가 보다 수월해진다.

예를 들어 매월 40만 원의 보험료를 납부하기로 했는데 의무납입

기간 내에 갑자기 실직했다면 어떻게 할까? 만약 40만 원의 보험료 중 20만 원을 의무납입보험료로 설정하고 20만 원을 추가납입보험료로 설정했다면, 같은 상황일 때 매월 20만 원의 보험료를 납부하는 것만으로 보험을 유지할 수 있다. 보험사별 상품에 따라 차이가 있어 추가납입 수수료가 아예 없기도 하고 있는 곳도 있는데, 있더라도 수수료가 무척 낮다. 대부분 매월 내는 기본 보험료의 두 배까지 추가납입이 가능하다(예 : 변액 월보험료 20만 원-추가납입 40만 원 가능).

변액보험 장점 4. 중도인출 기능

네 번째는 중도인출 기능이다. 사람이 살다보면 돈이 급하게 필요할 때가 있게 마련인데 마땅히 돈 빌릴 곳이 없다면 난감하기 짝이 없다. 대출이라도 쉽게 이용할 수 있으면 좋겠지만, 필요한 서류들은 많고 시간도 오래 걸린다. 또한 몇 개월 잠깐 사용할 자금인데도 몇 년을 의무적으로 빌려 써야 한다거나 중도에 상환 수수료가 있다면 여간 부담스러운 게 아니다. 변액보험에는 중도인출 기능이 있기 때문에 잠시 돈이 급하게 필요한 경우 사용하면 매우 좋다. 중도인출에 대해서는 적지만 수수료가 있다.

그러나 나는 중도인출 기능에 대해 장점이 아닌 단점으로 생각한다. 물론 급하게 꼭 필요할 때 제대로 사용한다면 좋겠지만 사람이 어디 그렇게 되는가 말이다. 이런저런 사정이 생겼을 때 별 고민 없이 인출하여 쓰다보면 나중엔 빈 통장만 굴러갈 수 있으니 주의해야 한다.

변액보험 장점 5. 물가인플레이션 위험분산, 헤지(hedge)

물가인플레이션은 투자와 반대의 관계에 있다. 물가상승은 곧 화폐가치 하락이라는 위험을 부를 수 있다. 투자를 한 후 오랜 시간이 흘렀는데 실제 가치가 지켜지지 않는다면 잘못된 투자가 아닐까. 예를 들어, 10년을 약정으로 2억 원 목표의 적금을 붓고 이자를 받는다고 가정해보자. 가입 당시에 2억 원의 금액은 수도권 인근의 집을 한 채 살 수 있겠지만, 10년이라는 세월이 흐른 뒤에는 집을 살 수 없는 금액이 된다. 이것은 20여 년 전, 만 원으로 장바구니를 채울 수 있었던 장보기가 현재는 불가능한 것과 같은 맥락이다.

은행에 예금을 들 때 연 몇 퍼센트 이자를 주겠다고 약정하는 것은 명목이자율이다. 하지만 명목이자율보다 이와 같은 물가인플레이션(물가상승)을 반영한 실질적인 돈의 가치가 중요한데 이를 실질이자율이라고 말한다.

변액보험은 돈의 가치 하락으로 실제 받게 되는 이자의 손실 위험을 분산시키기 위해 대표적인 실물자산(주식, 부동산, 금등)에 투자하고 있다. 그리고 이러한 위험분산을 헤지(hedge)라고 한다.

실질이자율 = 명목이자율 - 물가인플레이션

예금이자가 2.5%인데 물가인플레이션이 4%라고 하면 실질이자율은 -1.5%로 돈의 가치는 이 차이만큼 하락하는 것이다. 현재 우리나라 최초의 라면이라 할 수 있는 삼양라면이 한 봉지에 460원 하는데 처음 출시되었을 때는 10원이였다. 이는 물가인플레이션에 따른 가격상승이다.

노후 준비를 위해 저축을 했는데 은퇴시점에 실질가치가 지켜지지 않는다면 투자의 의미가 사라지게 된다. 변액보험은 주식과 채권에 투자되어 실제 가치를 보전해 주는 장점이 많은 금융상품이다.

여행을 떠나기 전에 몇 번을 살펴보고 확인한 후 출발해도 간혹 빠뜨린 게 나와 불편할 때가 있다. 변액보험은 최소한 10년 이상 멀리 바라보고 가야 하는 장기금융상품이다. 장기여행이기 때문에 출발 전부터 상품에 대한 정확한 이해와 펀드 변경 등 관리에 대한 기준이 정립되어야 한다.

또한 변액보험의 장점임에도 불구하고 가입 후 펀드 변경을 하지 않고 방치하는 경우를 많이 본다. 예전에 비해 펀드 변경하는 것이 쉬워졌음에도 아직까지 어렵게 느끼는 사람들이 있어서다. 또한 펀드 변경 신청을 하더라도 바로 되지 않고 변경신청일+제3영업일 종가기준으로 이전되기 때문에 심리적으로 느슨한 것도 있다. 변액보험은 장기상품으로 꾸준한 펀드 관리와 자금의 여유가 있을 때 추가납입을 해야 높은 수익을 낼 수 있다는 것을 명심하자.

그 외에도 담당설계사가 관리를 해주지 않아 해지를 고민하는 경우를 많이 본다. 변액보험은 복잡 다양하고 어려운 금융상품이다. 설계사의 도움이 절실하지만 그의 말만 믿지 말고 소중한 나의 자산을 불리는 공부를 평소 해두는 것이 바람직하다.

나의 경우, 변액보험을 국내·해외펀드로 나눠 50:50으로 운용한다. 국내는 코스피지수가 지난달 대비 1% 하락 시 채권형으로, 2% 상승 시 주식형으로 옮긴다. 해외펀드는 글로벌 증시상황, 환율, 유가, 기타지수 등을 참고하여 전략적 자산배분으로 운용한다. 세계적으로 볼 때 국내증시는 3%에 불과하며 해외증시는 97%에 해당하는 넓은 시장이다. 해외증시는 그만큼 투자대상이 넓고 다양하기 때문에 수익을 낼 기회가 많다. 중국 상해종합지수만 보더라도 2015년 6월까지 52주 동안 최저점 2,173에서 최고점 5,178까지 무서운 속도로 238%나 상승했다. 이때 중국펀드에 편승하지 못했다면 이는 남의 이야기일 뿐이다. 이후 중국 증시는 폭락했다. 이런 식으로 증시는 역동적이고 변화무쌍하다. 면밀한 관찰이 필요하다.

중국뿐만 아니라 다른 나라, 지역에서 언제든지 좋은 기회는 올 수 있기 때문에 포트폴리오가 다양하고 많은 것이 좋다. 맛과 가격이 비슷한 뷔페식당이 있는데 음식 종류가 6가지밖에 없는 곳에 가겠는가, 수십 가지 이상 많은 곳에 가겠는가. 결정은 당신이 하는 것이다.

당신의 은퇴를 위한 일곱 마리의 말

진시황이 불로초 찾지 말고 꾸준한 운동을 하고 연금에 가입했더라면…

불투명한 미래를 걱정하자

언제인지 정확히 기억은 나지 않지만, 아마도 추웠던 겨울의 세밑 어느 날이었던 것 같다. 신문을 보고 있던 아내가 조금 그늘진 표정으로 나를 돌아보며 물었다.

"우리… 이다음에 늙어서 아이들 모두 결혼시켜 보낸 후에 홀로 쓸쓸히 늙어 가면 어쩌지? 딱히 가진 것도 없고 아이들도 모두 떠나 외롭게 늙어 가는 노인들이 늘고 있잖아. 여기 독거노인들 기사가 어쩐지 남 이야기 같지 않아."

자식을 키우는 입장인 부모들이 이런 걱정을 하는 것이 지나친 염려 아닐까 싶기도 하지만, 한편으로 현실을 돌아보면 꼭 그렇지만도 않다. 저마다 사정이 있다고 이해하고 싶다. 자식이라고 해서 부모를 나 몰라라 하고 싶을까.

불의의 사고나 병으로 자식을 앞세운 부모일 수도 있고, 젊은 날 한때 불미스러운 일로 가산을 탕진했을 수도 있다. 어쨌든 제법 모아 둔 자산이라 할지라도 요즘 같은 고물가 시대를 생각한다면, 게다가 병이라도 생겨 오랜 시간 관리해야만 했다면 젊어 한때 번 돈이 얼마나 오래 갈 수 있을까. 우린 지금 백 세를 바라보는 장수 시대에 살고 있다. 당장 에코 세대를 자식으로 둔 베이비부머의 불안한 미래이기도 하다.

"이분들이 이렇게 살고 싶진 않았을 거 아냐. 사정이야 다 다르겠지만 젊었을 때부터 이렇게 살진 않았을 거라고. 노년을 제대로 준비하지 못한 것이라고 생각해, 난. 그러니 우린 이렇게 되지 말자. 애들에게 짐이 되는 것도 싫고, 이렇게 늙어 가기도 싫어. 정말 외롭고 힘들 것 같아."

아내의 걱정에 공감하며 나는 고개를 끄덕여 주었다. 아내가 불안해하는 이유는 현재의 삶이 안락하더라도 미래에는 어떤 일이 일어날지 예측 불가하기 때문이다. 공적연금이 고갈될 수도 있고, 내가 가입한 개인연금의 보험회사가 파산할지 누가 알 수 있을까. 가입한 변액보험이 반토막 날 수 있고, 임대수익을 목적으로 준비한 부동산이 공실이 날 수도 있다. 현재 내가 아무리 준비를 철저히 한다 해도 미래가 불안하기는 마찬가지다.

사람들은 노후에 대해 많은 걱정을 하면서도 막상 어떻게 준비해야 하는지 모른다. 노후가 가까이 온 후 그때서야 부랴부랴 서두르지만 미리 준비해도 예측 불가인데, 어떻게 짧은 시간에 노후를 준비할 수 있겠는가.

노후를 위한 준비, 어떻게 다가설까

중국의 진시황은 늙고 싶지 않다고 신하들을 먼 곳까지 보내 불로초를 찾았다. 중국 대륙을 통일하고 만리장성을 쌓고, 아방궁을 지으며 영화를 누린 그가 영생의 삶을 찾았을까? 모든 것을 가진 듯 보였던 황제는 겨우 50살의 나이로 객사했다.

늙지 않게 하는 명약이 있다는 소문들 들으면 그곳이 어디든 찾아 나섰던 진시황의 50년 삶은 참 허무하다. 한창 나이에 제국의 군주로 군림했던 그가 얼마나 삶에 집착하고 애가 닳았을지 상상이 가건만, 좋다는 것은 모두 취하고도 고작 50살을 넘기지 못하고 객사라니. 인생만사 허무하지 않은가. 내가 그 시대에 태어나 진시황의 신하로 살았다면, 그렇게 목숨에만 집착하며 살지 말라고 충고했을지도 모르겠다. 대신 군주로서 노년의 삶을 어떻게 가치 있게 보낼지 준비를 하라고 했을 텐데, 그가 나의 충고를 받아들여 불로초 찾는 것을 포기할 수 있었을지는 모르겠다.

어쨌든 진시황이 50살에 객사한 후 2천 년이 넘는 세월이 흐른 2013년 대한민국의 현실을 살펴보자. 통계청이 발표하기를, 노후를 준비하고 있다고 응답한 가구는 무려 72.9%였다. 엄한 불로초를 찾아다닌 진시황보다 현명한 우리들이다. 노후를 준비하는 구체적인 방법으로는 국민연금이 52.5%로 가장 높았고, 다음은 예·적금이 17.4%, 사적연금이 11.3% 순으로 밝혀졌다. 연령별로는 30대와 40대의 노후 준비 비율이 각각 87.1%, 85.7%로 가장 높았다. 생각보다 노후 준비 비율은 높았지만 국민연금을 제외하면 20.4%에 불과할 정도로 낮다. 노후 준비에 대한 인식은 있으나 구체적인 설계를 할 줄 모르기 때문일 수도 있다.

나는 개인적으로 평생 현역을 강조하기 때문에 은퇴 준비라는 말을 사용하지 않고 노후 준비라고 말한다. 무슨 차이가 있을까 의문이 들겠지만 엄연히 다른 말이다. 은퇴란 모든 경제활동으로부터 완전히 떠나는 것을 의미한다. 반면에 노후 준비라는 말은 말 그대로 소득활동을 하던 시기를 벗어나 인생 2막의 시작인 노후의 현금 흐름을 제대로 준비하자는 말이다.

대부분의 금융회사는 은퇴자금으로 많은 돈이 필요하다고 강조한다. 5천 원짜리 짜장면만 먹는다 하더라도 하루 1만 5천 원이 필요하며 한 달이면 45만 원, 1년에는 547만 원, 60세부터 기대여명(내가 살아온 세월 빼고 앞으로 살 수 있으리라 기대되는 평균수명) 80세까지 무려 1억 950만 원이 필요하다는 계산이다. 부부 2인의 비용으로 따지면 무려 2억 1,900만 원이다. 이외에도 생활비, 의료비를 포함하면 7억 원 정도는 족히 있어야 한다고 엄포를 놓는다.

말만 들어도 덜컥 겁이 난다. 7억 원 모으기가 어디 쉬운가? 7억 원의 노후자금은 진시황이 탐내던 먼 나라에 숨은 불로초의 가치를 넘어선다. 돈 없이 오래 사는 것보다, 7억 원이 있어 달라지는 삶의 질이 더 중요하기 때문이다. 노후를 위한 불로초는 멀지 않은 가까운 곳에 있다. 우리가 처한 현실 안에서 찾아내어 노후를 위한 비약(祕藥)을 만들면 된다.

현금흐름을 위한 노후 준비 일곱 가지

대부분의 사람들이 노후 준비라고 하면 공적연금이나 개인연금 상품에 가입하는 것만 생각하게 된다. 틀린 말은 아니지만, 노후 준비를 두 가지 경우로 한정한다는 것은 상당한 리스크가 수반될 수 있다는 점에서 위험천만한 일이라는 것을 말하고 싶다.

노후 준비 방법

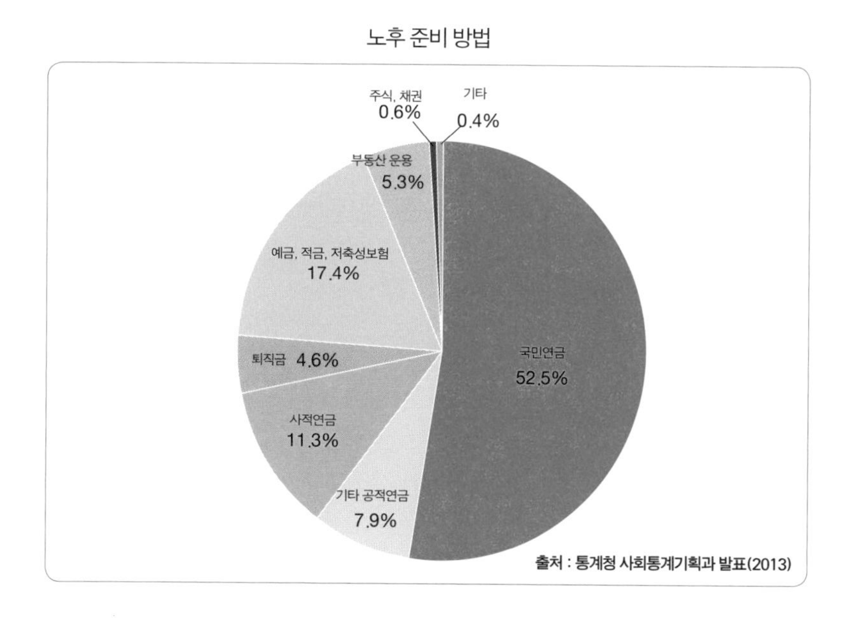

노후 준비를 위한 일곱 마리의 말

1. 평생 현역(일)
2. 공적연금(국민, 공무원, 사학, 군인연금)
3. 퇴직연금(IRP)
4. 개인연금(연금신탁, 연금펀드, 연금보험)
5. 주택연금(농지연금, 부동산임대소득)
6. 비과세통장(변액유니버셜)
7. 비상자금(CMA)

노후는 최소 일곱 가지를 준비해야 한다. 나는 이것을 '일곱 마리의 말'이라 부른다. 물론 예측 불가한 미래를 고려한다면 이것만으로 충분하다고 장담하긴 이르다. 그러나 최소한 이 정도만 준비한다면 어지간한 리스크에 큰 흔들림이 없을 것으로 생각한다. 앞서 설명했던 상품은 제외하고 추가된 상품에 대해 깊이 살펴보기로 하자.

우선, 내가 가장 중요하게 생각하는 것은 은퇴했다고 노인이라는 생각에 일에서 손을 놓지 말아야 한다는 것이다. 남은 생을 마무리하는 삶이 아닌, 새로운 삶의 시작이라 믿고 주인공이 되어야 한다. 은퇴 이후 할 일이 없다는 것은 즐겁고 행복한 일인 것 같지만 사실은 그렇지가 않다. 이 부분에 대해서는 따로 이야기를 하려고 한다. 은퇴 이후 적은 금액의 경제활동이라도 할 수 있도록 미리 준비하는 것이 바람직하다. 이것이 노후를 위한 첫 번째 말이며, 어쩌면 가장 중요한 말이라고 할 수 있다.

공적연금과 유족연금

	국민연금	공무원연금/사학연금	군인연금
유족연금 (생전연금대비)	10년 미만 40%	60%	
	~20년 미만 50%	2010년 이후 임용자	2013년 7월 이후 임용자
	20년 이상 60%	70%	
부부 동일 직역 연금 수령 시	본인연금 선택 시	유족연금의 20% 지급	유족연금의 50% 차감 지급
	본인연금 포기 시	유족연금 전액 지급	
타직역연금 수령 시	부부가 다른 직역 연금수령 시 : 유족연금 전액 지급		

두 번째 준비로는 공적연금 가입이다. 국민연금, 공무원연금, 사학연금, 군인연금 중 해당되는 것에 가입되어 있으면 된다. 또한 국민연금에 감액연금(연금수급자가 소득이 있어서 연금을 감해서 지급하는 것)이라는 것이 있는데 직전 3년간 전체 가입자 소득평균액 기준으로 급여소득이나 사업소득이 월 2,044,756원(2015년 기준) 초과 시 감액해서 지급한다. 또한 55세 이상으로 가입기간이 10년 이상인 자로서 소득이 없을 경우 조기노령연금을 신청할 수가 있다. 이때 연 단위 6%로 할인하여 지급되는데 5년 전 70%, 4년 전 76%, 3년 전 82%, 2년 전 88%, 1년 전 94%를 지급한다(55세 수급연령 개시기준).

연기연금(연금을 수령할 요건을 충족했지만 연금 받는 시기를 늦추는 대신 더 많은 액수를 수령할 수 있도록 한 것)은 연금수급자가 희망하는 경우 1회에 한하여 65세가 될 때까지 최대 5년 기간 안에 연금액의 전부 또는 일부에 대해 지급연기를 신청할 수가 있다. 50~100%까지 지급연기 신청한 금액에 대하여 매년 7.2%의 연금액을 올려서 지급

받을 수 있다. 이처럼 국민연금 한 가지만 보더라도 나의 재정상황과 소득을 고려하여 어떤 선택을 하느냐에 따라 연금액이 달라진다.

공적연금에 대한 세간의 걱정과 달리 국가가 운용 및 관리하는 공적연금이 파산할 가능성은 매우 낮으니 걱정할 필요는 없지만, 연금 수급자가 늘어나 기대하던 바와 실제 연금지급액이 차이가 날 수 있다.

세대별 개인연금 가입률(단위 %)

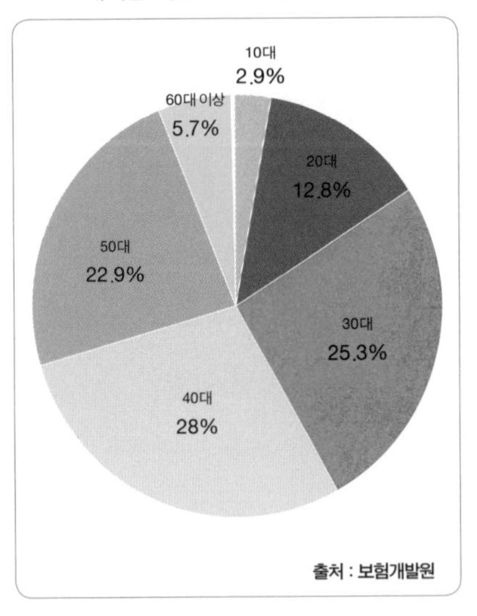

한국 및 주요 선진국 사적연금 가입률 현황(단위 %)

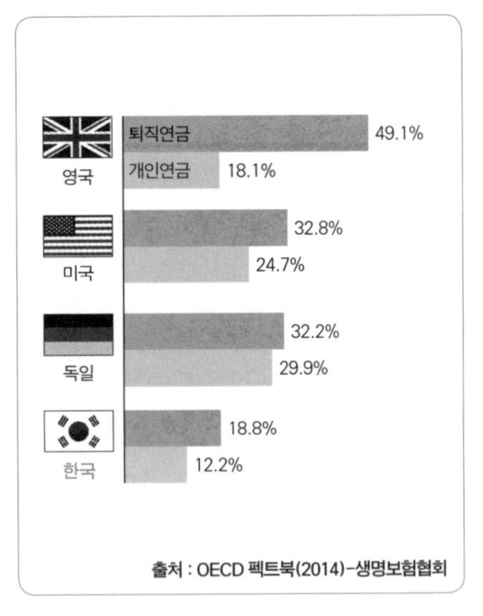

공적연금이 우리 노후를 보장하는 충분한 금액이 되지 못할 때 추가적으로 보탬이 되어줄 것이 세 번째 말인 퇴직연금이다. 그러나 퇴직연금도 상품에 따라 안정적인 것과 손실을 볼 수 있는 것이 있으니 선택 시 잘 고려하자. 또한 보험회사 개인연금은 공시이율 변

화로 연금액이 줄어들거나 연금신청자가 많아 보험회사가 파산할 수도 있다는 점에서 퇴직연금의 가입이 노후 준비에 필요한 또 다른 말이 되어준다. 투자의 기본은 분산투자가 아니겠는가.

네 번째 말은 개인연금이다. 공적연금이나 퇴직연금이 재원 고갈의 위험이 있다면 개인연금은 젊어서부터 직접 설계한 자금이라 위험부담을 덜 수 있다.

다섯 번째 말은 주택연금과 부동산임대소득이다. 물론 이로써 완벽해지는 것은 아니다. 공실이 나거나 부동산 가격 하락으로 어려움에 처할 수 있다. 주택연금에 대해서는 다음 지면을 통해 보다 상세히 이야기하기로 하자.

여섯 번째 말은 비과세통장(변액유니버셜)이다.

일곱 번째 말은 비상자금이 들어 있는 CMA 통장이다. 비상통장에 어느 정도의 돈이 준비되어 있지 않다면 노후 준비 자금을 찾아 쓸 수가 있다. 생활비의 3개월에서 6개월 치 정도 자금이면 된다.

노후를 준비한다는 것은 구체적인 계획을 세우고 실천하지 않는다면 쉬운 일이 아니다. 특히 공적연금 제도의 특징과 변화, 공시이율, 투자환경의 변화, 부동산의 가격변화로 인해 일곱 마리 말의 다양한 임기응변적 관리가 중요하다.

생각보다 길고 긴 우리의 노년

과거에는 직장인 대부분 정년이 보장되어 있었고, 기대 수명도 높

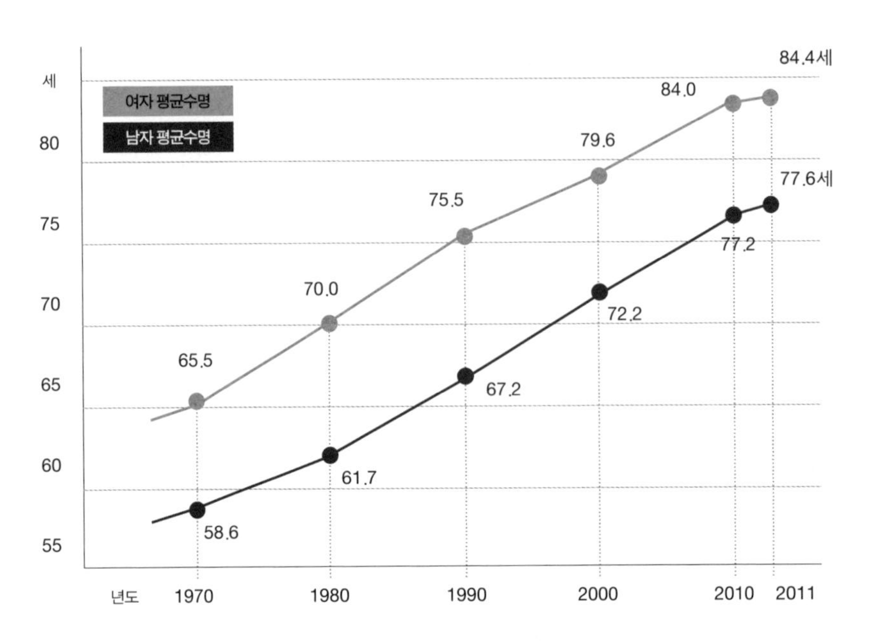

지 않아 은퇴 후 짧게는 10년, 길게는 15년 정도의 노후를 준비하면 충분했다. 그런데 이제 평균 수명이 길어져 은퇴 후 최소 30년 이상의 삶을 준비해야만 한다. 일할 수 없는 나이로 무려 30년 이상의 삶을 살아야만 하는 것이다.

이처럼 기대 수명이 증가하고 현대의학의 발달로 더욱 빠른 속도로 고령화 사회가 진행되고 있다. 이제는 상상하기 힘든 긴 노후 생활을 하게 될 것이며, 어떤 노후를 보내게 될지는 아무도 장담할 수가 없다. 오래 사는 것이 누구에게는 축복이 되고, 또 누군가에게는 죽지 못해 사는 지긋지긋한 삶일 수도 있다.

상황이 이러한데 모두가 알겠지만 정부가 운영하고 있는 공적연금제도마저 매우 불안정한 상황이다. 공무원 연금(2001년부터)과 군인연금(1973년부터)은 이미 재정적자로 정부보전을 받고 있다. 또한 가입자 2,100만 명, 연금수급자가 400만 명에 달하는 국민연금은 2060년 재정고갈이 예상되며 사학연금은 2023년에 재정적자가 예상된다. 공적연금마저 이렇다 보니 개인 스스로 노후를 준비하지 않고 있다면 절대 안심할 수 없을 지경이다.

이처럼 현재 상황으로 보았을 때 공적연금 외의 대안이 절실한 상황임에도 적극적으로 준비하고 있는 사람들이 많이 부족하다. OECD 발표에 따르면 우리나라 개인연금 가입률은 12.2%로 상당히 저조하며 낮은 계약유지율을 보이고 있다. 이는 주요 선진국의 절반에도 미치지 못하는 심각한 상황이다. 2010년 통계청 자료에 따르면 근로자 중 국민연금을 가입하지 않은 사람은 27.1%에 달한다. 국가가 운영하며 가입의 강제성을 띄고 있고, 가입이 쉬운데다 기본적인 은퇴 준비라고 할 수 있는 것조차도 이 정도라면 심각한 상황이라 할 수 있다.

최후의 보루가 될 수 있는 주택연금

여러 가지 상황을 고려했을 때 최후의 보루가 될 수 있는 것이 바로 주택연금이다. 우리나라 국민들은 대개 내 집을 마련하는 것에 중점을 둔 재무설계를 하고 있으므로, 이변이 없는 한 중년 이후에는 자신 명의의 주택을 갖고 있는 확률이 크다.

이처럼 나만의 주택이 있다는 가정하에 주택연금(역모기지)을 통해 노후의 안정적인 보장이 가능하다. 만 60세 이상인 부부 기준으로 1주택을(9억 원 한도) 보유하고 있다면 부부 중 한 사람이 먼저 사망하더라도 연금의 감액 없이 동일한 연금액을 받게 된다.

또 한 가지의 장점은 국가가 책임지고 연금지급을 보증하기 때문에 못 받거나 중단될 위험이 없다는 것이다. 나중에 부부가 모두 사망한 후 주택을 처분해서 연금수령액이 집값보다 초과해도 상속인에게 청구하지 않는다. 반면에 집값이 남는다면 상속인에게 돌아가도록 하는 것이 주택연금이다.

아울러 매년 납입하는 이자비용 중 200만 원까지 연금소득에서 소득공제가 되고 가입자 자신의 주택을 담보로 설정한 경우에는 재산세 25%(주택의 기준시가 5억 원까지)가 감면되어 일석이조의 효과가 있다. 공적연금만큼 기본적인 연금 준비로 가장 먼저 활용해야 할 대상이다.

그러나 베이비부머의 은퇴에 따른 주택가격의 하락으로 인해 향후 월지급금이 줄어들 가능성이 높다. 최대한 늦춰서 받는 것이 좋지만 부동산 가격변화와 부부의 재무상태와 현금흐름 및 건강상태에 따른 탄력적인 활용이 필요하다.

주택연금 대상주택

주택유형 및 지급방식	종신지급방식	확정기간방식
일반주택	가입 가능	
노인복지주택 (지자체에 신고된 주택에 한함)	가입 가능	가입 불가
복합용도주택 (상가와 주택이 같이 있는 건물)	가입 가능(단 등기사항증명서상 주택이 차지하는 면적이 1/2 이상)	

가입가능연령

- 주택 소유자가 만 60세 이상(근저당권 설정일 기준)
- 부부 공동으로 주택 소유 시 연장자가 만 60세 이상
- 확정기간방식은 주택 소유자가 만 60세 이상인 자 중 연소자가 만 55~74세

주택보유수

아래 중 하나에 해당(부부 기준)

- 1주택을 소유한 자
- 보유주택 합산가격이 9억 원 이하인 다주택자인 자(상기 외 2주택자는 3년 이내 1주택 처분조건으로 가입 가능)

2012년, 1만 명 이상의 가구가 주택연금을 이용하고 있다. 이는 다른 연금보험보다 다소 저조한 가입율이다. 좋은 제도임에도 불구하고 주택연금의 정착이 이처럼 늦어지는 것은 이해가 부족하기 때

문이다. 많은 이들이 자신의 집을 저당 잡히고 빚을 내서 생활하는 것으로 곡해하고 있다. 또한 세상 떠날 때 자녀에게 주택은 상속재산으로 남겨둬야 한다는 관습적인 사고방식도 크게 영향을 미치는 것 같다. 이제 주택은 내가 사는 동안 모두 사용하고 가는 '사용자산'이라는 인식의 변화가 필요하다.

여기까지가 주택연금에 대한 보다 자세한 설명이다. 잘못 알고 있는 부분이 있었다면 이번 기회에 바로 잡는 기회가 되었길 바라는 마음이다. 공적연금의 재정적자와 고갈, 주택연금의 미래예상 등을 고려하면 어느 것 하나 걱정되지 않는 것이 없다. 지금처럼 갖고 있는 집 하나만 믿고 노후 준비를 마쳤다는 생각은 언제 터질지 모를 폭탄을 안고 있는 것과 다를 바 없다. 덕분에 개인연금 가입의 중요성은 더할 나위 없이 중요해졌다고 할 수 있으나 그것조차 완벽한 은퇴 준비는 되지 못한다.

중요한 은퇴 준비의 기본은 은퇴를 최대한 늦추며 작은 돈벌이라도 하는 것이다. 주위의 눈치와 체면을 의식할 필요 없는 자신만의 삶의 기준을 세워야 가능하다. 노후에 주유소에서 아르바이트를 통해 한 달 50만 원의 돈벌이를 하는 것은 은행에 일시금으로 3억 원 정도 예치해서 받는 이자와 같은 큰 금액이다. 작은 돈벌이라도 경제활동을 하는 것은 건강도 다지고 노후 재정을 돌보는 일석이조의 효과가 있다.

노후를 위한 불로초는 멀지 않은 가까운 곳에 있다.
우리가 처한 현실 안에서 찾아내어 노후를 위한 비약을 만들면 된다.

인생 2막 1장, 당신은 여전히 주인공이다

생로병사의 감춰진 비밀, 일을 안 하면 정말 늙더라

노인이 된 당신, 어떻게 살 것인가

"내가 이 나이 먹어서 또 일해야겠어? 자식이 둘이나 되고, 다 키워놨는데 이제 알아서 부모 봉양해야지. 안 그래?"

재무설계 상담을 하던 중이었다. 고객은 40대 후반의 여성 M과, 그의 동생인 40대 중반의 남성 B이다. 가족 관계와 지금까지의 상황에 대해 듣던 중 M씨를 통해 듣게 된 그녀의 아버지 이야기는 나를 매우 우울하고 답답하게 만들었다.

그녀의 아버지는 매우 가부장적이고 보수적인 어른이었다. 평생 은행에서 근무하셨고, IMF 당시 구조조정으로 인해 예정보다 이른 쉰두 살의 나이에 희망퇴직 대상자로 나서서 실업자가 되었다.

"처음에는 퇴직하고 나면 조금 쉬었다가 개인택시를 하시겠다고 하셨었어요. 집에서 놀면 뭐하냐고요. 그러다 1년쯤 지난 후 아예 말을 바꾸시더라고요. 집에만 계시지 말고 소일거리라도 하시는 게 어떻겠냐고 했더니, 다 늙은 애비한테 나가서 돈 벌어오라고 등 떠미는 거냐면서 분노하셨죠."

실컷 놀아 본 사람은 알 것이다. 일 없이 놀면서 하루를 보내는 것이 일하며 보내는 하루보다 눈썹이 보이지 않을 만큼 빠르게 지나간다는 것을. 신선놀음에 도끼자루 썩는다고 하지 않았던가. 그녀의 아버지도 다르지 않았을 것 같다. 물론, 더 이상 출근을 하지 않아도 되는 첫날에는 잠자리에서 일어난 아버지가 이부자리에서 멍하니 앉은 채 넋을 놓고 계셨다는 이야기에서는 콧등이 시큰거렸다.

"점점 술 드시는 날이 늘었어요. 주사가 심한 분이셨는데 조용할 날이 없었죠. 무능한 노인이 되었다는 낭패감, 더 이상 할 수 있는 것이 없다는 자괴감, 소중한 일자리를 잃은 상실감 등등. 미움도 많았던 아버지였는데 그때만큼 쓸쓸해 보인 적이 없었어요."

그녀의 아버지는 1943년 생. 2016년 현재 74세. 퇴직 후 22년째 무직 상태이다. 퇴직금으로 받은 1억 몇 천여 만 원의 현금은 아들의 결혼과 생활비로 대부분 지출되었고, 남은 돈으로 20년을 살기에도 벅찼을 텐데 살고 있던 집은 잘못된 판단으로 팔아버려 수익을 남기기는커녕 손실만 봤다. 거기에 어머니는 환갑을 앞둔 어느 날 뺑소니 교통사고로 하반신 마비 환자가 되었고, 아버지는 칠순이던 해 추석 무렵 폐암 수술을 받으셨다. 술과 함께 마음껏 흡연하신 결과였다.

웃고 있어도 울고 있다는 말이 이런 것이구나 싶을 만큼 그녀와 그녀의 남동생 얼굴에 침통한 그림자가 스쳤다. 나도 심장 한쪽을 누군가가 움켜쥐고 비트는 것처럼 아파왔다. 내 아버지도 교통사고로 몸이 불편하시고, 어머니도 뇌졸중으로 쓰러져 환자가 되신 지 오래다. 두 분을 모시는 것은 응당 나의 할 일이다. 그러나 마음과 달리 현실적으로 부담을 느끼게 되는 경우가 왕왕 있다. 부끄럽지만 현실이 녹록치 않으니 우리 모두 마음을 비워야 한다는 것을 알고 있고, 그래도 곁에 계심을 감사히 여기며 살고 있다.

M씨의 상황은 정말 너무 안 좋았다. 실업자인 아버지는 씀씀이를 크게 줄이지 못했고, 결국 고스란히 두 자녀에게 부담으로 돌아왔다. 52세에 은퇴, 현재 나이 74세. 무직 상태로 22년을 보낸 그녀의 아버지는 이변이 없는 한 앞으로도 10여 년 이상은 더 살아갈 것이다. 현재 은퇴를 준비하고 있는 베이비부머 세대나 아직 좀 더 여유가 있는 40대들도 은퇴 후 30년 이상의 시간을 이 어르신처럼 무직 상태로 보내야 할지 모른다. 정년을 연장한다고는 하지만 그렇다고 은퇴가 없어지는 것은 아니다. 우리는 지금 노령화 시대에 앞서 미래에 대한 불안감을 통감하며 바짝 긴장해야만 할 상황이다.

당신은 아직 청춘, 다시 삶의 무대에 서라

과연 직장에 다니는 동안 자신의 은퇴에 대해 깊이 생각해 보는 사람이 얼마나 있을까? 빨라야 은퇴하기 5년 전에 막연히 생각해 보다가 '어떻게 잘 되겠지. 일단 살 집은 마련해 두었으니…'라거나 은퇴가 갑자기 닥친 후 안절부절못하고 어쩔 줄 몰라 하는 경우가 대부분이다. 금전적 여유가 있는 사람이라도 크게 다르지 않다. 현재의 자산이 마지막 그날까지 변함없을 것이라는 기대감에 노후 준비는 이미 마쳤다고 생각하게 된다. 정말 그럴까?

금융회사 PB나 재정전문가를 만나 은퇴상담을 하지만 부동산 투자나 연금에 가입하거나 절세상담 정도에 불과하다. 은퇴 준비가 재정의 준비로만 단순하게 끝나면 얼마나 좋겠는가. 그러나 은퇴 준비는 그렇게 간단하지가 않다. 은퇴는 재무적인 부분만이 아니라 비재무적인 것을 복합적으로 같이 준비해야 한다. 그렇기에 은퇴 준비는 빠를수록 좋으며 많은 시간이 필요하다.

2014년 OECD 보고서에 따르면 우리나라 직장인들의 연간 근로시간은 2,163시간으로 회원국들의 평균 근로시간인 1,770시간보다 높다. 그러나 이는 통계수치일 뿐, 실제 직장인들이 직장에서 보내는 시간은 다르다. 2015년 3월, 취업포털 사람인에서 직장인을 대상으로 조사했더니 하루 평균 직장에 머무는 시간이 10시간 55분인 것으로 조사됐다. 집은 오직 잠을 자는 곳일 뿐, 생활의 주터전은 회사인 셈이다.

근로시간이 OECD 회원국들 중에 압도적인 것은 매우 슬픈 일이지만, 반면에 회사에서 동료들과 끈끈한 관계를 맺으며 생활하게 되는 것은 또 다른 이점이기도 하다. 어떤 면에서는 함께 힘든 일들을

OECD 회원국의 연간 근로시간

평균 1,770시간

순위	국가	시간
1	멕시코	2,237
2	대한민국	2,163
11	미국	1,788
16	일본	1,735
30	프랑스	1,489
34	네덜란드	1,380

척척 해나간다는 동지애를 느끼며 집에서 아내에게 털어놓지 못할 속 깊은 이야기도 쉽게 나눌 수 있다.

문제는 은퇴 후의 삶이다. 하루의 대부분을 보냈던 직장에서 벗어나면서 함께 했던 동료들과 보람 있었던 업무에서도 급격히 단절된다. 그나마 여자들의 경우 대부분의 인간관계를 업무적인 만남이 아닌 취미, 레저활동, 종교, 이웃 주민과의 만남 등 소통으로 보내는 면이 있어 심리적 안정이 빨리 찾아온다. 반면 남자의 경우 지루하기 짝이 없을 정도로 길게 느껴질 수 있다.

하루 근무 8시간을 기준으로 계산했을 때, 1년에 약 2,016시간(하루 8시간×주 5일 약 21일×12개월)의 공백이 생긴다. 60세부터 80세까지 산다고 가정을 하면 4만 시간이 넘는다(2,016시간×20년=40,320시간)이다. 하루로 환산하면 1,680일 동안 아무 할 일 없이 지내는 것이다.

은퇴 후 지루한 노년을 보내게 될 가능성이 높다는 것을 숫자로 어림셈해 본 것이지만 반드시 철저한 준비가 필요하다는 경각심이 생겨난다. 은퇴에 대해 지금 당신은 어떤 준비를 하고 있는가? 이렇게 사는 것이 과연 잘 사는 것일까? 나는 아무것도 하지 않는 상태로, 이렇게 긴 시간을 버텨낼 자신이 없다.

시흥시 소래포구에 사시는 나의 아버지는 올해 여든이신데, 3천 평 밭농사를 혼자 감당하고 계신다. 말이 3천 평이지 팔순 노인이 농사일을 하는 것이 어디 쉬운 일일까. 그러나 당신이 직접 나서서 친구들을 불러 공동 경작하며 수확한 작물을 나눠 갖는다. 게다가 남는 것은 판매하여 수익을 나누고 있는데 연간 1,000만 원 안팎의 수입을 올리고 계신다. 내가 예상했던 금액보다 상당히 많은 금액이었다.

"내가 아무것도 하지 않으면 그것은 네 애비가 아니라 낡은 짐짝이 되는 거야. 큰 병 없이 건강하게 살려면 몸도 움직여야 하겠지만, 아무것도 하지 않으니 늙는 거야. 멀쩡한 기계도 멈추면 녹슬고 고장 나지. 아무 벌이 없이 자식에게 신세지고 사는 것도 도리가 아니다."

힘드실 텐데 농사일 그만 두시라는 나의 말에 아버지께서 하신 말씀이다. 나도 모르게 눈물이 왈칵 솟구쳤다. 아버지는 아버지만의 새 인생에서 또 다른 주인공으로 살고 계셨던 것이다. 밭일에 함부로 다뤄진 뭉툭하고 거칠어진 손으로 지갑을 여시는 아버지. 만 원짜리 두 장을 꺼내어 손주와 손녀에게 맛있는 것 사 먹으라며 건네

셨다. 내 눈에는 빌 게이츠나 워런 버핏의 손과 다를 바 없었다. 세상에서 가장 부유한 손이다. 손길마다, 손 마디마디마다 행복이라는 부가 넘쳐난다. 참으로 감사하고 따뜻한 손이기도 하다.

은퇴하신 분들이 그동안의 삶을 돌아보며 후회하는 것이, 평생 할 수 있는 취미를 갖지 못한 것, 자녀와의 대화 부족, 저축을 많이 못한 것, 남을 위해 살다 보니 도전을 못했던 것, 여행 부족 등을 얘기한다. 아직 우리나라는 베이비부머의 본격적인 은퇴가 시작되기 전이다. 고령화에 따른 사회문제도 마찬가지로 아직 겪어 보지 못한 것들이다. 사정이 이렇다 보니 은퇴에 대해 사회적 인식도 부족하고 개인적인 깊은 고민을 하거나 준비조차 하지 않고 있다.

은행, 보험, 증권사 할 것 없이 재무상담의 대부분은 은퇴 이후 휴식에만 초점이 맞춰져 있다. '내가 이 나이에 또 일을 하냐?'던 M씨의 아버지가 어쩌면 흔한 경우일 수도 있다는 이야기다. 때문에 대부분 노후를 대비하는 대책으로 은퇴일시금으로 얼마가 필요하고 지금부터 얼마를 저축해야 하며 가입해야 할 금융상품은 뭐 이런 것들이 있다는 계산만 한다.

분명히 말하고 싶다. 은퇴 준비는 재무적, 비재무적인 것과 함께 새로운 일로 삶의 열정을 되찾겠다는 마음의 준비와 실전대비를 해야 한다. 은퇴는 없다. 은퇴는 인생 1막 마감하고 인생 2막을 새롭게 출발하는 첫날이다. 그래서 은퇴를 영어로는 타이어를 새로 갈아 낀다고 해서 Retire라고 하지 않던가.

인생 2막의 새로운 타이어는 인생 1막과는 다른 삶이 되어야 한다. 인생 2막까지 먹고살기 위해 일한다는 것은 옳은 마음가짐이 아니다. 인생 1막 불꽃을 태우며 살아 왔던 경험과 가치를 바탕으로 인생 2막에서 현역으로 새 출발하며, 이웃과 나누고 봉사하겠다는 큰 의미를 가져야 한다.

당신은 어떤 타이어로 갈아 끼울 것인가? 늙어서 일을 하지 않는다는 마음은 버리자. 감춰진 생로병사의 비밀, 일하지 않는 은퇴자가 더 빨리 늙는다는 것을 어떻게 설명할 수 있을까. 바로, 스스로 노인이라고 인정하고 노인처럼 행동하기에 더욱 그렇게 되는 것이라고 나는 믿고 있다. 마음의 의지가 곧 우리의 육체에도 드러나게 되어 있다.

2부 보이지 않는 통장

Two conditions of happiness

가깝고도 먼 우리 사이
_부부 편

결혼'식'에 결혼을 빠뜨리지 말자

꽃 같은 그대들의 아름다움만으로도 충분하리니…

어느 영화배우의 특별한 결혼식

동화처럼 들판을 뒤덮은 청보리밭 오솔길을 따라 하얀 드레스와 감색 턱시도를 입은 신랑 신부가 새로운 삶으로의 첫걸음을 떼었다. 값비싼 꽃 부케도, 휘황찬란한 장식이나 상다리가 부러질 만큼의 화려한 피로연도 없었다. 값비싼 고급 장미와 눈부신 샹들리에는 더더욱 없었다. 대신에 들꽃을 엮어 아름다운 꽃다발을 만들었다. 커다란 그랜드 피아노 대신 작은 오르간이 보리밭 사잇길에 놓였고, 이들을 위한 웨딩마치를 노래했다. 하객들을 위해서는 예식장으로 빌린 민박집의 마당에서 가마솥에 국수를 삶았고 집에서 준비해온 음식 몇 가지가 전부였다.

영화배우 원빈 씨와 이나영 씨의 결혼식 이야기다. 소박하지만 그 의미와 가치를 생각해 본다면 세상에서 가장 화려한 결혼식이었다. 누구나 우리나라 결혼식 문화의 허례허식에 공감하지만 선뜻 '나는 다르다.'며 자신만의 결혼식을 만들지 못했다. 대다수의 사람들이 '세상에 태어나 단 한 번, 사랑하는 사람과'라는 의미를 들며 당연한 것처럼 화려한 결혼식을 준비한다. 그런데 남들보다 화려한 삶을 살고 있는 원빈, 이나영 부부가 결혼식에 들인 비용은 고작 110만 원이다. 그들의 결혼식은 '스몰 웨딩(small wedding)'으로 회자되며 진정한 결혼의 의미를 다시 한 번 생각해 볼 수 있게 해주었다.

변화의 물결을 만드는 것은 아주 작은 것에서 시작된다. 흐르는 강물도 작은 바위를 만나면 물결이 굽이쳐 돌아가듯, 변치 않을 것 같았던 유행도 그 유행을 벗어나려는 움직임에 의해 다시 새 유행이 시작될 수 있다.

'결혼식'의 노예가 되는 예비부부들

남녀가 결혼식을 준비하는 과정을 떠올려 보자. 스드메(스튜디오, 드레스, 메이크업), 예물, 예단 등 준비할 게 정말 많다. 집집마다 조금씩 차이가 있겠지만 이것이 일반적으로 결혼식을 위해 준비하는 것들이다. 그래서 자식 하나 결혼시키면 기둥뿌리 하나 뽑힌다는 말도 있다. 부끄럽지만 나 또한 다르지 않았다. 나도 그 모든 압박과 부담을 느끼면서도 '당연히 해야 하는 것'이라는 생각을 했다. 물론 여유가 없어 화려하게 할 순 없었지만 남들처럼 '항목'을 다 갖춰보려고 무진장 노력했다. 그때는 나도 결혼의 의미를 새기기보다는 그저 들뜬 마음에 무엇이든 감당하려던 신랑에 불과했다.

"이것이 바로 영화배우 K씨가 입었던 드레스입니다. 정말 아름답죠? 어떻습니까? 요즘 이 드레스를 찾는 분들이 많죠?"

"네. K씨가 결혼식 때 입어서 화제가 되었는데요. 이 브랜드의 모든 제품들이 결혼을 앞둔 예비 신랑과 신부들에게 많은 인기를 얻고 있습니다."

유명인들의 화려한 결혼식 뒷이야기를 담은 텔레비전 연예정보 프로그램에서 어김없이 등장하는 리포터와 웨딩업체 직원의 인터뷰 장면이다. 이런 장면을 보는 것만으로도 결혼 적령기 여성들의 눈높이가 높아지는 것은 당연한 일이다. 하지만 정말 괜찮을까? 몸에 걸치고 있는 것이 화려할수록, 식이 화려할수록 내가 안 보이지 않을까? 그 현란함 속에 내가 파묻혀 버릴 것만 같다.

겉은 우아해도 밑으로 발버둥치는 우리

거리에 넘치는 신형 자동차들, 고가의 명품을 착용한 사람들, 마트에 넘쳐나는 각종 물품들. 눈으로 보이는 우리나라의 풍경은 분명 잘사는 선진국의 그것이다. 불과 20, 30년 전만 해도 이렇지 않았는데 언제부터 우리가 이렇게 잘살았지 하는 생각에 놀랄 때가 있다.

하지만 안타깝게도 눈에 보이는 대로 우리 삶의 질과 행복지수는 그다지 높지 않다. 우리는 현재 진기록이라면 진기록일 나름의 많은 기록들을 뉴스를 통해 듣고 있다. "OECD 회원국 중에…"라는 앵커의 첫마디가 시작되는 것이 전혀 낯설지 않은 풍경이다. 많은 경제 전문가들이 "한국은 샴페인을 너무 일찍 터뜨렸다"고 말한다.

경제협력개발기구(Organization for Economic Co-operation and Development) 중에 무려 한국이 1위를 한 기록이 있다. 바로, 이혼율이다. 또한 우리는 OECD 회원국 중 10년 연속 자살률 1위 국가라는 엄청난 기록을 보유 중이다. 더불어 노인의 빈곤율과 자살률 또한 2015년 현재 1위를 기록하고 있다.

"그래서, 살림살이 좀 나아지셨습니까?"

어느 개그맨의 유행어가 더 이상 우습지 않다. 우리는 지금 바닥 끝까지 추락한 행복지수를 끌어올릴 노력이 필요한 슬픈 나라의 슬픈 국민이다.

2013년에 OECD 회원국 중 1위를 차지한 이혼율은 그나마 2015년의 경우 34개 회원국 중 9위를 차지했는데, 혹자는 독신 가구가 폭발적으로 증가했기 때문에 더 이상 이혼할 젊은 부부가 없기 때문이라는 우스갯소리도 한다. 반대로 황혼 이혼율은 증가 추세다. 그리고 앞서 말했듯 젊은층의 혼인율은 감소하고 있다. 대한민국, 살림살이 좀 나아지고 행복해졌다고 말할 수 있을까?

막대한 비용을 쓰고 결혼식을 올리는 '풍속'을 지닌 것치고는 창피할 정도로 이혼율이 높지 않은가. 억대를 호가하는 최고급 웨딩드레스를 입었던 유명인이라고 이혼을 피해가진 못했다. 국내 최고의 재벌가 딸들도 이혼 소송을 하고 있는 것을 보면, 결혼이 주는 행복이 혼수비용의 많고 적음에는 전혀 관계없다는 것을 알 수 있다.

이들이 기억하는 것은 결혼식 때의 화려한 웨딩드레스나 값비싼 대여료의 턱시도가 아니다. 오직 '성격 차이'뿐이다. 나는 그 이유를 이렇게 생각한다. 최고로 아름다운 신부, 세상에서 가장 멋진 결혼식은 환상이었지만 두 사람이 부부가 되어 살아가는 것은 '현실'이었기 때문이라고. 평생의 반려자와 함께 하겠다는 서약을 하며 많은 이들의 축복 앞에 서는 자리, 당신은 무엇을 준비할 것인가? 보이기 위한 화려한 형식과 포장인가, 진정한 행복을 위한 마음의 준비인가.

'결혼'을 준비하는 올바른 자세

이혼을 하는 이들은 한결같이 '성격 차이'를 이유로 꼽는다. 그러나 '성격 차이'를 깨닫게 된 구체적인 상황들을 들여다보면 웃음이 날 정도로 사소한 것들이 많다. 치약을 중간부터 꾹 눌러 쓰는 남편, 빨래를 제때 해주지 않는 아내, 옷을 벗으면 옷걸이에 걸지 않고 뱀 허물처럼 몸만 쏘옥 빠져나오고 바닥에 내버려두는 남편, 모처럼 일요일에 늦잠 좀 자려는데 외식하자고 보채며 힘들게 하는 아내 등등.

고가의 웨딩드레스와 향기로운 꽃으로 만든 부케를 들고 있던 30분의 결혼식 후, 그리고 얼마간의 신혼여행에서 돌아와 신혼의 단꿈이 여름 한낮의 오수처럼 달콤했을 것이다. 그러다 결혼이 현실로 다가오기 시작할 즈음에 우리가 매일 마주하게 될 현실 속의 성격 차이들은 이렇게 우스꽝스럽다. 결국 이러한 소소한 갈등과 시비가 점점 쌓여 커다란 싸움이 되고 큰 소리가 오간다.

"내가 미쳤지. 내가 널 잘못 봐도 한참 잘못 봤어."

"당신이랑 결혼한 게 내 인생 최대의 실수야."

"이런 사람인 줄 몰랐어. 내 눈이 잘못했네."

"결혼 전엔 안 그러더니, 결혼했다고 이렇게 달라질 수 있어?"

"네가 몰라서 그렇지 나 원래 이런 사람이야."

"잡은 고기에 밥 주는 것 봤어?"

"내가 너 밥하고 청소해 주려고 결혼한 줄 알아?"

서로 사랑하기 때문에 선택한 것 아닌가. 그런데도 열에 아홉은 하게 되는 부부싸움에서 상처가 될 말들을 아무렇지도 않게 던지듯 뱉어낸다. 모두 '성격 차이'라며 '우린 안 맞아.'라고도 하고 잘못된 만남인 양 후련하게 이혼 서류에 도장을 찍는다.

눈부신 웨딩드레스와 근사한 턱시도를 입고 결혼행진곡에 맞춰 나란히 행진을 할 때는 이런 예상을 하지 않았을 것이다. 인생의 새로운 시작을 알리는 '결혼'을 앞두고 마음이 들뜨는 것은 당연한 일이다. 사랑하는 사람과 평생을 함께 하겠다고 많은 이들의 앞에서 다짐하는 중요한 날인데 어떻게 설레지 않을 수 있을까.

그러나 들뜬 마음에 이처럼 '결혼식' 준비에만 치중한다면 앞으로 닥칠 결혼이라는 현실에서 느끼게 될 괴리감에 허둥지둥 당황하게 된다. 미래에 대한 진지한 계획과 준비 없이 타인에게 내보일 겉만 번드레한 결혼식은 허례허식(虛禮虛飾)이 분명하다.

연예인 누가 입은 것과 비슷한 스타일의 드레스를 찾는 수고로움 대신, 앞으로 자녀는 몇 명 둘 것이며 결혼 후 경제권은 어떻게 나눠 부담할지, 서로 갈등과 시비가 생겼을 때는 어떤 식으로 해결할지 고민해 보았던가.

대출을 받아 장만한 신혼집이건, 부모님이 마련해준 신혼집이건 언젠가는 자신들의 능력으로 새 집을 장만해야 할 것이고, 미래에 태어날 아이들을 위한 준비 자금이며 교육비 등등에 대한 대비로 어떤 준비를 할 것인지는 생각해 보았던가. 결혼을 준비하는 예비부부들에게 그들보다 먼저 결혼했고 조금은 더 산 선배이자 재무설계사로서 조언을 하자면, 두 사람이 함께 결혼의 의미를 나눠보라고 이야기하고 싶다.

결혼 전 이런 대화를 나눠보면 좋다(결혼 선배로서 할 수 있는 조언 몇 가지)

- 자녀계획을 세워보자. 반드시 계획대로 된다는 보장은 없지만 함께 맞이할 미래에 대한 그림을 그려보면 결혼에 대한 각오가 달라질 수 있다.
- 부부로 살면서 서로 지켜야 할 예의(언어 및 행동)에 대해 이야기 나눠보고 약속하자. 부부십계명(아내 십계명, 남편 십계명)을 만들어 두는 것도 좋다.
- 부부는 두 사람이 아닌 양쪽 집안의 만남이기도 하다. 집안의 대소사(조의금, 축의금, 명절, 휴가, 부모님 용돈 등)에 어떻게 참여할지 미리 이야기 나눠보자.
- 의외로 결혼 전 자신의 재무 상태를 숨기는 경우가 많다. 사랑한다면 서로 숨기지 말자. 터놓고 이야기하고 어떻게 해결해 나갈지 계획을 세우자(자동차 할부금, 신용카드 빚, 기타 대출금 등).
- 현재의 모습이 아닌, 50년 해로한 부부의 모습을 함께 상상해보자. 직접 경험해보지 않은 세월들에 대해 남다른 각오와 감동이 생겨난다.

살아보면 알게 된다. 행복한 결혼이라는 것, 사랑하는 사람과 영원히 함께 한다는 것은 상대방이 나와 잘 맞아서가 아니라 서로가 서로에게 다른 것을 인정하고 맞춰주기 때문에 가능하다는 것을. 다름을 인정하며 배려하고 이해하면 행복한 결혼이 된다. 그러려면 배우자에 대해 알려는 노력이 필요하다.

새 삶을 시작하는 기회가 우리 삶에 적어도 두 번 이상은 있다. 삶의 전환점이라고도 한다. 부모님의 그늘을 벗어나 사회인으로 첫 발걸음을 내딛을 때와 인생의 반려자를 만나 한 가정을 꾸미고 부부의 삶을 시작할 때가 그렇다. 그리고 우리는 각각 보이는 통장과 보이지 않는 통장을 준비해야 한다. 현금이 들어오고 나가는 통장이 보이는 통장이라면, 행복이 차곡차곡 쌓일 수 있는 보이지 않는 영혼의 통장이 '가족=가정'이라는 통장이다. 보이는 통장보다 보이지 않는 통장이 더 중요할지도 모른다.

나는 존댓말, 아내는 반말

서로를 이해하고 배려하는 소통의 대화법

아내에게 존댓말을 하다

- 이실직고해.

내가 보낸 메시지에 아내가 보내온 답이다. 예상은 했지만 나도 모르게 피식 웃음이 나왔다. 행복한 가정을 위해 달라지기로 노력한 즈음, 어느 강연 자리에서 부부 사이에 존댓말이 매우 바람직하다는 조언을 듣게 되었다. 우리 부부에게 찾아온 위기를 넘어설 즈음이라 조언이 필요했는데 좋은 방법이라는 생각이 들었다. 그래서 설레는 마음으로 점심 휴식 시간을 이용해 아내에게 메시지를 보냈다.

"점심 식사는 했나요. 항상 수고하는 당신 고마워요. 그리고 사랑합니다."

이윽고 메시지를 확인한 아내가 답장을 보내왔다.

- 갑자기 왜 이래? 어색하잖아! 무슨 잘못한 거야?

갑작스러운 나의 존댓말에 아내가 보인 첫 번째 반응이다.

계속 웃음이 나왔다. 그렇지만 좀 당황스러운 마음도 있었다. 내 낯선 모습에 '왜?'냐고 물은 것이 아니라 당연히 잘못한 것이 있을 거라고 확신하고 있다니…. 평소 나에 대한 신뢰도가 얼마나 낮았기에 이런 반응이 나온 것일까 반성하는 마음과 서운한 마음이 묘하게 교차되었다.

"잘못한 거 없어요. 그냥 당신 사랑하고요. 앞으로도 계속 이렇게 당신 존중하고 존경하는 마음으로 존댓말을 할 거예요. 당신도 따라 주면 좋겠어요."

분명 메시지를 보았는데 아내가 대답을 하지 않고 있는 몇 분간의 침묵이 천년의 고독이라도 되는 양 지루했다.

- 난 못해. 당신 혼자 존댓말 쓰던지.

설마 이런 반응을 보일 거라고는 예상하지 못했던 나는 더더욱 실망했다. 그러나 이것이 끝이라고는 생각하지 않았다. 계속해서 존경을 담은 존댓말을 한다면 언젠가는 아내도 나처럼 달라질 것이라 생각했다. 부부가 함께 변화할 수 있다면 누가 먼저 달라지건 무슨 상관인가.

"당연하지. 갑자기 그렇게 존댓말하면 뭔가 수상해 보이지. 그리고 부부 사이에 존댓말 쓰는 것이 정말 좋은 걸까? 난 오히려 너무 거리감 느껴지고 서먹서먹해서 별로인 것 같은데."

"저는 괜찮은 방법 같아 보여요. 그런데 억지로 강요하긴 힘들 것 같네요."

아내의 메시지를 보며 혼자 웃고 있는 나를 본 동료들에게 사정을 설명하자 이런 반응이 나왔다. 그러나 나는 쉽게 포기할 마음이 없었다. 다만, 억지로 강요하긴 어려울 것이라는 말이 마음에 걸렸다.

"우리가 그동안 어떤 부부였나 생각해봤어요. 그래서 내린 결론이에요. 내가 당신한테 더 잘하기로 결심한 거예요. 내가 당신을 존중하는 마음으로 높임말을 쓰면, 당신도 언젠가는 나에게 그렇게 해주리라 믿어요. 우리가 연애할 때처럼 절절하게 사랑하겠다고 말하진 못하더라도, 지나온 어제보다는 당신을 더 존중하고 아껴주고, 노력하는 남편이 될 거라 약속할 수 있어요."

그날 저녁, 퇴근 후 아내에게 왜 낯선 남편이 되었는지 설명했다. 적어도 우리 부부만큼은 이전처럼 아웅다웅 다투거나 짜증내고, 서로의 마음에 상처 주는 말을 함부로 내뱉는 일은 없도록 노력하자는 다짐을 담았고, 진심이었다.

"얼마나 가겠어?"

내가 왜 '낯선 남편'이 되었는지에 대해 이야기를 들은 아내가 이렇게 대답했다. 원래 아내와 나는 성격 차이가 뚜렷하다. 이미 결혼 전부터 아내의 무뚝뚝함과 나의 감성적인 모습의 차이는 익히 알고 있던 터였다. 그렇지만 설마 아내가 끝까지 나의 노력에 동조하지 않을 것이라는 생각은 하지 못했기에 서운한 마음이 든 것은 사실이다. 매번 이런 차이 때문에 투닥투닥 다툼이 일곤 했다. 그러나 이제 나는 그러지 않기로 다짐한 바이고, 내가 더 노력하기로 하지 않았던가.

아마 내가 예전처럼 반응했다면 "모처럼 좋은 뜻으로 이야기했는데 꼭 그런 식으로 말해야겠어?"라며 짜증을 냈을지도 모른다. 아주 잠깐이었지만 내 의지와 달리 입이 먼저 움직일 뻔 했다. 다행히 나는 마음먹은 대로 신중했고 평정심을 잃지 않았다.

"그렇지 않아요. 난 이제 예전의 김명렬이 아니니까요. 두고 봐요. 언젠가는 당신도 나처럼 달라질 거라 믿어요."

마음이라는 것은 한 번에 굳지 않는 콘크리트와 같은 것이다. 시간이 흐르면 흐를수록 점점 더 견고해진다. 나는 달라질 수 있다고, 긍정적인 변화를 계속 이끌어 나가겠노라 다짐했다. 또한 "얼마나 가겠어?"라는 아내의 대답을 잘 살피면 앞으로도 계속 그리 해달라는 기대심이 담겨 있다는 것도 알았다. 그것을 알게 된 것만으로도 나는 행복했고 즐거웠다.

시간이 흐른 어느 날, 아마도 한두 달쯤 지난 것 같다. 아내가 말하기를 내가 혼자 그러다 말겠지 생각했단다. 그러나 나는 멈추지 않았다. 아내를 사랑하고 존중하는 마음을 담아 짬이 날 때마다 메시지를 통해 혼자 집에 있을 아내를 챙겼다. 물론 늘 존댓말을 사용했다.

습관의 동물인 사람은 결국 반복되는 행위에 익숙해지기 마련이다. 아내는 낯선 남편이 된 나를 더 이상 낯설어 하지 않았고, 나 또한 아내에게 존댓말을 쓰는 것이 쑥스럽지 않게 됐다. 오히려 그리 하는 것이 당연해졌고 익숙한 습관이 됐다.

놀라운 변화는 아내가 아닌 아이들에게 먼저 찾아왔다. 시키지 않았는데도 나와 아내에게 존댓말을 쓰기 시작한 것이다. 나와 아내에게 온 변화도 예사롭지 않다. 내가 존댓말을 쓰게 되니 함부로 던지듯 했던 말과 행동들에 조심성이 생겼다. 이는 아이들도 마찬가지다. 투정부리며 나쁜 행동을 했던 것에 조심스러워졌다. 최근 영화 '킹스맨'에서 남자 주인공이 한 대사로 많은 사람들의 주목을 받은 명언이 있다.

"Manner maketh man"

매너가 사람을 만든다는 뜻이다. 모두들 이 영화의 대사로만 기억하고 있는데, 사실은 1382년 영국 윈체스터 대학을 설립한 위컴(William of Wykeham) 주교의 명언이다. 존댓말로 시작된 우리 가족의 변화는 어쩐지 이 명언이 생각나게 했다.

서로를 존중하는 높임말을 쓰는 것으로 우리 가족은 최소한 상대를 가볍게 대하거나 예의 없이 하던 행동에 스스로 제동이 걸렸다. 생각해 보면 이는 당연한 결과였다. 입고 있는 옷이 캐주얼 복장일 때에는 행동에 제약이 없고 거침이 없어지기도 한다. 그러나 격식을 갖춘 자리에서 정장을 입고 있으면 그에 따라 행동이 달라진다. 언행도 이와 같다는 것을 깨달았다. 우리 가족은 나를 포함하여 아이들까지도 매일 조금씩 어른이 되어갔다. 영혼의 성장이었다. 다만 아내는 아직 존댓말을 사용하지 못하고 있다. 몇 번 시도한 적은 있지만 쉽지 않아 보였다.

아내는 변화를 두려워하는 것이 아니다. 낯설 뿐이다. 나는 천천히 기다리기로 했고, 최근의 내 아내는 서툴지만 조금씩 존댓말을 쓰기도 한다. 또 왕으로 대접 받으려면 아내를 왕비로 대우하라고 하지 않았던가. 아내를 왕비로 대접하자. 그로써 남편들 또한 왕이 될 것이다. 존경을 담은 진심이 부부를 왕과 왕비로 살게 한다고 믿는다.

기-승-전-아내, 대화 속에 아내를 담자

2015년도에 모바일 리서치 기관인 오픈서베이가 부부간 대화 시간을 설문조사한 내용이 공개 되었다. 이에 따르면 30~60세 기혼 남녀 500명 중에서 73%가 하루 평균 1시간의 대화도 하지 못하고 있었다. 대화를 나누지 않는다고 마음이 없었던 것은 아니었다. 응답자의 93.8%가 배우자가 안쓰러워 보일 때가 있었다고 답했다.

인구보건복지협회에서도 2013년도에 같은 조사를 한 바 있다. 이때에는 응답자의 32.9%가 30분~1시간 정도 대화를 나눈다고 답했다. 자녀가 초등학교에 들어가면 부부간 대화 시간은 더욱 줄어들었다. 식사를 하거나 잠자리에 들기 전 나누는 대화가 고작이었고 대략 10분 정도였다. 특이한 것은 60대의 부부가 좀 더 긴 대화를 나눈다는 사실이다. 그러나 전체적인 흐름으로 보자면 부부 사이의 대화는 많이 부족한 모습이다.

대화의 주된 주제로는 자녀의 교육과 건강이었다. 자녀가 초등학교를 거쳐 상급 학교로 올라갈수록 대화는 진학문제에 집중됐다. 이해하지 못할 상황은 아니었다. 자식을 키우는 아버지로서 또 가정을 꾸리는 부부의 한 축으로서 동병상련 같은 기분도 들었다. 결혼의 과정을 거쳐 공통분모가 생긴 것이 자녀다. 자녀는 부부에게 있어 희망이고 미래이기도 하다. 그러니 대화의 주제가 자녀일 수밖에 없다. 그러나 문득 눈을 돌려보니 그동안 자식의 그늘에 가려져 수고하고 있는 나의 아내가 있었다. 나도 아내 본인도 돌아보지 못한 자리, 한 가정의 공동 경영자이자 한 남자의 아내이자 엄마의 자리다.

이 글을 읽는 여러분에게도 묻고 싶다. 하루 동안 아내와 얼마나 대화를 나누고 있는가? 자녀들에 대한 이야기가 아닌 온전히 서로에 대한 이야기를 화제 삼아 본 것은 언제였던가. 나 역시 돌아보니 아이들 이야기나 양가 어르신들에 대한 이야기 말고는 딱히 나눈 적이 없다는 것을 깨달았다.

사람은 누구나 관심을 갖고 있는 것에 대한 이야기를 한다. 우리는 결혼으로 하나가 되어 부부로 살을 맞대고 살면서도, 정작 서로에게 관심을 갖는 것은 등한시했던 것이다. 그날 이후, 나는 아내가 아이들 이야기를 하면 일단 들어준 후 화제를 슬며시 아내 중심으로 바꾸고 있다.

"오늘 경호가 감기 기운이 있는지 열이 좀 올랐어."

"당신 또 속상했겠네요. 너무 걱정하지 말아요. 그러다 당신이 더 몸 상하겠어요. 아이들은 크면서 잘 아프니까 병원에 가서 치료 받고 푹 쉬게 하면 될 거예요."

내가 이렇게 대답하면 아내의 얼굴이 사뭇 달라진다. 어떤 때에는 발그레해지기도 하고, 또 어떤 때에는 슬쩍 눈을 흘기기도 하는데 싫은 내색은 아니다.

"오늘 지호가 유치원에서 만들기 숙제를 받아왔는데 혼자서도 너무 잘했어."

"그랬어요? 정말 기특하네. 당신이 잘 가르친 덕분이에요. 고마워요. 정말 수고했어요."

기승전결? 아니다. 이처럼 '기-승-전-아내'가 옳다. 나는 아내가 어떤 이야기를 하건 감사하는 마음으로 이렇게 말해주고 있다. 이제 아내도 알고 있다. 보고 있지 않는 것처럼 보이지만, 사실 내 마음속의 눈은 늘 아내를 보고 있다는 것을.

돈이 아무리 많아도 가족과 행복하지 않다면 무슨 의미가 있을까. 돈의 가치는 우리의 삶이 여유롭고 불편하지 않게 하는 것이지, 그 자체가 삶의 목적이 될 수는 없지 않은가. 결국 우리가 욕심내는 돈은 모두 행복해지기 위해서였다.

보이는 통장보다 보이지 않는 통장의 소중함과 가치를 가슴에 담아야 한다. 아내에게 사랑한다고 말하는 것에 용기가 필요하다고 생각하지 않는다. 서로에게 칭찬과 격려를 아낌없이 진심을 담아 전할 수 있는 부부가 된다면 그것으로 족하지 않은가. 대화의 시간을 늘리고 자녀문제만이 아닌 서로의 이야기를 나눠보자. 보이지 않는 통장은 그렇게 채워진다.

"오늘 저녁 식사 정말 맛있었어요. 다른 사람들은 맛집을 찾아다니는데, 우리 집이 맛집이네요."

가족과 함께 한 저녁 식탁에서 아내에게 감사의 인사를 하고 있다. 조금쯤 과장할 때도 있다. 하지만 아내가 나와 아이들을 위해 손수 만들었다고 생각하면 맛없을 음식이 없다. 그러니 어떤 반찬이라도 임금님의 수라상이 부럽지 않았다.

"엄마, 맛있게 잘 먹었습니다."

이제 아이들도 나를 따라 엄마에게 감사의 인사를 한다. 잘 먹었습니다. 맛있게 먹었습니다. 감사히 먹었습니다. 엄마가 해주신 반찬이 최고로 맛있어요. 싱글벙글 아이들이 웃으며 인사를 하면, 아내가 세상 그 어느 꽃보다도 예쁘게 활짝 웃는다. 내가 아내에게 존댓말과 감사의 인사를 멈출 수 없는 이유다. 그리고 우리 가정의 이러한 분위기는 말 그대로 가풍(家風)으로 자리 잡았다. 보이지 않는 통장에 행복이 차곡차곡 쌓이고 있다. 오늘을 사는 내가 매일매일 행복한 이유다.

입고 있는 옷이 캐주얼 복장일 때에는 행동에 제약이 없고 거침이 없어지기도 한다.
그러나 격식을 갖춘 자리에서 정장을 입고 있으면 그에 따라 행동이 달라진다.
언행도 이와 같다는 것을 깨달았다.

아내를 현대판 노예로 만들지 말자

아직도 명절날 차려주는 밥상만 받는 남편이 있다면

부침개는 지글지글, 아내 속은 부글부글

"집사람이 파업 선언했어."

추석 명절이 일주일쯤 앞으로 다가왔을 무렵, 평소 존경해 마지않던 선배가 이렇게 말했다. 퇴근 후 커피 한잔 하자는 제안에 심상치 않은 분위기를 느꼈고 차마 거절할 수 없었다. 그렇게 불려나간 자리에서 커피 한 모금 마신 후 내뱉은 선배의 첫마디가 이러했으니 분위기가 금세 가라앉았다.

"파업이라니요? 그게 무슨 말씀이세요?"

"알다시피 내가 장손 아닌 장손이잖아. 큰 형님 외국 나가 계시고 밑으로는 여동생들뿐이고, 둘째지만 장남이나 마찬가지인데 집안에 제사도 많고 곧 명절이고. 지난달에도 제사 모셨어. 그리고 곧 추석이니….”

“형수님께서 지금까지 잘 하셨잖아요? 근데 새삼스럽게 파업이라시면 다른 문제가 있는 것 아닐까요?”

정곡을 찌른 것일까? 선배는 커피를 단숨에 들이켰다.

“나 때문이라고 하는데….”

선배는 술술 이실직고하기 시작했다. 이야기를 듣는 동안 나도 모르게 ‘아! 선배, 왜 그랬어요! 어휴, 선배 잘못이 커요! 정말 너무해요!’라는 추임새가 나왔다.

선배의 속사정은 이러했다. 아니, 선배가 아닌 형수님의 속사정이라 해야 옳다. 선배는 가사를 전혀 돕지 않는 남편의 대표격이었다. 최소한 명절만큼이라도 아내의 수고를 알아주었으면 좋았으련만, 알아주기는커녕 방에 드러누워 때마다 차려주는 밥상 기다리고, 밥 먹으면 드러눕고, 시간이 남으면 친구들 불러 술상 차리는 못난 남편이었던 것이다. 가장 안타까웠던 것은 형수님이 반기를 들기 전까지 자신이 어떤 모습인지 까맣게 모른 채 “그럴 수도 있지.”라거나 “옛날 여자들 다 그러고 살았어.”라고 생각했다는 사실이었다. 파업 선언과 함께 이혼을 진지하게 고려하고 있다는 형수의 이야기를 들은 나는 이렇게 물었다.

“그럼 선배는 명절 연휴에 주로 뭐하며 보내셨어요?”

“나야 손님들 만나느라 바빴지. 명절이니까 친척들도 많이 오고 친구들도 찾아오고….”

"좀 도와드리지 그랬어요."

"에이, 뭘 어떻게 도와. 내가 도와봐야 음식을 그릇에 담아서 상에 차려 내오는 것인데 사실 그건 그렇게 어려운 일이 아니잖아? 아내가 힘들게 준비했다는 것은 아는데 애들도 있는데 굳이 내가 그럴 이유가 있냐고. 더구나 어머니, 아버지랑 손님들 앞에서 사내놈이…."

선배와 헤어지고 집으로 돌아오자 아내가 얼른 다가온다. 선배 부부와 우리 부부가 친하기 때문에 이미 아내도 상황을 알고 있었다.

"아마 언니 공로를 그 집에서 아무도 알아주지 않았을 거야. 여럿 있는 시누이들도 도움이 되진 못했을 거고, 다들 자기 시댁이 있으니까. 언니는 명절이 다가오면 신경이 곤두서고 지나가면 허탈한 기분이 들었겠지. 제사 지내려고 열심히 나물 무치고 전 부치고 하는데 그 선배처럼 방에 드러누워 밥상만 받는다면 서글퍼져. 부침개 뒤집다가 속도 뒤집어지지. 지글지글 부침개 익어갈 때 언니 속은 부글부글 끓었을 거야. 남자들에게 명절은 그냥 맛있는 것 먹으면서 오랜만에 친구들 만나고 친척들 만나며 쉬는 날일지 몰라도, 여자들에게는 최악의 날이거든."

"당신도 그랬어요?"

"그 정도는 아니었지. 그리고 이제 당신 덕분에 제사도 안 지내고 있고."

아내의 말처럼 우리 가족은 더 이상 제사를 지내지 않는다. 2년 전, 부모님과 함께 한 가족 회의 끝에 제수 음식은 간략하게라도 하되 가정예배로 마치는 것으로 결론지었다. 부모님께서도 흔쾌히 허락하셨고, 생각보다 반대하지 않으셔서 감사할 따름이었다.

우리가 이렇게 제사라는 형식을 간소화하게 된 것은 우리의 종교가 단지 기독교라서만은 아니다. 명절이다 보니 과하게 준비되는 음식들이 어쩔 수 없이 남아돌아 냉동실로 들어가는 현실, 그런 모든 준비들 탓에 매번 수고에 수고를 거듭하는 아내, 명절 대목이라고 치솟는 물가 등. 여러 가지로 살펴봐도 합리적이지 않다는 생각이 들어서였다.

제사를 지내지 않는다 해서 조상에 대한 감사의 마음이 없는 것은 아니다. 가족이 모여 도란도란 이야기를 나누면서 할아버지, 할머니를 추억하고 감사해한다. 마음이 중요한 것이지 제사상을 차리기 위해 과도한 지출과 노동으로 점철된 현재의 명절 문화가 정말 필요하고 현실적인가 의문이 들었을 뿐이다.

많은 가정에서 명절이 되면 여자들은 노동에, 남자들은 가족, 친지를 만나는 사교와 낮잠에 절어 지낸다. 남자들은 여자들이 준비한 음식들을 술상으로 받아놓고 주거니 받거니 마시다 고스톱도 치고, 손님들이 돌아가면 술기운에 코를 골며 졸기도 한다. 아마 형수도 연휴 내내 한 번도 허리를 제대로 펴지 못했을 것이고, 그 옆에서 선배는 술판을 벌여놓고 고스톱을 외쳤을 것이다. 그 모습이 묘하게 교차되었다.

이러한 현실을 반영하는 것일까? 통계청이 최근 5년간 매월 이혼율에 대한 조사를 한 바, 명절 직후의 이혼 신청이 평소보다 12%가량 높다고 한다. 이것은 나의 선배가 겪고 있는 갈등이 다른 부부들에게도 공통된 사항이라는 것을 말한다. 참으로 안타까운 일이 아닐 수 없다. 화목해야 할 가정이 명절 스트레스로 인해 오히려 파탄으로 가고 있으니 말이다.

주부, 억울한 무보수 경제활동

먼저, 남자들이 갖고 있는 명절 시기의 여성 가사노동에 대한 인식부터 달라져야 한다. 남자들은 흔히 명절 가사 노동이 새삼스러운 일이 아닌 것처럼 말한다. 수세기 동안 유사 이래 내내 이어져 내려왔다는 것이다. 그러나 현대의 명절 모습은 그 옛날의 풍습과 많이 다르다.

옛날에는 명문대가 양반집에서 혹은 천석꾼 만석꾼이라 불리는 동네 유지들이 거창한 음식을 장만하며 명절을 준비했고, 이는 곧 동네잔치를 의미했다. 심지어 동네 거지들도 명절만큼은 나눔을 받으며 기쁜 날이었다. 또한 큰살림을 하는 며느리가 혼자 음식을 준비하는 일은 없었다. 명절과 집안 경조사 등이 있을 때는 한 동네 사람들 모두 품앗이 삼아 일손을 도왔으며, 집에 돌아갈 때는 준비한 음식도 자기 몫으로 나눠 받았다. 이러한 풍습은 지금까지 내려온다. 요즘도 친척이나 손님들이 돌아갈 때 명절 음식을 한 보따리씩 싸주는 것을 응당 그래야 할 일처럼 하고 있지 않던가.

그러나 지금은 어떠한가. 비록 규모는 수세기 전보다 축소되었을지 모르겠으나 식구들이 먹을 음식을 넘어서는 분량의 과도한 준비를 며느리들이 혼자 힘으로 해내고 있다. 이것은 정말 경제적인 면에서도 참 비효율적이고 낭비이다. 오죽하면 명절 이후 인터넷 검색어에 '남은 명절 음식 이용하는 요리법'이 등장할까.

명절 전 장보기부터 음식 준비와 손님들이 드나들 때마다 상을 차리고 그것들을 치우는 온갖 가사노동은 끝이 없다. 돕지 못하면 차라리 돕는 척이라도 하면 다행일 텐데, 못난 남편들은 그런 것도 할 줄 모른다. 나의 선배처럼 '옛날 여자들~' 운운하는 것은 정말 답답하다. 묻고 싶다. 당신은 옛날 여자와 결혼했는가, 요즘 시대를 살고 있는 현대 여성과 결혼했는가. 시대가 달라졌다면 낡고 구태의연한 사고방식도 그에 맞춰 달라져야 한다. 나 자신이 현대를 살아가는 남자라면 아내 또한 다르지 않다. 아내의 가사노동을 당연시하면서 옛날 여자들에 견준다는 것이 얼마나 어리석은 일인지 모르는 남편들이 아직도 많다는 것에 놀랄 뿐이다.

혼인 서약서는 근로계약서도 아니거니와 노예계약서는 더더욱 아니다. 세상의 아내들이 잠을 자는 시간을 제외하고 대부분의 시간을 가사노동으로 보내고 있다는 것을 남편들이 알아주어야 한다. 그리고 한 가지 잊지 말아야 할 것, 아내는 '주부'라는 직업의 근로를 분명히 하고 있고 이는 엄연히 경제활동이라는 사실이다. 게다가 우리들의 아내는 무보수로 일하고 있다.

한국여성정책연구원(구 한국여성개발원)은 2005년도에 전업주부의 가사노동 가치를 보고했는데, 주부 1인당 무급 가사노동 가치가 월 111만 원이라고 했다. 또한 '제7회 통계의 날 기념 1999년 생활시간조사 종합분석결과 세미나'에서 김준영 성균관대 교수는 주부의 가사노동 가치를 월 113만 원으로 보고했으며, 총가치는 72조로 GDP 15%에 해당되는 금액이라 했다(출처:통계청 사회통계과).

그런데 참 속상하고 안타깝다. 이렇게 주부의 가사노동에 대한 경제적 가치를 인정하고 있으면서도 이렇다 할 연구나 보고가 지속되고 있지 않는 것이 현실이다. 그래서 최근의 물가를 반영한 경제가치가 아닌 1999년의 자료로밖에 이야기할 수가 없다. 심지어 UN에서도 가사노동의 경제가치를 GDP에 반영하라고 1993년에 세계 각국에 권장했지만, 선진국을 비롯하여 그 어느 나라에서도 이루어지지 않고 있다.

이러한 숫자 이야기만으로 아내의 가사노동이 주는 가치가 와 닿지 않는다면 방법은 하나다. 아내가 없는 날을 직접 경험해보는 것이다. 경제적 가치만이 아니라 부부의 삶에 얼마나 큰 자리를 차지하고 있는지 크게 깨닫게 될 것이다. 최근 모 방송사는 아내에게 일정 시간의 휴가를 주고 남편들이 집에서 육아와 살림을 도맡아 하는 프로그램으로 인기를 끌고 있다. TV가 없는 나로서는 우연찮게 신문이나 인터넷 영상으로만 접할 수 있었는데, 처음 그들이 아내가 없는 하루를 시작할 때의 모습이 기억에 남는다. 아내 대신 아이들을 돌보며 집안일에 동분서주하던 그들은 결국 떠나고 없는 아내의 빈자리를 당장 그리워하기 시작했고 비로소 아내의 역할이 얼마나 소중했는지 깨닫고 있었다.

선배의 이야기를 들은 자리에서, 나는 조심스럽게 선배를 나무랐다. 여전히 자신만의 편협한 사고방식을 벗어나지 못하는 선배 때문에 어지간히 속이 탔지만 그래도 한 가지 약속은 받아냈다. 모든 행동은 마음이 있어야 가능한 것, 선배가 주부의 가사활동을 무시하는 것은 곧 아내의 존재를 무시하는 것과 같으니 다르게 볼 수 있는 계기를 가지라는 조언이었다.

구체적인 방법은 아내에게 일주일간의 긴 휴가를 주는 것. 그동안 한 번도 주지 않았던 '월급'을 뒤늦게 몰아줄 수는 없지만 휴가 보너스만이라도 두둑하게 챙겨드리라 했다. 이혼 직전까지 간 선배는 그것만큼은 해주겠노라 약속했고, 얼마 후 약속은 이행되었다.

휴가 첫날, 선배는 집에 늦게 귀가했다. 아이들이 아직 중·고교생인데도 말이다. 둘째 날은 첫날보다 조금 일찍 귀가했다. 부인을 휴가 보내놓고 자신도 자유라고 생각했는데, 정작 자유를 누리기 힘들었다고 했다. 함께 어울려 놀아줄 줄 알았던 친구들은 집에 가야 한다고 귀가하기 바빴다. 집에 돌아오니 전날보다 어질러진 집안에는 아무렇게나 벗어놓은 옷가지가 나뒹굴었고, 주방 싱크대에는 그릇들이 쌓여 있었다. 피곤하니 다음 날 아침에 치우자 마음먹고 안방에 들어서니 아침에 빠져나온 침대 위로 자신이 벗어놓고 나간 옷들과 엉클어진 이부자리가 흉물스러웠다고도 했다.

깨워주는 아내가 없어 늦잠을 잔 셋째 날, 아침을 먹고 싶어 주방에 나왔는데 밥솥의 밥은 누렇게 변해 있었고, 물 한 잔 마실 컵마저 싱크대 구정물에 담겨 있어 밥공기에 물을 따라 마셨다. 자신보다 더 일찍 학교로 가버린 아이들은 얼굴도 보기 힘들었다. 그날 저녁,

집에 돌아온 선배는 밀린 설거지를 했고, 하루 더 지나 닷새째가 되어서야 빨래를 하지 않아 갈아입을 와이셔츠가 없다는 것을 알았다. 아내가 그동안 집안에서 어떤 일을 하며 살았는지 한눈에 보게 되었다는 것이 선배의 후일담이다.

"그래서 형수께 사과하셨어요?"

"응. 사과라기보다… 뭐라고 말을 못하겠더라고. 근데 이 모자란 여편네가…."

설마? 또 무슨 망발을 하려는가 싶었는데 선배의 눈동자가 벌겋게 달아오른 것이 보였다.

"휴가를 일주일밖에 안 줬는데 그걸 다 못 채우고… 닷새째 밤에 집에 오는 거야. 바보같이."

도저히 안되겠다 싶었던 닷새째 날, 월요일부터 일요일까지 형수의 휴가였으니 금요일 밤이었다. 선배는 집안 꼴을 더 이상 두고 볼 수 없어 청소를 시작했다고 한다. 겨우 안방과 거실 청소를 마치고 설거지를 하는데 문득 돌아보니 등 뒤에 형수가 서 있었다. 물소리에 누가 오는 줄도 몰랐던 선배는 소리 없이 서 있는 형수의 모습에 가슴이 먹먹해졌고, 죽었던 사람이 돌아온 듯 반가웠다고 한다.

"왜 벌써 왔어. 좀 더 쉬고 와야지."

얼떨결에 형수에게 한 이 한마디에, 형수의 마음이 눈 녹듯 녹아내렸다. 그 한마디면 충분했다. 더 이상 무슨 말이 필요하겠는가. 더 쉬고 와야지, 여태 수고했는데 일주일의 휴가도 못 채우고 왜 벌써 왔느냐는 말에 부인에 대한 선배의 진심이 충분히 담겨 있으니 말이다. 두 사람은 마침내 화해했다. 정말 다행이었다.

아내의 수고를 인정하고 배려하자

명절을 없앨 수도, 제사를 없앨 수도 없다. 그러한 형식들이 하나의 가풍이고 이어져야 한다면 그대로의 가치를 살린다는 것에 반대하지 않는다. 깊이 있게 들여다본다면 주부들의 불만은 노동의 경중이 아닌 자신을 알아주지 않고 배려하지 않는다는 것에 있다. 수고하는데 남편들은 나 몰라라 혼자 쉬고 혼자 먹고 혼자 놀기 바쁘다.

명절날 최소한의 가사분담이라도 도와줄 수 있는 남편이길 아내들은 기대한다. 그러나 남편들은 의외로 그런 점에서 소홀하다. 아내의 몫이라고 떠밀기 바쁘다. 명절이 아닌 평소에도 마찬가지다. 재활용 분리수거라도 돕는다면, 아내들은 고마워하면서도 한편으로는 미안한 마음도 갖게 된다. 진심과 배려가 일방적인 것이 아니라 쌍방향으로 소통하는 것임을 우리는 알고 있지 않던가.

아내의 마음을 헤아리고 배려하는 것은 궁극적으로 가정의 행복과 직결되는 것이다. 우선, 아내의 노동이 우리 남편들이 밖에서 하는 경제활동과 다르지 않음을 인정하는 것에서부터 시작된다. 회사일에 피곤한 남편들이 휴가를 원한다면, 가사에 바쁜 아내들도 휴가가 필요하다.

앞서 다른 이야기에서도 언급한 바 있지만 언제라도 소통할 수 있는 부부간의 대화가 더욱 절실해진다. 서로의 진심을 알아주고 배려하는 부부라면, 늘 대화로 소통하는 부부라면 명절 스트레스로 이혼까지 치닫는 경우는 없을 것이다. 무엇이건 마음이 중요하다. 처음 사랑할 때의 마음을 평생토록 유지할 수 있도록, 검은 머리가 파뿌리가 될 때까지 건강할 때나 아플 때나 비가 오고 눈이 와도 사랑한다는 마음은 진심과 배려가 있어야만 지킬 수 있다. 이제 명절 스트레스와 안녕을 고할 때다.

아내와 어머니 사이에서 방황하지 말라

물에 빠진 어머니와 아내, 고민하지 말고 미리 수영을 가르쳐야…

아내와 어머니가 물에 빠졌다

진짜? 정말? 솔직히 웃음이 나왔다. 곧 남편이 뛰어들었고 한 사람을 구해냈다. 과연 누구를 먼저 구했을까? 이 글을 읽고 있는 여러분이 여자라면, 그리고 누군가의 아내라면 자신을 '아내'를 먼저 구했길 바랄지도 모르겠다. 또 며느리가 있는 시어머니의 입장이라면 당연히 어머니를 구했을 것이라 장담할지도 모른다.

2015년 7월 초의 일이다. 터지는 사건들을 모아 책을 쓰면 만리장성을 다시 쌓을지도 모를 만큼 별별 이야기가 많은 중국에서의 일이다. 장쑤성 쑤저우시에 사는 며느리와 시어머니가 한판 전쟁을 벌인 것이다. 그것도 하필이면 집이 아닌 야외 강가에서. 중간에서 말리던 아들은 별로 도움이 되지 못했던가 보다. 갑자기 며느리가 시어머니를 향해 큰 소리로 외쳤다.

"도저히 이렇게는 살 수 없어요!"

그리고 곧장 강물로 뛰어들었다. 자살에도 경쟁이 붙은 것일까? 이를 본 시어머니가 분기탱천하며 덩달아 외쳤다.

"너만 죽고 싶냐? 나도 죽고 싶어!"

그리고 또다시 풍덩! 아들이 아내와 어머니를 어떻게 말려보기도 전에 순식간에 벌어진 일이었다. 두 사람이 죽겠다고 물에 뛰어들었으니 아들은 가만있을 수 없었을 것이다. 곧장 강물로 뛰어들었고, 둘 중 한 사람을 구조했다. 이제 정답을 맞춰보자. 이 남성은 누구를 먼저 구했을 것인가? 만약 당신이라면 누구를 먼저 구했겠는가?

연애시절, 온갖 유치찬란한 이야기들에도 깨가 쏟아지던 그때, 우리들은 연인에게 이렇게 답했다. "당연히 자기부터 구해야지."라고. 반면, 아들이 연애하느라 정신이 혼미해진 것을 알게 된 어머니들도 슬쩍 시샘을 담아 묻곤 한다. 주책이지만 어쩔 수 없다. 엄마도 여자다. "아들아, 나랑 네 여자 친구랑 물에 빠지면 누굴 먼저 구할 거니?" 그럼 능청스러운 아들들은 엄마 앞에서 대답하기를 "어머니를 구해야죠. 뭘 망설이겠어요. 당연한 건 묻지 마세요." 아들 가진 세상의 모든 어머니들은 아들의 이 한마디에 안심한다. '아, 아들은 역시 내 편이구나' 라고.

세상 모든 남자들이 이렇게 여자 친구 혹은 아내와 어머니 사이에서 갈팡질팡 박쥐놀음을 하고 있을 때, 당당한 목소리로 아내를 구하겠노라 아내 사랑을 외친 이가 있으니 그가 바로 중국 알리바바의 마윈 회장이다.

"나는 어머니가 낳았으므로 어머니가 나한테 잘해주는 것은 당연하다. 그러나 아내는 장모님이 낳았으니까 아내가 나한테 잘해주는 것은 당연한 일이 아니다. 감사할 일이다. 또 어머니가 나를 낳을 때 겪은 고통은 아버지가 준 고통이니 아버지가 어머니께 잘해야 한다. 그러나 아내가 내 아이를 낳을 때 겪은 고통은 내가 만든 것이니 나는 아내에게 잘해야 한다. 내가 어떻게 하든 어머니는 내 어머니이다. 그러나 내가 잘못하면 아내는 남의 아내가 될 수 있다. 그러니 잘해야 한다. 어머니는 내 삶의 3분의 1을 책임질 뿐이지만, 아내는 내 인생의 3분의 2를 책임진다. 아내는 나의 후반생을 보살핀다. 그러니 어머니는 나의 아내에게 감사해야 하고, 나의 아내는 또 어머니의 말년도 보살피니 나는 아내에게 감사해야 한다. 아내가 종이 한 장 믿고 시집 와서 온갖 고생을 다하는 것은 나 때문이다. 그러니 나는 아내에게 감사해야 한다."

마윈 회장이 어느 강연에서 했다는 이 같은 발언으로 남성들도 여성들도 한바탕 소란이 났다. 여자들은 당연히 찬사를 보냈고, 남자들은 찬반양론에 목소리를 높였다. 나는 솔직히 마윈 회장의 말에 찬반 어느 쪽도 아니다. 분명하게 선을 긋는다는 것은 어떤 면에서 멋진 일이기도 하지만, 어머니와 아내가 물에 동시에 빠지는 일이 없길 바랄 뿐이다. 그리고 나의 아내는 결정적으로 수영을 할 줄 안다. 또한 믿고 있다. 설령 둘이 함께 다투다 물에 뛰어드는 지경이

온다 해도 어머니를 구해서 물 밖으로 나올 것이라는 것을. 팔불출이라 놀려도 좋다. 나의 아내는 그런 사람이고, 나는 아내를 믿는다.

고부 사이에서 아들이 살아남는 법

"결혼 초에는 그렇지 않았는데 이제 어머니가 하는 말에 아내가 참고 있지 않더라고. 좀 격해진다 싶으면 차라리 내가 피해 버려. 보기 싫거든."

유난히 고부갈등 문제로 골머리를 앓던 친구는 이렇게 슬쩍 자리를 피해 버리는 것으로 모든 것이 해결될 거라 생각했단다. 어차피 부모님을 모시고 사는 것도 아니고, 때때로 찾아뵐 때 문제가 터지는 것이니 집에 돌아오면 아내도 마음이 풀릴 거라 믿었던 모양이다.

"더 이상 당신 엄마가 나한테 함부로 하는 거 못 보겠어! 난 안 갈 거야. 이제부터 당신 혼자 가!"

결국 친구의 아내는 이렇게 선언했다. 친구와 나는 한참 상의한 끝에 대처방법을 정리했다. 고백하지만 나 또한 결혼 초기에는 약간의 고부갈등이 있었다. 남자들은 안다. 고부갈등으로 신경전이 시작될 때 아내도 어머니도 서로 자신의 편을 들어주길 바라고 있다는 것을. 그렇지만 나는 그러고 싶지 않았다. 갈등 구조의 고부 사이에서 특정한 한 사람의 편을 들어준다는 것은 아들이기를 포기하거나 남편이기를 포기하는 것 중 하나이다. 불 보듯 뻔한 일 아닌가.

"어머니, 요즘 젊은 세대가 뭘 알겠어요. 어머니가 이해해주세요.

제가 집사람한테도 잘 이야기할게요."

물론 내가 이렇게 말할 땐 아내에게 살짝 윙크라도 한다. 그리고 아내와 단둘이 있을 때 마음 상했을 아내를 위로해준다.

"어머니가 나이 드셔서 이런저런 말씀 많으신 것 이해해야지. 당신 잘못이 아닌 것 알고 있어. 난 당신 맘 이해하고 있고, 늘 당신 편이지만 어머니 앞이니까 아까는 그렇게 말했을 뿐이야. 내가 그 자리에서 당신 편을 들어주면 어머니 더 노하실 테니 그럴 수 없었어. 내 마음 이해하지? 미안해, 내가 더 잘해 줄게."

어쩌면 나의 이런 처신을 이쪽저쪽 왔다갔다 갈팡질팡하는 박쥐라고 놀릴 사람이 있을지도 모르겠다. 그러나 이것이 가장 현명한 방법이라고 생각한다. 어머니도 아내도 나를 사랑하는 마음은 다르지 않다. 다만 어머니 입장에서는 무조건 아들이 잘나 보이기 마련이고 며느리가 상대적으로 부족해 보여 섭섭하고 화날 수 있다. 아내의 입장에서도 다르지 않다. 당신 아들은 이제 결혼했고, 가장 가까운 곁에 아내인 자신이 있는데도 여전히 마음으로부터 떠나보내지 못한 어머니의 끝없는 참견이 잔소리처럼 들리고 자존심 상할 것이다.

다행히 아내와 어머니 사이의 갈등은 오래가지 않았다. 편 가르지 않고 어머니 편도 되어드리고 아내 편도 되었던 내 역할이 얼마나 잘 작용했는지는 알 수 없다. 그러나 언제부터인가 두 사람은 허물없이 지내게 되었다.

물론 아무리 노력해도 시어머니와 며느리가 모녀 사이가 될 수 없다. 딸 같은 며느리, 아들 같은 사위라는 말을 솔직히 나는 선뜻 믿기 어렵다. 그렇게 지내는 사람들은 정말 대단한 사람들이다. 그렇기에 아들 같은 사위와 딸 같은 며느리는 세간의 화제가 되어 텔레비전에 나오기도 한다. 내가 생각하는 건 사위-처가, 며느리-시가가 서로 입장을 이해해 주면서 며느리(사위)는 시부모(처가 부모)를 남편(아내)의 부모로서 예의를 지키는 것이다. 반대로 시부모(처가 부모) 역시 며느리(사위)를 아들(딸)의 배우자로서 존중함이 필요하다. 처음엔 서로가 어렵지만 세월을 살아내다 보면, 결국 함께 이 험난한 풍파에 맞서 싸우고 버텨내는 동지가 아닐까. 서로에 대한 안쓰러움과 고마움이 있다면 만족할 만한 관계인 거다.

이제 나의 어머니는 고부갈등을 겪을 만큼의 여유도 없는 환자시다.

"어머님 너무 안쓰러워. 잔소리도 하고 고집도 피우시더라도 오래오래 건강하시지…."

몸도 잘 못 가누시고 말씀도 어눌하게 하시는 어머니를 보며 아내가 이렇게 안타까워한다. 어머니의 손을 가만가만 쓰다듬고 어루만지는 아내의 모습을 보면 말하지 않아도 어머니에 대한 마음이 어떤지 알 수 있다.

방송인 누군가가 고부갈등과 장서갈등에 대해 발언한 것이 화제가 되었던 모양이다. 그가 말하기를 자신은 그 어느 쪽과도 친하지 않으며 왕래도 잘 하지 않는다고 했단다. 때문에 자신의 집은 처가든 본가든 다툼이 없다고 했다. 마윈 회장이 자신의 어머니와 아내 사이에서 명백한 선을 그었듯, 이 방송인은 공평하게 양가 모두에게 선을 그었던가 보다. 인생살이에 정답은 없으니 그들의 방법이 성공적이었다면 그 또한 정답일 것이다.

나는 '선 긋기'에는 찬성하지 않는다. 내 아내가 나의 부모님을 위해 노력하듯, 나 역시 장모님과 장인어른을 위해 노력한다. 진짜 딸, 진짜 아들이 될 수는 없겠지만 노력하는 모습이 중요한 것이라 믿는다. 그러니 갈팡질팡하더라도 아내 편도 되고 어머니 편도 되도록 하자.

한 가지 덧붙이자면 아내는 언제나 "아! 내 편!"이라 아내이고, 남편은 늘 "남의 편!"이라 남편이라고들 한다. 남의 편 말고 아내와 있을 때 아내의 편이 되어주자. 고부갈등에 직면했을 때 아내를 몰아세우지 말고 감싸주자는 뜻이다. 그리고… 강물에 빠진 아내와 시어머니 이야기의 정답, 그 아들은 어머니를 구했다. 아내는 젊으니 좀 더 견뎌줄 거라 생각해서 어머니를 먼저 구했다는 것이 그의 대답이었다. 차라리 고부갈등 초기에 두 사람에게 수영을 배우게 하는 것은 어떨까?

부부, 아름다운 황혼을 꿈꾸는 법

힘없이 늙은 남편을 돌보는 이는 결국 아내뿐이리니…

어느 노부부의 아름다운 죽음

"왜 또 울어! 진짜 수도꼭지가 따로 없어…."

그렇다. 나는 눈물이 많다. 아내가 종종 울보라고 놀린다. 유튜브 동영상을 보다가도 울컥 눈물이 흐를 때가 있다. 남의 결혼식에 가서도 그 아름다운 모습에 콧등이 시큰해진다. 나도 알고 있다. 내가 너무 감성적인 남자라는 것을. 그렇지만, 잠자리에 들기 전 스마트폰으로 받은 메시지의 링크를 따라 열게 된 신문 기사는 도저히 눈물을 참기 어려웠다.

한 동네에서 태어나 8살 때부터 친구로 자란 부부의 75년간의 해로, 그리고 마지막 날 서로를 마주 보며 죽어서도 함께 하겠다는 소원을 이룬 이야기였다. 말로는 도저히 표현할 수 없는 감동에 소름까지 돋았다. 이렇게 아름다운 사랑과 죽음을 나는 지금까지 본 적이 있던가.

자넷 토츠코 할머니와 알렉산더 할아버지는 1919년에 한 동네에서 태어났다. 이후 할아버지가 제2차 세계대전에 참전하여 멀리 떨어져 있게 되었을 때 서로 사랑하고 있음을 확인했고, 1940년에 결혼했다. 이 부부는 2015년 6월 15일, 한날한시에 서로의 품안에서 사망하기까지 꼭 75년을 해로했다.

먼저 숨을 거둔 것은 할아버지였다. 할아버지가 마지막 숨을 내쉬며 임종이 가까워지자 할머니가 할아버지를 끌어당겨 품에 안았다.

"봐요. 당신이 바라던 대로 되었어요. 내 품에서 마지막을 맞았군요. 사랑해요. 이제 조금만 기다려요. 나도 곧 당신을 만나러 갈게요."

할아버지는 소원하던 대로 할머니의 품에서 임종을 맞이했고, 약속한대로 할머니도 곧 눈을 감았다. 이를 지켜본 간호사와 자녀들은 할머니와 할아버지가 죽음이 아닌 다른 세계로 여행을 떠나는 듯한 기분이 들었다고 한다.

아내도 신문 기사 속의 할머니 할아버지 모습에서 한참을 눈을 떼지 못했다. 잠들기 위해 눈을 감은 동안, 나의 머릿속에는 온통 할머니와 할아버지가 된 우리 부부의 모습이 떠올라 있었다.

다시 눈시울이 뜨끈해졌다. 슬그머니 손을 뻗어 막 잠들려던 아내의 손을 잡았다. 잠들기 직전이라 뿌리칠 수도 있었을 텐데, 아내는 말없이 내게 손을 내주었다. 한날한시에 토츠코 부부처럼 떠나겠다고 약속한다거나 장담을 할 수는 없다. 그러나 오늘을 살고 있는 나는 다짐했다. 내일 더 많이 아내를 사랑하겠노라고. 어느 드라마 대사처럼 항상 어제보다 오늘 더 사랑하고, 오늘보다 내일 더 사랑해주겠노라고.

공유하는 삶을 살자

안락한 노후에 대비하는 첫 번째 준비는 부부 관계의 지속성이다. 어느 부부에게나 마찬가지일 것이다. 부와 명예가 아무리 가치 있다 해도 사랑하는 사람과 함께 행복을 누리는 것에 절대적 기준이 될 수는 없다. 영혼의 행복과 경제력이 적절히 수평을 이루어야만 근심 없는 삶이 될 수 있기 때문이다.

-자세히 보아야 예쁘다. 오래 보아야 사랑스럽다. 너도 그렇다.

어떤 바람에도 쉽게 흔들리지 않을 푸르른 아내. 바라볼수록 아름답고 사랑스러웠다. 팔불출 1등의 위엄을 자랑하는 김명렬이라고 해도 상관없다. 나는 내 아내가 언제나 예쁘고 사랑스럽고 최고로만 보인다. 보기만 해도 나의 보이지 않는 통장에 행복이 한 움큼씩 채워진다.

오래 만난 친구가 어느 시기부터는 허물없는 사이가 되어 스스럼없어지듯, 함께 사는 아내와 늘 연애하는 감정으로 살아가기란 쉬운 일이 아닐 것이다. 그러나 이것을 당연하게 생각해서 서로에게 소홀해진다면 결국 부부 사이에 균열이 생길 수밖에 없다. 처음에는 눈에 보이지도 않을 만큼 작고 소소한 갈등이겠지만 시간이 흐르면 그것들은 곧 큰 틈으로 벌어져 결국 깨질 운명이 되기도 한다.

이런 위기를 방지하거나 해결하는 방법은 의외로 어렵지 않다. 될 수 있으면 모든 것을 공유하는 것이다. 사소한 감정도 공유해야 한다. 공유하지 않으면 소통은 끊어지고 말하지 않아도 알아 달라는 억지가 시작되기 때문에 몰라준다는 생각이 들면 짜증을 내게 되니 결국 다툼이 일어나지 않겠는가.

기쁨이나 행복한 감정을 공유하는 것에는 익숙한 우리들은 자신이 왜 화가 났는지, 무엇이 서운하고 어떤 일로 힘이 드는지는 말을 아끼려 한다. 남자는 자신이 약해보이는 것이 싫고, 여자는 말해봤자 남자는 모른다는 식이다. 말을 하지 않는 것이 오히려 낫다는 생각은 은 곧 대화의 단절이다. 자신의 감정이 스스로 해소되기까지 혼자 끌어안고 견뎌야 하니 오죽 답답할까. 때문에 함께 공유하고 나누는 것이 서로를 이해하고 포용해 줄 수 있는, 부부가 정말 하나가 될 수 있는 진정한 방법이다.

감정만이 아니라 실제로 부부가 함께 공유할 수 있는 것들 중에 최고의 것은 취미 생활이다. 주말이면 홀로 낚시를 떠나는 남편, 친구와 만나 골프를 치겠다는 남편은 누가 봐도 가정적이지 않다. 실제로 우리 부부의 경우 함께 포켓볼 치는 것을 즐기곤 한다. 가끔은 저녁 식사 당번이나 설거지 당번을 정하는 내기 게임을 하면서 은근 슬쩍 승부욕에 사로잡히는 아내를 보는 것이 얼마나 재미있는지 모른다. 아직까지 제대로 이겨 본 적이 없다. 나의 아내는 나보다 포켓볼 실력이 출중하다.

같은 취미를 갖는다는 것은 평생 끊이지 않는 소통과 즐거움을 갖게 된다는 것과 같다. 부부 사이의 갈등도 해소할 수 있는 최고의 시간들이 된다. 주말마다 함께 등산을 하는 것도 좋다. 일상에서 생겨난 스트레스를 함께 해소하는 시간이 될 것이다.

"아내가 춤을 배우자고 해서 함께 스포츠 댄스를 배우고 있어요. 처음엔 어색하고 쑥스럽기도 했지만 지금은 제가 아내보다 솔직히 더 잘 춥니다."

상담으로 만난 어느 50대 고객은 아내와 함께 탱고를 배운다고 했다. 그 말을 듣고 정말 멋진 취미라고 생각했다. 서로의 몸을 맞대고 사랑의 언어로 추는 춤이라니 얼마나 멋진 일인가. 부부이기에 가능한 멋진 취미라고 생각했다. 기회가 된다면 나도 아내와 함께 배워 보고 싶다는 생각이 들었다.

"대화도 늘고 새로운 공감대가 자연스럽게 생겨서 좋아요. 춤을 추다 어느 한쪽이 실수하면 괜히 짜증을 낼 때도 있지만 그 순간만 그래요. 춤을 추다 보면 또 다 잊게 되거든요. 요즘은 아마추어 대회 출전을 위해서 한창 연습 중이에요."

취미가 부부에게 새로운 목표를 정해주고, 그것을 이루어나갈 열정과 더불어 행복까지 만들어 주었다. 분명 이 부부에게는 황혼의 어두운 그림자는 없을 것이라고 확신했다.

감정이나 취미가 아닌, 공유해야 할 것이 한 가지 더 있다. 바로 친구이다. 부부는 서로의 친구를 공유하고 함께 어울리는 것도 가능해야 한다. 가끔은 부부 동반으로 친구들과 모임을 갖자. 부부가 부부라서 행복하지만 서로의 인간관계를 공유하고 함께 어울리는 것은 비밀이 없다는 것과 같다. 이처럼 어울리다 보면 각각의 부부들이 겪는 문제들에 대해서도 자연스럽게 대화가 이루어진다.

사람은 나의 고통이 타인의 것보다 항상 크다고 느끼는 감정의 동물이다. 그러나 이처럼 다른 부부들과 자연스레 대화를 나누다 보면 우리의 삶이나 타인의 삶이나 별반 다르지 않음을 알게 된다. 나만 힘들다는 생각에서 벗어나 타인도 같은 힘겨움을 겪고 있다는 것은 생각지 못한 위안과 용기를 줄 수 있다. 그리고 이렇게 말하게 될 것이다. 나만 이렇게 사는 줄 알았는데, 모두들 다르지 않았다고.

우리는 매일매일 조금씩 늙어가고 있다. 오늘의 젊음이 내일의 젊음과 다르다. 마냥 청춘일 것 같았던 우리가 어느새 아이가 생기고 또 우리들의 아버지처럼 늙어갈 것이다. 늙어가는 누군가의 곁에 있는 이는 아내 한 사람이다. 자식들이 아무리 부모를 공경하고 사랑한다고 해도 그들은 그들만의 삶을 찾아가야 한다. 마지막 순간, 나를 지켜봐 줄 가장 가까운 이는 아내이고 남편이다. 은퇴 후 30년 이상 함께 보내야 한다면 얼굴만 보고 살 수는 없다. 무엇을 하며 여생을 보낼지는 지금 현재 공유하고 있는 것이 해답을 제시한다.

신뢰를 잃지 말라. 외도는 곧 '죽음'이다

부부의 삶이 행복한 황혼까지 이르지 못할 만큼 신뢰가 깨어지게 되는 가장 큰 원인이 무엇일까? 나는 그것이 배우자의 외도라고 생각한다. 실제로 나의 주변에는 자신에게 애인이 있음을 당당하게 밝히고 그것을 자랑스러워하는 이들도 꽤 있는 편이다. 드러내 놓고 불쾌한 감정을 보일 수는 없지만, 대체 왜 그것이 자랑인지 이해하기 불가능하다. 의자왕이 부러운 것일까? 삼천 궁녀를 두었던 의자왕의 말로는 결국 패망이지 않았던가. 잊지 말자. 주지육림(酒池肉林)에 빠져있던 왕들 치고 망하지 않은 이가 없다.

사업을 하는 사람은 사업상 껄끄러운 거래처와의 만남에서 직업여성들을 이용하곤 한다. 남편들은 아내가 모른다고 착각하지만, 그러려니 더러는 포기하고 더러는 모른 척 하는 것이 아내들이다.

또한 아내이건 남편이건, 직장인들이 '오피스 와이프', '오피스 허즈번드'라는 새로운 관계를 만들어 불필요한 감정 소비를 하는 것이 새로운 풍속도인 양 공공연히 드러나고 있다. 대체 왜 그런 관계가 필요하고 그것이 왜 유용한지 알다가도 모를 일이다. 어쨌거나 배우자가 아닌 다른 이를 뜨뜻한 감정의 관계로 이끈다는 것은 엄연한 외도가 아니고 무엇일까.

평생 함께 할 사람이라는 무한한 믿음이 한순간에 무너지면 관계의 회복은 처음 신뢰를 쌓을 때보다 몇 배의 고통이 따른다. 어쩌면 삶이 끝나는 순간까지 무한 반복되는 악몽에 시달릴 수도 있다. 배신의 아픔은 쉽게 지워지지 않고, 지워져도 반드시 흔적이 남기 때문이다.

한순간의 외도를 슬기롭게 넘어서는 것도 필요하다. 세상이 무너지는 것처럼 고통스럽고 아프겠지만 그 이유만으로 이혼을 한다는 것에는 동의할 수 없다. 그러니 오늘 당장 이혼 서류에 도장 찍겠다는 분노는 잠시 접어두자. 외도한 당사자는 무너진 신뢰를 다시 쌓는 노력에 힘을 기울이고, 상처 받은 배우자는 분노를 다스리며 일상으로 돌아갈 희망의 끈을 찾자. 분노는 한순간이고 남은 삶은 길게 이어진다.

당신의 황혼과 나의 황혼이 어둠이 아니길 바란다면, 오늘 신뢰를 깨뜨리는 실수는 절대 하지 말자. 애인이 있는 것을 자랑하지도 말자. 지난밤 아내 아닌 다른 여자를 숨넘어가게 했다는 호색 영웅담도 재미없다. 세상에서 가장 못난 남자들이 하는 소리다. 원래 겁 많은 강아지가 요란하게 짖고, 아내 앞에서 고개 숙인 남자가 밖에서는 허세가 넘쳐난다. 이런 이들의 황혼은 해가 뜨지 않을 것 같다. 두렵지 않은가? 칠흑같이 어두운 인생의 마지막이라니….

2부 보이지 않는 통장

Two conditions of happiness

물질엔 비만, 사랑엔 굶주린 아이들
_자녀교육 편

1급 부모 자격증이 있다면?

똑똑한 부모 말고, 지혜로운 부모가 되자

무한 경쟁과 과잉보호, 욕심과 집착으로 키우는 아이들

강원도 어느 산골 마을에 칠 남매를 키우고 있는 부부에 대한 이야기가 방송에 등장하자, 이런저런 신문에도 기사들이 실렸다. 네티즌들의 입소문도 빨랐다. 시대가 변하여 한 자녀 가정이 보편적이다 보니 자녀가 셋만 되어도 '많다~' 소리를 하게 된다. 하물며 칠 남매라니! 떡 벌어진 입을 다물 수가 없다.

"어쩌려고 이렇게 애를 많이 낳았지?"

기사를 보며 동료가 혀를 내둘렀다. 다른 동료들도 매우 신기해하는 분위기였다.

"무슨 소리야. 자기 먹을 건 다 손에 쥐고 태어난다잖아. 그래서 갓 태어난 아이들이 주먹을 꽉 쥐고 있는 거래."

나이가 가장 많은 선배가 웃으며 말했다. 문득, 자녀가 일곱이라는 상상을 해보았다. 남의 가정사에 간섭할 의도는 없지만, 나의 일이라고 역지사지해 보니 마음이 무거워졌다. 직업 탓일지도 모르겠다. 머릿속에 온통 필요한 숫자들이 마구 맴돌았다. 나의 연봉이 얼마나 되어야 교육비가 감당이 될지, 의료비며 생활비 등등 얼마나 많은 액수라야 할지… 도저히 가늠이 되지 않을 정도였다.

하지만 일곱 자녀를 둔 그 가정의 모습은 참 부러웠다. 아이들은 서로 아옹다옹 다투면서도 큰아이는 작은아이를 챙기는 등 우애가 남달랐다. 고만고만한 아이들이 우르르 몰려나가 변변한 장난감도 없이 자연과 어우러져 놀고 있는 모습에는 절로 빙긋 웃음이 나온다. 문득 내 어린 시절과 우리 부모 세대의 풍경이 떠올랐다. '그렇지, 그땐 그랬지. 어느 집이건 형제가 많았고, 가난해도 서로를 돌보며 양보나 배려의 미덕도 잃지 않았었지.' 생각이 거기에 이르자 인성 부재를 겪고 있는 요즘 아이들과 비교되어 마음이 심란해졌다.

가난이 좋은 환경이 될 수는 없다. 그러나 우리 기성세대가 가난 속에서 배웠던 것들을 떠올리면 부정적인 모습에서도 순기능이 있었음을 외면하기 어렵다. 형제가 많고 가난하다 보니 나를 먼저 생각하기보다 동생들을 챙겨야 했던 언니 오빠들. 너도 나도 가난하고 어려웠지만 고구마 반 개라도 이웃과 나눌 줄 알던 소박한 배려들. 이웃의 아이들이 울고 있을 때 내 아이처럼 돌봐주던 천사 같은 옆

집 아줌마와 아저씨의 모습. 가난이라는 환경은 어려움 속에서도 반대로 이웃을 돌아보게 하며 품앗이의 의미도 키워냈다. 이렇듯 지나온 세상에는 분명 미덕이라는 것이 존재했고, 그것은 동병상련일지 몰라도 배려가 바탕이 된 것이 사실이다.

요즘은 한두 명의 자녀를 낳아 부모의 사랑을 집중시킨다. 무한한 자녀사랑이라고들 하지만 정말 그러한지 의심스러울 만큼 욕심이고 애처로운 집착을 보일 때가 많다. 자녀를 잘 키우고 싶다는 마음은 어느 부모이건 마찬가지일 것이다. 중요한 것은 어떻게 키우는 것이 자녀를 잘 키우는 것인지 모르는 부모들의 잘못된 교육방식일 것이다.

"아빠, 절대로 놓으면 안 돼요!"

자전거를 처음 배우던 날, 첫째 아이 경호가 뒤에서 잡아주던 나에게 신신당부했다. 만약 넘어질 경우 다치지 않도록 헬멧과 무릎 보호대 등 보호 장구를 갖췄지만 그래도 덜컥 겁이 나는 모양이었다.

"그렇게 무서우면 자전거 배우지 말까?"

경호는 두 번 생각할 것도 없이 그럴 수 없다며 자전거에 올라탔다. 그리고 혼자 힘으로 탈 수 있을 때까지 절대로 아빠가 손을 떼면 안 된다며 부탁했다. 두어 번 자전거가 비틀비틀 흔들리다 넘어졌다. 그렇다는 것은 내가 손을 놓았다는 것이니 경호가 속이 상하고 억울했던 모양이다.

"손 놓지 말라고 했잖아요."

다친 곳은 없는지 살피는데 심통 맞은 얼굴로 경호가 씩씩거렸다.

"아빠가 손을 놓지 않으면 영영 너 혼자 탈 수 없게 될지도 몰라. 아빠 도움은 네가 자전거를 탈 수 있겠다 싶을 때까지 만이라야 해."

아빠 말이 틀리지 않다는 것을 알게 된 경호는 다시 이를 악물고 자전거에 올랐다. 그러고도 한두 번 더 비틀비틀거렸다. 요령껏 넘어지기 직전에 내가 붙잡아 주었다. 그리고 오래지 않아 경호의 자전거가 혼자 힘으로 힘차게 달려가기 시작했다.

"아빠, 손 안 놨죠?"

"…"

"아빠, 지금 뒤에 있는 거죠?"

"…"

손을 놓았다고 하면 아들이 불안해하다 넘어질까 봐 아무 대답도 못했다. 그렇지만 아들의 자전거는 멋지게 달려 나갔다. 갓난아기였던 내 첫아이가 어느새 이렇게 자라서 처음으로 부모의 도움을 받지 않고 혼자 해낸 기적이었다. 뭔가 뜨거운 것이 명치끝에서 치고 올라오는 느낌을 받았다.

"경호가 수학을 잘 못하는데 학원 보내야 하지 않을까?"

어느 날, 아이들이 잠든 후 아내가 내게 말했다. 초등학생 아이들은 대개 한두 개의 학원을 다니고 있다.

"경호하고 내일 같이 이야기해 봐야죠. 우리가 강요한다고 해도 경호가 받아들이지 않으면 무슨 소용 있겠어요. 경호의 의사도 존중해줍시다. 억지로 시킨다고 도움이 될 것 같지 않아요."

아니나 다를까. 만들기나 과학, 스포츠에 관심을 갖고 있는 경호는 꼭 학원에 가야 하냐며 되물었다.

"수학을 못하면 과학 공부가 어려워져. 그래서 수학 공부를 해야 하는데, 네가 싫다면 억지로 시키진 않을게."

학원 문제는 그렇게 일단락되었다. 대신 아이가 배우고 싶어 하는 수영을 시작했다. 신기했던 것은 수영을 시작하고 매일매일 즐겁고 행복해진 경호가 학교 공부에도 더 관심을 갖게 되었다는 것이다. 억지로 하라고 할 때는 나서지 않았는데, 이제 혼자 힘으로 숙제를 챙기며 모르는 문제가 있을 때는 엄마에게 달려갔다. 그럼 아내는 경호에게 기꺼이 과외 선생이 되어준다.

아들이 자전거를 처음 배우던 날, 나는 어떤 아버지가 되어야 하는지 배웠던 것 같다. 든든한 아버지, 넘어져도 괜찮다고 말해주는 아버지, 뒤에서 붙잡아주되 적당한 때에 손을 놓아 홀로 서게 하는 아버지, 그러다 아이가 실패로 좌절하면 다가가 일으켜 세워줄 수 있는 아버지. 나는 그런 아버지가 되고 싶었고, 노력하고 있다.

퇴근길, 늦은 밤에 지친 몸으로 귀가하는 중 · 고교생들을 보노라면 마음이 스산해진다. 애처롭다. 딱 저만한 나이에 누릴 자유와 청춘과 낭만은 입시라는 화두 앞에서 사치가 돼버렸다. 대학을 가도 마찬가지다. 취업의 관문은 턱없이 높고, 취업해도 비정규직이 만연한 사회 속에 꿈이 사람을 잡아먹는, 희망고문이 만연한 세상이다.

니트족(Not in Education, Employment or Training. Neet族)이 그렇다. 고용불안에 빠진 청년 실업자들 중에 일할 의지조차도 없는 청년무직자들을 말한다. 희망이나 꿈도 갖지 않는다. 처한 현실이 척박하다 보니 꿈이나 희망은 사치이고 어차피 이루어지지 않으니 차라리 희망고문을 받지 않는 삶을 선택하는 것이다.

이들 니트족은 10대 후반부터 30대 중반 사이의 청년을 말하는데, 부모의 경제력에 의지하여 굳이 일하거나 공부하지 않아도 되는 부류도 있다. 어느 쪽이건 훗날 사회문제로 대두되는 것은 분명하다.

일자리를 얻지 못해 아예 니트족이 된 청년들은 소비 능력도 부족하기 때문에 경제성장을 떨어뜨리게 된다. 부모의 경제력에 기대어 니트족이 된 부류는 소비 능력은 있지만 역시 경제활동은 하지 않는다. 수입 없이 이어지는 지출로 마르지 않는 지갑이 어디 있던가. 부모의 재산은 아무리 많아도 화수분이 될 수 없다.

입시 지옥 속에서 사교육에 내몰려 자아를 잃어가는 아이들, 거기에 무엇이든 부모가 나서서 모두 해주고 있는 모습은 치명적인 현실로 나타난다. 요즘 아이들은 독립심도 없고 의지력도 없으며, 스스로 무언가를 결정하는 모습을 찾아보기 힘들게 됐다. 첫 직장에 부모가 전화해서 '우리 아이가 어제 야근해서 오늘 너무 피곤해하니 지각해도 이해해 달라.'고 했다는 일화는 이제 너무 흔하다. 높은 스펙으로 취업에는 성공했으나 아직 업무수행능력이 딸리는 자녀의 부모가 왜 우리 아이에게 이렇게 어려운 문서 작성을 맡기느냐고 항의했다는 이야기도 들린다.

대학에 들어가서도 부모가 수강 신청을 대신해주고, 공부할 책과 다녀야 할 학원도 모두 부모가 선택해준다. 엄마의 정보와 아버지의 경제력, 할아버지의 유산이 있어야 자녀를 보란듯이 키울 수 있다는 말이 얼마나 끔찍한가. 여기에는 어디에도 아이 스스로 내린 결정과 생각과 가치관이 담겨 있지 않다. 꼭두각시 인형 같은 삶이 엿보일 뿐이다.

우리에게 부모 자격증이 있다면

모든 것을 부모가 대신해주는 삶을 살아온 아이들은 온실 속 화초처럼 연약하다. 거기에 '너만 잘하면 된다.'라며 경쟁을 부추기고 타인을 위한 배려는 모른 채 살다보니 인성의 부재가 불러오는 온갖 끔찍한 사건들이 넘쳐난다. 천사 같은 아이라는 말이 무색하다. 어쩌면 잘못된 부모의 자녀교육 행태로 끔찍한 괴물이 만들어지고 있는 것은 아닐까. 오죽하면 대학수학능력 시험에 인성등급을 만들어 넣는 교육지책을 꺼내들었을까.

다음 세대의 이러한 모습은 부모인 우리들이 반성하고 지혜로운 부모가 될 수 있도록 노력해야만 달라질 수 있다. 어느 부모가 자녀를 약한 모습으로 키우고 싶을까. 강하게 키우고 싶은 욕심은 누구나 마찬가지다. 그러나 마음은 한결 같아도 방법이 잘못되었다면 뜻하지 않은 결과가 나오게 된다.

모든 결과는 분명한 원인이 있다. 내가 그렇게 키우지 않았는데 아이가 왜 다른 모습을 하고 있을까. 만약 부모에게 아무런 잘못이 없다면, 아이가 속해 있는 환경에 다른 문제가 있음을 알고 찾아 나서야 한다. 가장 먼저 점검해야 할 것은 역시 부모의 모습이다. 부모와 자식은 서로를 비춰보는 거울과 같다. 자녀의 잘못된 습관과 생활방식, 인성 등은 부모로부터 비롯될 수밖에 없다. 한 사람에 대해 알아보려면 그 부모를 만나면 알 수 있다고 하지 않던가.

이제는 부모인 내가 바뀌어야 한다. 좋은 부모가 되기 위해 노력하면 되는 것이다. 시작이 반이라고 하지 않았던가? 사실 자녀교육이란 말은 맞지가 않다. 자녀교육이 아니라 부모교육이라고 해야 옳다. 운전교육을 하려면 운전면허증 있어야 하고 충분한 운전 경험이 있어야 한다. 요리사 되려면 요리 자격증을 취득하고 다양한 요리를 만들어 보는 경험을 해야 한다. 하물며 백년대계라고 하는 자녀교육을 하는데 자격을 갖추려 했고 배우려고 노력했는지 깊이 반성할 대목이다.

아내와 나는 아이들이 아이답게 자라며, 아이다운 행복을 누릴 수 있도록 하자고 다짐했다. 선택과 기회를 많이 줄 수 있는 부모가 되어주되, 그것들을 강요하지 않도록 하자고도 다짐했다. 기회란 아이들이 자신의 잠재력을 발견할 수 있는 계기를 말한다. 그렇다 보니 좋은 점이 있다. 억지로 강요했을 때 중도 포기하게 되던 것들이, 스스로의 선택이니 끝까지 책임지려는 노력을 하게 된다는 것이다. 좋아서 선택한 것이기에 쉽게 싫증 낼 이유가 없다. 설령 도중에 지루해하거나 피로감이 쌓이면 잠시 쉬어가게 하는 것도 나쁘지 않았다. 그것이 공부이건 취미 활동이건, 아이들은 언제나 자신이 좋아하는 것을 찾아낸다. 새로운 것에 흥미를 갖는 것도 막을 이유가 없다. 그것은 내 아이가 스스로 새로운 기회를 찾아냈다는 것을 의미한다.

우리가 배우지 않고 하는 게 두 가지가 있는데 첫 번째는 결혼이고 두 번째는 자녀교육이다. 서로 사랑해서 결혼했고 사랑의 결과로 아이를 낳아 부모가 되었다. 아이를 키워 본 경험도 없고 자녀교육 한 번도 받지 못한 사람이 부모가 되어 자녀교육을 하니 시행착오가 있을 수밖에 없다.

이제라도 팔을 걷어붙이고 자녀교육에 대해 알아야 할 것들을 찾아 나서고 제대로 배워보자. 1급 부모 자격증을 취득하겠다는 심정으로 머리를 싸매고 공부해야 한다. 부모가 먼저 배우고 나야 비로소 자녀교육은 시작된다. 공부는 내가 하지만, 그 수혜는 우리 아이들이 받게 될 것이다.

돈이 없으면 교육을 못 시킬까?

더 이상 개천에서 용이 나오지 않는 현실에서 살아나는 법

사교육비, 얼마나 쓰십니까?

신문에서 어느 종편 드라마에 대한 기사를 읽은 적이 있다. 강남 사교육 열풍에 빠진 어느 가정주부의 고군분투기이자 그녀가 불륜에 빠지는 내용이었다. 불륜 막장 드라마야 나의 관심사가 아니다. 또한 우리나라 사교육 열풍이야 워낙 유명해서 몰랐다고 할 수는 없다. 다만, 정말 이 정도인가 싶을 만큼 강남 사교육 열풍을 다시 보는 계기가 되었다. 혹자는 내게 말하기를, 유감스럽게도 더하면 더했지 덜하지 않다고도 했다.

남편들은 아내가 애들 교육만 잘 시킨다면 아무 문제가 없다는 식이다. 아내는 아이들이 공부를 맘 놓고 할 수 있도록 남편이 경제적인 뒷받침을 해주길 바란다. 할머니와 할아버지의 든든한 경제적 지원이 자녀교육의 필수 환경이라는 말도 있다. 두 아이의 아빠인 나는 과연 이런 교육 환경을 제공하고 있는 것일까? 이렇게 공부하고 대학에 진학하면 성공과 출세가 보장되던가?

내가 살고 있는 곳 인근에 학원들이 몰려 있는 지역이 있다. 지인과의 약속이 있어 커피숍으로 향했는데, 밤이 늦은 시간인데도 학원을 마치고 나오는 자녀들을 기다리는 학부모의 차들로 진입이 곤란한 지경이었다. 어찌어찌 주차를 해두었건만, 약속을 마치고 집에 돌아오려 할 때 차를 뺄 수가 없어 오래 기다려야 했다. 입시를 위한 사교육이 전쟁이라는 것을 새삼 실감했다.

우리 때에도 '네 시간 자면 합격하고, 다섯 시간을 자면 떨어진다.'는 뜻의 사당오락(四當五落)이라는 말이 있었다. 그래도 당시에는 학원으로 내몰리는 지경은 아니었고, 혼자 힘으로 공부하는 것을 독려했다. 요즘은 어떠한가. 어느 학원을 다니느냐에 따라 합격이 보장된다는 굳센 믿음이 형성되어 있지 않은가. 대치동 교육법이네, 강남 부모의 교육법이네 하는 이야기들은 언제나 고급 정보인 양 학부모들과 학생을 자극하고 유혹한다. 합격률 높은 좋은 학원에 들어가기 위해 별도로 입시를 치르는 일도 허다하다.

사정이 이렇다 보니 사교육에 매진하는 부모들 얘기에 비판적인 많은 이들이 '나는 그러지 않을 것'이라며 고개를 젓는다. 그러나 막상 자신의 아이가 수험생이 되면 '모두들 좋은 학원에 보내 공부시키는데, 이러다 내 아이만 뒤처지는 것은 아닐까?' 하는 불안과 조급한 마음이 들어 갈등에 빠지고야 만다.

한국이 OECD 회원국 가운데 사교육비 지출 세계 1위라는 발표가 있었다. 통계청에서 2013년도에 발표한 초·중·고교생의 사교육비 참여율은 무려 68.8%였고, 1인당 월평균 약 24만 원이 지출됐다. 한 해 동안 약 18조 6천억 원이라는 어마어마한 액수다. 초등학생이 7조 7천억, 중학생이 5조 8천억, 고등학생이 5조 1천억 원 규모였는데, 이 중에는 재수생이나 미취학 아동, 취업 준비생의 사교육비는 제외된 것으로 실제 규모는 더 방대하다고 봐야 한다. 만약 자녀가 둘이고, 각각 중학교와 고등학교에 다니고 있다면 사교육비만 1백만 원에 이르는 경우도 허다하다.

인성의 부재, 공부가 최고라고 우겼던 우리의 현실

인터넷 채팅으로 만난 여학생을 불러내 성폭행을 하고 잔인하게 살해하여 시체를 유기했다는 뉴스가 사람들을 공분하게 한다. 같은 급우를 일부러 따돌리고 인간적인 모욕과 폭행으로 자살하게 만들었다는 이야기도 심심찮게 언론에 등장한다. 흡연 사실을 들킨 한 중학생이 담임 여교사를 교무실까지 쫓아가 폭행했다는 뉴스도 익숙하다. 어른들은 이러한 소식들을 접할 때마다 걱정의 말을 쏟아내고 있다.

"커서 나중에 뭐가 되려고…."

"세상이 어떻게 돌아가는 건지…."

"말을 안 들으면 때려서라도 가르쳐야지."

"부모가 대체 어떻게 가정교육을 시켰길래…."

그러나 엄밀히 말하면 우리의 아이들도 부모도, 또 희생된 누군가도 모두 피해자다. 나의 눈에는 모든 이들이 가슴 깊은 곳에서부터 피를 철철 흘리며 아파하고 있는 마음의 상처가 보인다. 우리나라 학교 현장, 교육 현실이 왜 이렇게까지 되었는지 그 이유를 모르는 사람은 없을 것이다. 인성 교육의 부재, 무한 경쟁 사회, 지옥 같은 입시 풍토의 합작품이다.

미국 텍사스 주의 휴스턴 경찰당국은 자녀를 타락시키는 10가지를 소개했다.

자녀를 타락시키는 10가지

1. 자녀가 가지고 싶어 하는 것은 뭐든지 다 사줘라.
그러면 아이는 온 세상 모든 것이 자기 것이라고 착각하면서 이기적으로 살아가게 될 것이다.

2. 자녀가 나쁜 말을 하면 그냥 웃어 넘겨줘라.
자기가 재치 있게 말한 줄 알고 더 악한 말과 악한 생각에 빠질 것이다.

3. 아무런 영적인 훈련이나 교육도 하지 않고 크면 자기가 다 알아서 할 것이라고 내버려 둬라.
인간의 모습은 사라지고 동물적인 감각으로 살아가게 될 것이다.

4. 잘못된 품행에 대해서 책망하지 마라.
나중에 커서 자동차를 훔치고 체포된 후에 지역사회가 그를 대신해서 책망할 것이다.

5. 이불과 옷가지 등을 대신 정리해 주어라.
그러면 모든 책임을 다른 사람에게 미루어 버릴 무책임한 인간이 되고 말 것이다.

6. 텔레비전, 책, 영상, 잡지 등 어떤 것이나 마음대로 볼 수 있도록 놔두라.
마음속에 쓰레기들이 잔뜩 쌓일 것이다.

7. 자녀 앞에서 배우자와 자주 싸우자.
그러면 자녀도 배우자와의 이별을 아무렇지도 않게 받아들일 것이다.

8. 용돈을 달라고 하면 다 주자.
그러면 자녀는 돈을 더 벌 수 있는 일이라면 쉽게 부패하고 타락할 것이다.

9. 먹고 싶은 것, 갖고 싶은 것, 하고 싶은 것 모두 할 수 있게 해주자.
후에 험난한 사회에서 단 한 번 거절을 당하고도 쉽게 절망하거나 인생을 포기하는 패배자가 되고 말 것이다.

10. 자녀가 교사나 경찰 혹은 성직자들과 의견이 대립하게 되면 자녀의 편을 들어주자.
그러면 사회 전체가 자녀의 적이 되고 말 것이다.

역설적인 표현이지만 이것들 중 우리에게 해당되지 않는 것이 과연 몇이나 있을까 의문이 든다. 오로지 학교 성적만 중요시하며 인성교육을 도외시한 끝에 도달한 참담한 현실에 우리가 서 있는 것이다.

급기야 교육부에서는 2017학년도부터 대학입시에 인성평가 제도를 도입한다고 발표했다. 고심한 속내는 엿보이지만 씁쓸한 마음을 지울 수가 없다. 인성교육의 중요성은 누구나 인정하지만 그것이 평가제도로 도입될 수 있는 문제인가? 바른 해법이 아니다. 배가 산으로 가고 있다.

자녀교육의 표본이라 할 수 있는 유대인은 세계 인구의 0.2%에 불과하지만 세계의 최고 부자들 중 30%와 노벨수상자의 32%, 하버드 대학생의 30%를 차지하고 있다. 적은 인구에 불과한 이들이 전 세계를 좌지우지할 수 있는 것은 가족 중심의 인성교육, 창의적인 교육의 결과다.

유대인들은 주말이면 가족과 시간을 보낸다. 맛있는 음식을 먹으며 한 주 동안 있었던 일에 대해 대화하고 어려운 일이 있으면 서로 위로하며 기쁜 일이 있으면 함께 축복한다. 자녀들은 가족이란 든든한 울타리를 통해 정서적인 안정을 느끼며 자라게 되고 모범적인 삶을 실천하는 부모의 모습을 그대로 닮아간다.

진짜 자녀교육은 이처럼 돈이 들지 않는다. 아이들에게 학원비 만 원 한 장 더 들이는 것보다, 부모와 따뜻한 정이 담긴 대화를 매일 10분 이상 나눠보자. 그것이 아이를 행복하게 하고 세상을 바라보는 눈을 긍정적으로 만들어주며 자신의 미래에 대해 희망찬 꿈을 꾸게 할 수 있다.

돈이 들지 않는 자녀교육 두 번째 방법은 정기적으로 자녀와 시간을 보내는 것이다. 함께 영화 관람을 한다거나 요즘 아이들이 좋아하는 곳으로 쇼핑을 가도 좋다. 주말을 이용해 등산을 해도 좋고, 공연을 보러 가도 좋다. 자녀에게 부모는 감시자가 아닌 휴식과 안정을 취할 수 있는 쉼의 공간이자 뙤약볕을 피할 그늘이 되어주어야 한다. 자신에게 든든한 비빌 언덕이자 후원자가 있다는 것만으로도 자녀들은 기대에 어긋나지 않겠다는 마음을 갖게 된다.

세 번째 방법은 선택의 기회를 주는 것이다. 많은 부모들이 자녀를 어리다고만 생각한다. 칠순 아버지가 쉰 살의 아들에게 길 건널 때 조심하라는 말을 하지 않던가. 그러나 우리 아이들은 부모들의 생각과 달리 매우 성숙하고 똑똑하며 의젓하다. 유치원에 다닌 자녀라 할지라도 식당에 갔을 때 자신이 먹고 싶은 음식을 고르게 하고, 쇼핑하러 가서 옷을 직접 고르게 해보자. 사소한 것이라도 선택의 권리를 부여받은 아이들은 기뻐할 것이다. 그리고 어떤 선택이든 책임질 수 있도록 가르치면 된다.

그렇다고 "네가 이거 먹겠다고 했으니 남기면 죽어!"라고 하면 곤란하다. 부모가 생각하기에 아이가 감당할 수 없는 음식이라면 그것에 대해 이해하게 하고 다른 것을 고를 수 있도록 유도하면 된다. 그래도 고집 부린다면 그냥 선택한 것을 먹게 두자. 숙제를 미루고 놀기를 원한다면, 숙제를 늦게 하느라 시간에 쫓기거나 결국 다하지 못한 결과에 대한 책임을 본인이 감당하게 하는 것이다. 경험해야 실수가 어떤 것인지 깨달을 수 있다. 실수의 다른 말은 교훈이다.

네 번째 방법은 스스로 행동하는 자녀가 되도록 만드는 것이다. 나이에 맞게 감당할 수 있는 중요한(?) 임무를 부여하자. '엄마가 알아서 할 테니, 넌 그냥 공부만 해.'라고 하지 말자. 엄마와 아빠가 천하무적 슈퍼맨일 필요는 없다. 종종 부모들은 자녀에게 슈퍼맨 역할을 하려 하는데 오히려 과잉보호가 될 수 있다.

바쁜 엄마 대신 식탁에 수저와 젓가락을 놓는 정도는 어린아이들도 할 수 있다. 화분에 물을 주거나 키우는 반려동물의 배식 정도도 아이들이 즐거운 마음으로 할 수 있는 가벼운 일이다. 잠들기 전에 소등하거나 TV를 끄는 일, 재활용품을 분리하는 일, 장 본 것을 가계부에 대신 기록하게 하거나 우편함의 우편물을 챙겨 오는 일 등등 맡길 수 있는 일들은 무한하게 많다. 어떤 것은 경제교육이 될 것이고, 또 어떤 것은 살아있는 모든 것에 대한 배려와 사랑을 갖게 하는 인성교육이 된다. 이러한 모든 방법들은 비싼 학원비를 내고도 배울 수 없는, 그러나 돈이 들지 않는 진짜 자녀교육이 아닐까?

세계 3위의 천재이자 IQ 175인 영재 청년이 텔레비전의 한 프로그램에 출연하여 한 말이 떠오른다. 청년은 자신의 엄마에게 왜 그렇게 사교육을 많이 시켰느냐며 원망의 말을 쏟아 냈다. 자신이 즐거운 공부, 좋아하는 것을 하고 싶었던 마음을 접고, 엄마가 시키는 온갖 사교육에 빠져 있었던 어린 시절에 대한 아픔을 그렇게 뒤늦게나마 토로했다.

우리는 지금 세계 3위의 천재도 견디지 못할 것들을 아이들에게 강요하고 있는지도 모른다. 만약 이들에게 진작부터 대화가 있었더라면 어땠을까 참으로 안타까웠다. 자녀교육의 시작은 명문 학원이 아니라 함께 같은 곳을 바라보며 나누는 대화이다. 눈은 서로를 바라보되, 마음의 시선은 같은 곳으로 향해야 한다.

몸과 마음을 어루만지는 아빠가 되다

사랑의 아빠 마사지로 아침을 맞는 아이들

숨넘어가게 재미있는 아침 기상

아이들이 유치원에 다니기 시작하고, 초등학교에 입학하면서 전쟁이 시작됐다. 아무리 깨워도 자발적으로 일찍 일어나기 힘들어한다. 생각해보면 우리들의 어린 시절도 별다르지 않았다. 오히려 일요일 같은 휴일에는 왜 그리 일찍 눈이 떠지고 해가 짧은지 억울할 지경이다.

"경호야, 일어나야지?"

둘째 지호와 다르게 경호는 아침잠이 많다. 아침마다 아내가 아이들과 전쟁을 치르는 것을 지켜보던 나는 가족의 아침이 웃는 얼굴로 시작되는 것이 좋겠다고 생각했다. 그런데 웃는 얼굴로 시작되는 아침이라는 것이 내 마음처럼 쉽지 않았다.

"멋진 아들, 오늘부터 아빠가 마사지를 해줄 거야. 이렇게 마사지를 하면 키도 쑥쑥 잘 자라고 다리도 예뻐진대. 얼마 동안 해줄까? 몇 분 동안 해주면 경호가 잠이 깰까?"

아이의 몸을 팔 다리 몸통, 머리까지 주물주물 마사지하기 시작했다. 첫날은 아이가 간지럽다고 데굴데굴 구르다 깼고, 일주일쯤 지나자 아빠의 마사지를 자연스럽게 받아들이기 시작했다. 아이가 유치원에 다닐 때부터 해주었으니 지금까지 몇 년간 계속된 셈이다. 물론, 나는 앞으로도 아침을 맞는 행복 마사지를 기꺼이 봉사할 셈이다.

"아빠, 고맙습니다."

어색해하던 경호와 지호는 이제 제법 감사인사도 할 줄 알게 됐다. 마사지 덕분인지 아이들과의 스킨십이 어색하지 않고, 몸과 마음으로 서로를 이해하고 함께 하는 아빠가 될 수 있었다.

아버지와의 관계가 어색하고 수직적이던 우리들의 어린 시절을 돌이켜보면 이러한 시대적 변화는 참 좋은 일이다. 가부장적 구조의 가정에서 흔히 볼 수 있던 가족 외출을 상상해보자. 아버지는 저만큼 한 발 앞서 뒷짐 지고 걷고, 엄마는 머리와 양손에 짐을 이고 지고 있다. 곁에 선 아이들은 겨우 엄마 치맛자락을 부여잡고 걷는 것인지 뛰는 것인지 모를 종종걸음을 걸었다.

"아빠 손잡고 걸어가."

힘에 부친 엄마들이 이렇게 말하면 아이들은 못 이기는 척 용기를 내어 잰걸음으로 아버지께 달려가곤 했다. 그러나 어색하기 짝이 없는 아버지의 투박한 손길은 뭐 그렇게 쌀쌀맞은지 "어헛~! 엄마랑 함께 걸어 오거라!"하며 뿌리치기 일쑤. 어린 마음에도 그것은 무척 무안한 일이었고 내내 아버지를 낯설게 했다. 그때만 해도 부모님과 선생님의 그림자는 밟지 않는 것이 미덕이었으니 지금과 비교하면 참으로 가깝고도 먼 사이가 부모와 자식 관계 아니었나 싶다.

아이들을 마사지로 깨워주는 덕분에 아빠인 나는 조금 바빠졌다. 그러나 아내의 아침은 좀 더 여유로워졌고, 아이들 깨우느라 전쟁을 치르지 않아도 되니 우리 모두 웃는 얼굴로 시작할 수 있었다. 다만… 아이들을 마사지로 깨우다 보니 아내가 마음에 걸렸다.

"당신도 마사지해 줄까요?"

어느 날인가 이렇게 물었을 때 아내는 거부하지 않았다. 세상 모든 남편들은 안다. 아내가 아무 대답도 하지 않는다는 것은 곧, 기다리고 있다는 것을. 남편이 아니면 누가 아내의 몸을 마사지해 줄 수 있을까. 나의 아침은 두 아이와 아내의 몸을 마사지하며 웃음과 행복이라는 보상으로 시작된다. 하루를 웃음으로 시작하니 일과가 모두 긍정의 기운으로 흘러간다. 아이들에게 큰 소리로 일어나라고 외치며 옥신각신하는 아침이었을 때는 나도 모르게 미간에 주름이 잡혔었다. 그게 어디 나뿐이었을까. 아내도 찡그린 얼굴로 하루를 시작했고, 억지로 잠이 깬 아이들도 툭 튀어나온 입과 볼멘 얼굴로 집을 나서곤 했다. 이제 우리에게 그런 아침은 없다.

권위와 위엄을 버리고, 자녀와 친구가 되자

프랜디(Friend+Daddy). 친구와 아빠의 영문 단어를 합성하여 만든 신조어이다. 근엄한 표정으로 자녀에게 권위와 위엄의 상징이었던 엄한 아버지는 이 시대에 뒤떨어지는 아버지로 지탄의 대상이 되기도 한다.

아버지에 대한 존경과 사랑이야 시대가 어떻게 변하더라도 요구되는 바이다. 그러나 요즘 아이들에게는 편한 마음으로 대화를 나눌 수 있는 아버지가 훨씬 더 필요하다. 엄부자모(嚴父慈母), 엄한 아버지와 자상한 어머니라는 말은 과거와 달리 현재에는 소통의 부재를 불러온다. 아이들은 더 많은 관심을 줘야 할 만큼 어려운 환경 속에서 자라고 있고, 부모와 대화마저 어렵다면 그 작은 가슴으로 고통을 끌어안은 채 홀로 견뎌야 한다.

대화라는 것이 특히 어려운 상황에 놓여 있을 때 고민을 털어놓기 위해 필요한 소통이지 않던가. 말하지 않아도 아는 것이 정(情)이라고들 하지만, 나는 그 말을 신뢰하지 않는다. 대체 진심을 담아 말하지 않는데 어떻게 무작정 알 수 있을까.

"알지? 엄마랑 아빠가 너 많이 사랑하는 거 알지?"

나는 아이들에게 이렇게 이해를 갈구하는 것이 싫다. 차라리 "지호, 사랑해. 경호야, 사랑해."라고 말해주며 품에 안아주는 것이 내 사랑을 확실하게 보여주는 방법이라 믿는다. 또한 "알지?"라는 말 뒤에는 표현하지 않았지만 "그러니까 너 잘해야 해!"라거나 "그러니까 너 우리 실망시키지 말아야 해!"라는 무언의 압박이 담겨 있다. 이것은 거의 협박에 가깝다. 사랑을 담보로 공부나 자식의 도리를 강요하는 것만큼 어리석은 것은 없다.

아이들은 매우 단순하다. 아빠가 무엇을 해주었으면 좋겠는지, 어떤 아빠였으면 좋겠는지 물어보자. 대개의 아이들은 함께 놀아주는 아빠를 원한다. 휴일에 TV 앞에서 뒹굴다 소파에 파묻혀 잠드는 아빠를 아이들은 싫어한다. 늦은 밤 취해서 귀가하는 아빠가 술 냄새 풍기며 비비적거리는 것도 싫어한다.

아이들과 놀아주는 법을 몰랐던 몇 해 전의 일이다. 피곤에 지쳐 늦잠을 자고 있는데, 아내가 아이들과 놀아주라며 성화를 했다. 좋은 남편, 좋은 아빠 노릇에 무지했던 시절이라 양 떼를 풀밭에 풀어 방목하듯 아이들을 놀이터에 풀어놓고 벤치에 드러누워 버렸다. 한 장소에 있는데 아이들은 아이들대로, 나는 나대로 따로 논 것이다. 부끄러운 일이다. 아무리 무지했어도 아이들을 그렇게 방치하는 아빠라니 누가 보았다면 돌아서서 흉봤을지도 모르겠다.

그러다 문득 아이들이 나와 함께 있는 것을 몹시 불편해하고 있다는 것을 알게 됐다. 나도 아이들과 놀아주는 법을 몰랐지만, 아이들 역시 이런 못난 아빠를 어색하게 생각하며 어쩔 줄 몰라 하고 있었던 것이다.

뭔가 잘못되었다고 느끼는 순간이 변화의 시작이 된다. 그리고 변화의 필요성을 느끼면서도 당장 실행에 옮기지 않는다면 아무런 의미가 없다. 기회가 찾아왔다면 행동으로 옮겨야 그 상황을 뛰어넘을 도전이 된다.

"우리 축구할까?"

"아빠랑 자전거 탈까? 뭐 하고 싶어?"

처음 시작은 이러했다. 그리고 아이들이 성장한 지금은 좀 더 의미 있는 시간을 보내기 위해 투자를 한다. 아이들과 함께 보내는 시간은 나에게도 많은 영감과 깨달음, 그리고 놀라움을 얻게 되는 소중한 순간이다. 함께 하는 것으로 아이들이 성장하고 있음을 확인하게 되니 부모로서 뿌듯한 마음이 들 때가 많다. 함께 하지 않는다면, 내가 아이들을 자세히 보지 않는다면 그러한 성장의 모습을 못 보고 지나칠 것이 분명하다.

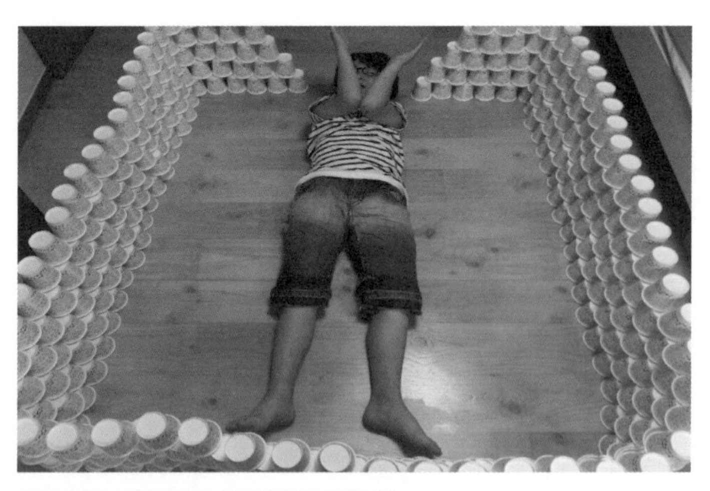

아이의 성장하는 모습을 지켜보는 건 나에게 무엇보다 중요하다.
아들 경호와 함께 종이컵 쌓기 놀이.

아들이 초등학생이 된 지금은 종종 단둘만의 여행을 떠난다. 낯선 곳에서는 유독 서로를 더 의지하게 되는 것 같다. 지역 특산물로 만든 맛있는 음식도 먹고, 관광 명소도 들러본다. 숙소로 돌아와서는 남자끼리 서로의 등을 밀어주며 샤워한 후 잠을 청하는데, 아들 있는 아버지들이 공통적으로 느끼는 감정이겠지만 나의 등을 닦아주는 아들의 손길이 점점 세지는 것을 확인할 때마다 절로 웃음이 나온다. 내 작은아이가 언제 이렇게 컸나 싶다.

집에서 나누는 대화가 아닌 여행 속에서 보며 느끼는 것 모두가 이야깃거리이다. KTX 같은 대중교통을 이용하면 대화를 많이 할 수 있어 참 좋다. 1박 2일 일정으로 토요일 아침 일찍 출발해서 일요일 오후에 돌아오는 여행 계획은 비용도 많이 들지 않고 시간도 꽉 차게 여행을 즐길 수가 있다.

봄, 여름, 가을, 겨울 계절에 맞게 지역적 특성과 문화유적지 관광을 미리미리 파악하고 준비를 한다. 특산품과 먹을거리를 찾아다니며 맛보기도 하고 음식의 유래에 대해서도 자연스럽게 가르쳐 준다. 재래시장에서 어묵과 호떡을 사 먹어도 맛있고 즐겁다. 길을 걸으며 아이스크림 하나씩 물고 손을 잡고 걷노라면 인생의 참 행복이 여기에 있구나 싶다. 당연히 이 모든 여행 계획은 아들과 함께 머리를 맞대고 세운다. 여행 중 사용하게 되는 경비를 메모하는 것도 아들이다. 자연스레 경제교육이 되는 소중한 체험학습인 셈이다.

주말이면 둘째 아이 지호를 데리고 놀이터로 나가는 일이 많다. 내가 놀이터에 나타나면 그곳에 있던 지호 또래의 아이들이 아이돌 부럽지 않은 환호성을 지르며 반갑게 맞이해준다.

"지호 아빠다! 아저씨, 우리 신나게 놀아요!"

몰려든 아이들 너머로 보이는 어른들은 대부분 엄마들이다. 묻지 않아도 아빠들이 집에서 무얼 하고 있는지 짐작이 간다. 어쩌면 '시끄러우니 잠 좀 자게 애들 데리고 밖에서 놀다와.'라고 하며 혼자 낮잠을 자고 있을지도 모른다.

지호 또래의 아이들과 동네 아주머니들 틈에 유일한 남자 어른인 나는 시끌벅적한 놀이터 소음의 주범이다. 기왕 아이들과 놀아줄 바에야 큰 소리로 웃고 떠들며 신나게 놀아주는 것이 좋다. 그렇다 보니 마흔이 넘은 나도 동심으로 돌아가게 된다.

두 아이와 놀아주는 일들이 반복되자, 나는 그냥 노는 것이 아니라 뭔가 더 적극적인 활동을 함께 하는 것이 좋겠다는 생각을 했다. 그렇게 시작된 것이 아이들과 함께하는 등산이다. 굳이 정상에 오르지 않아도 좋다. 계곡 냇가에 앉아 양말을 벗고 흐르는 물에 발을 담가 보자. 발가락 사이로 흐르는 물이 간지럽다고 숨넘어가는 아이들의 웃음이 세상 최고의 음악이고 부모의 지친 마음을 달래주는 치유의 힘이 된다.

산을 오를 때는 발끝에 닿는 산나물도 알려준다. 취나물이며 원추리와 산두릅을 가르쳤더니 이제 마트에서도 이 나물을 알아본다. 시금치와 근대를 구분 못하는 어지간한 새 신부보다도 훨씬 낫다. 캠핑 가서 밤하늘을 보고 알게 된 별자리는 집에 돌아와 과학책을 꺼내 확인할 만큼 흥밋거리가 되기도 한다. 산에서 만난 다람쥐나 무늬가 화려했던 나비들, 이상한 소리로 울던 새들과 처음 본 야생화들…. 나는 그저 아이들과 등산을 했을 뿐인데, 돌아올 때는 온갖 선물이 한가득이다. 아이들은 학교에서 배우는 수학공식보다 자연이 가르쳐주는 것들을 온몸으로 받아들인다.

아이들이 초등학생이 되자 이제 산 정상에 오르는 일도 가능해졌다. 나도 아이들의 성장에 놀라지만, 아이들도 그동안 오르지 못했던 정상에 기어이 오르게 되었다는 성취감에 극도의 흥분과 즐거움을 맛보게 된다. 그리고 성취감은 스스로 해냈다는 희열과 함께 스스로 존재감을 드높이는 역할도 한다. 자존감이 충만해진 아이들은 언제 어디서 어떤 역경을 맞이하게 되더라도 할 수 있다는 자신감으로 무장하여 두려움을 모르게 된다.

이 모든 것이 일부러 의도하지 않았는데도 생겨난 신의 선물들이다. 좋은 아빠가 되겠다, 함께 놀아주는 친구 같은 아빠가 되겠다, 소통하는 아빠가 되겠다고 마음먹고 실행에 옮기자 이런 기적에 가까운 일들이 따라왔다. 이제는 자녀에게 필요한 아빠가 어떤 아빠인지 조금 알게 되어 아이들을 위한 놀이 방법을 찾는 것이 수월해졌다. 그러나 나도 척척박사는 아니기에 많이 부족하다. 가끔은 아이들이 서운해하기도 하고 실망하기도 한다. 그러나 우린 언제라도 대화를 나누고 서로의 마음을 털어놓는다. 아이들은 너그럽고 또 사랑스럽다. 가끔 내가 너무 힘든 나머지 함께 해주지 못할 때 이런 말로 위로도 할 줄 알게 됐다.

"괜찮아요, 아빠. 아빠 너무 힘들고 피곤하시잖아요. 다음에 또 같이 놀면 돼요."

매일매일 행복을 저축한다. 그리고 아이들과 함께 할 수 있는 휴일에는 특별 보너스로 추억이 생겨난다. 추억은 최고의 벌꿀처럼 향기가 오래가고 달콤함도 변하지 않는다. 두고두고 꺼내어 맛볼 수 있는 최고의 행복이지 않던가. 그래서 나는 매주 나의 보이지 않는 통장에 추억을 담는다.

아들 경호와 한라산 1,700미터 고지에서

매일매일 행복을 저축한다.
그리고 아이들과 함께 할 수 있는 휴일에는 특별 보너스로 추억이 생겨난다.

책 읽어주는 아빠

자녀와 이야기보따리를 풀고 백 점 아빠 되기

책 읽기, 아내가 내준 새로운 숙제

"이거 받아."

책읽기를 좋아하는 아내가 휴일 저녁 내게 내민 것은 동화책이었다. 뜬금없이 동화책이라니? 눈이 휘둥그레진 나는 영문을 몰라 아내의 얼굴을 빤히 바라보았다.

"이걸 지금 나보고 읽으라고요?"

설마? 그럴 리가 없겠지만 나는 그렇게 되물었고 아내는 피식 웃음을 터뜨리고는 이렇게 말했다.

"무슨 생각하는 거야. 그러지 말고 경호랑 지호한테 책을 읽어주라는 거지. 이제 당신도 아이들한테 책 좀 읽어줘요."

당장 나의 머릿속에 든 생각은 '책 읽어주는 것은 엄마들 몫 아닌가?'였다. 그때는 두 아이가 유치원에 다닐 무렵이었다.

"매일 15분씩만 투자해서 직접 읽어주길 바라."

익숙하지 않아 잘 읽어줄 수 있을지 장담은 할 수 없었다. 미처 5분도 집중하지 못하는 아이들의 특성상, 내가 재미없게 읽어주면 모두 도망갈지도 모른다. 아내가 아이들에게 책을 읽어주는 모습을 종종 보긴 했지만 그 모습을 뿌듯한 마음으로 지켜보기만 했을 뿐, 내가 읽어줄 생각은 하지 못했었다.

"경호랑 지호는 책을 정말 좋아해. 당신이 읽어주면 더 좋아할 거야. 아빠니까."

그래. 나는 아빠다. 내가 읽어주면 아이들이 더욱 좋아할 것이다. 그렇지만 어떻게? 그냥 읽어주기만 하면 되는 것인가? 아이들에게 책 읽어주는 방법을 몰랐던 나는 인터넷의 도움을 받았다. 인터넷이 없었다면 좋은 아빠 되기도 힘들겠다는 생각을 하며 검색하자, 아빠가 자녀에게 책을 읽어주었을 때 좋은 점들이 순식간에 눈앞에 펼쳐졌다.

학자들의 수많은 연구결과를 간단하게 정리해 보면, 아빠'도' 책 읽기를 해주면 아이의 좌뇌와 우뇌를 골고루 균형 있게 발전시키고, 정서발달 또한 균형을 이루며, 자연스럽게 성 역할을 배울 수 있다는 것이다. 14세가 될 때까지 하루 15분씩 아이에게 책을 읽어주면 두뇌에 최적의 양분을 공급하는 것이라는 학자들의 말을 보고, 나는 그 전에 알게 되어 다행이라는 생각이 들었다.

다른 것도 아니고, 내가 하루 15분씩만 투자하면 아이들에게 이렇게 좋을 수가 있다는데! 어찌 15분을 아깝다 할 수 있을까. 나름 비장한 각오로 동화책을 보물처럼 품에 안고는 아이들을 방으로 이끌었다.

"너 그렇게 자꾸 울면, 바보 온달에게 시집보낼 거야!"

고구려 평원왕의 지엄한 목소리를 흉내 냈다. 아이들이 웃음을 터뜨렸다.

"온달님, 온달님, 훌륭한 장군이 될 수 있게 활쏘기 연습 열심히 하셔야 해요."

이번에는 다시 평강 공주가 되려고 코를 비틀어 쥐고는 평강 공주 목소리를 흉내 냈다. 아이들 웃음소리는 점점 더 커졌다. 이왕이면 재미있고 현장감 있게 읽어주고 싶었다. 예를 들어 계백장군이 신라와의 마지막 전쟁을 준비하며 가족을 죽이고 전쟁터에 나갈 때는 장군의 비장함과 비통한 심경을 갖고 읽어줘야 한다. 온달의 대사를 읽을 때는 마치 내가 바보가 된 듯 읽었다. 평강 공주의 목소리는 곱디고운 아가씨의 목소리를 흉내 냈다. 무서운 얘기를 할 때에는 이불 속으로 쏙 들어가 숨을 정도로 무섭게, 재미있는 얘기를 할 때면 책 앞으로 바싹 다가올 정도로 흥미롭게 읽어주었다.

그러나 책을 읽어준다는 것이 생각보다 쉽지 않았다. 가장 큰 어려움은 내 스케줄이었다. 회사일로 피곤하기도 하고 퇴근이 늦어지거나 모임이 있을 때도 있었다. 그러나 최대한 노력했고, 지금도 하는 중이다. 나는 어린 시절 한 번도 아버지가 책 읽어주시는 것을 듣지 못했다. 불행하게도 집안에 읽을 책이 많지도 않았다. 책 읽어주는 것을 배우지 못했기 때문에, 아내가 아니었다면 그대로 대물림했을 수도 있었다.

문득, 내가 그동안 놓치고 살았지만 낯익은 풍경이 떠올랐다. 아내는 아이들이 훨씬 어렸을 때부터 책을 읽어주고 있었고, 내가 퇴근해서 집에 돌아와 보면 거실 여기저기에 책들이 널려 있곤 했다. 알고 보니 아이들과 아내가 책으로 징검다리를 만들어 놀이를 하고 있었고, 덕분에 나까지도 현관에서부터 안방까지 놀이를 하듯 걸어 들어와야 했다. 그 모든 것이 아내가 아이들이 책과 친해지도록 지혜를 발휘했던 것이었다. 게다가 사방에 책이 있으니 아이들은 자연스럽게 꺼내 볼 수 있었고, 책 읽기가 일상이 될 수 있었다.

책을 읽어주는 아빠가 된 후 어느덧 아이들은 초등학생이 되었다. 달라진 것이 있다면 자연스럽게 아이들과 대화가 늘었다는 것이다. 또한 두 아이 모두 초등학생(경호는 5학년, 지호는 2학년)이라 유치원 때보다 대화의 깊이도 생겼다. 아이들은 아빠와 책을 통해 이야기하고 토론한 것을 생각하며 잠자리에 들게 된다. 그것은 꿈속에서 상상의 날개를 펼칠 영양분이고 비타민이다.

"원효대사가 해골 물을 잠결에 모르고 마셨는데 기분이 어땠을까?"

"물처럼 생각하고 마셨을 것 같은데요."

"만약에 해골물이라면 마셨을까?"

"절대로 안 마시죠!"

"그래, 맞아. 만약 알았더라면 마시지 않았을 거야. 그러니까 세상 모든 일은 생각하기 나름이란다. 내가 생각을 어떻게 하느냐에 따라 좋게 보이기도 하고 나쁘게 보이기도 하지. 결국 사람의 마음이고 자신의 생각이 중요하다는 걸 알겠지?"

처음부터 이렇게 자연스러운 대화가 되었던 것은 물론 아니다. 조금 더 어렸을 때는 아이들이 제대로 집중해주지 않아 자꾸만 이야기가 엉뚱한 곳으로 흘러가곤 했다.

"인어공주가 가보니 언니들이 바다에 떠 있었어요. 언니들은 인어공주에게 번쩍이는 칼을…."

"우와, 여기 하늘 봐봐. 색깔이 무지 많아."

아이들은 나의 이야기가 아닌 책 속의 그림에 반응하며 흥분하곤 했다. 그렇다 보니 처음에는 빨리 읽어줘야 한다는 초조감에 짜증이 났다. '빨리 읽어주고 나도 씻고 쉬어야 하는데….' 하는 생각에 책 읽기라는 '행위'를 빨리 해치우고 싶어서 아이들의 이야기를 무시하고 억지로 책만 재빨리 읽은 적도 있었다. 하지만 곰곰이 생각해보면 책 읽기는 읽기교육만이 목표가 아니었다. 책 읽기는 아이가 자신의 일상을 얘기하고 무한 상상의 나래를 펼치게 해주는 매우 능동적이고 창의적인 활동이다. 이때 아이의 입을 닫고 줄거리를 쫓아가게 하는 것은, 독서의 본래 목적을 망각하는 것이었다. 그래서 아이들이 자유롭게 이야기하도록 하고 얘기가 끝나면 다시 책 읽기를 계속했다.

나는 네가 하루 종일 무얼 했는지 알고 있다

"할아버지랑 두리랑 공원에 갔어요. '할아버지 우리 회전목마 타요.'"

내가 아이들에게 이렇게 책을 읽어주면,

"맞아, 아빠. 전에 우리도 놀이공원 갔는데 재밌었잖아."

"그래 맞아. 우리도 놀이공원 갔었지."

"오늘 지훈이 놀러갔대. 그래서 미술학원에 안 왔어."

"그래? 지훈이가 안 왔어?"

"응, 우인이도 못 왔어. 감기 걸렸대."

"우인이가 많이 아팠나보네. 그럼 지호는 미술학원에서 누구랑 그림 그리며 놀았어?"

"혼자 그림 그리다가 끝나고 소연이랑 같이 집에 왔어."

"혼자 그림 그려도 괜찮아?"

"응. 괜찮아. 혼자 그려도 재밌어."

책을 읽어주는데 아이들이 방앗간 참새처럼 이야기보따리를 풀기 시작한다. 그러다 옆길로 샌 이야기가 점점 길어져 학교에서 누가 떠들다가 선생님께 꾸중을 들었다거나 친구네 집에 하얀 말티즈 강아지가 있는데 이번에 새끼를 두 마리나 낳았다거나 친구 아버지가 생신이라 가족끼리 외식한다고 어느 레스토랑을 갔다는 등 모르는 이야기가 없게 된다.

책을 읽어주다 이렇게 대화가 이어지지 않았다면, 지호의 친구 지훈이가 놀러가고 우인이가 아파서 미술학원에 오지 않은 사실, 지호가 혼자 그림을 그린 일을 꿈에도 알 수 없었을 것이다. 또 지호와 경호가 하얀 말티즈 강아지를 좋아하고, 동물에 대한 따뜻한 마음을 갖고 있다는 것도 알 수 없었을 것이다.

더욱 기뻤던 것은 아이들에게 내가 낯선 아빠가 아니라는 것이다. 어린 시절 나의 아버지는 무척 무뚝뚝한 분이었다. 아버지의 체온을 느껴보기 어려웠을 만큼 엄한 분이셨고, 덕분에 대화라는 것도 나눌 기회가 없었다. 그 시절의 아버지들이 대부분 그러했다는 것은 알고 있지만 어른이 되고 아버지가 된 나로서는 어린 시절의 내가 정말 가엽고 측은했다. 어른들에게 별일 아닌 것들이겠지만, 아이들에게는 아버지의 존재가 필요할 만큼 절실한 순간이 얼마나 많던가.

지호와 경호가 책 읽기를 통해 아빠인 나와 가까워지게 되고 스스럼없이 대화를 나누게 되었으니 적어도 내가 유년 시절에 느꼈던 쓸쓸함은 느끼지 않을 것이다. 그것만으로도 나는 참 행복했다. 내가 없는 동안 내 아이들이 하루를 어떻게 지내고 있는지 알고 있는 아빠, 아이들이 찾아와 매달리며 종달새처럼 재잘재잘 말을 걸어오는 아빠다. 하루 종일 아이들이 무슨 일을 겪었는지 일일이 알고 지내는 아버지들이 몇이나 될까. 나도 책 읽어주는 아빠가 되기 전까지는 아내에게만 맡겼을 뿐 알려고 들지 않았던 무심한 아빠였다.

아이들이 글자를 익혀 혼자 책을 볼 수 있게 되었을 즈음에는 도서관에도 자주 갔다. 다양한 분야의 많은 책들을 모두 구입한다는 것은 어려운 일이다. 적당히 구입하여 읽히기도 하지만, 이렇게 도서관을 이용하는 것이 아이들에게 나름대로 산교육이 될 수 있었다.

그래서 주말마다 도시락을 싸서 우리가 살고 있는 동네의 도서관으로 향했다. 계곡물까지 흐르는 야외도서관이 있어 책을 읽으며 자연을 즐기기 좋은 곳이다.

무한한 가능성의 힘, 독서교육

"조국이 여러분을 위해 무엇을 할 수 있을 것인지 묻지 말고, 여러분이 조국을 위해 무엇을 할 수 있는지 스스로에게 물어보십시오."

미국 역사상 최연소 대통령인 존 F.케네디의 유명한 연설 중 한 구절이다. 젊은 청년을 이토록 위대한 정치가로 만들었던 것은 케네디 가문의 유명한 자녀교육, 그중에서도 독서교육의 힘이었다는 것은 이미 널리 알려져 있다.

〈수레바퀴 밑에서〉, 〈데미안〉으로 우리에게 너무나도 잘 알려진 독일의 소설가 헤르만 헤세는 〈유리알 유희〉로 노벨 문학상을 받았다. 그가 노벨 문학상 작가가 될 수 있었던 것도 헤세 가문의 특별했던 독서교육 덕분이다.

시인이자 철학자이며 사상가이기도 했던 인도의 타고르는 어려서 왕따였지만, 아버지가 그를 위해 집안을 온통 책과 음악과 예술과 철학자들로 붐비게 했던 환경 안에서 성장한 인물로 유명하다.

나는 나의 아이들을 유명한 사람으로 키우고 싶지는 않다. 다만, 욕심이 있다면 자신이 좋아하는 분야에서 그 일을 잘하는 인재로 성공하는 삶을 살도록 하고 싶다. 그것이 진정한 '성공'이고 '행복'이라 믿고 있기 때문이다.

책을 통해 많은 것을 배우고 경험하게 하는 것은 아이들에게 무한한 가능성의 힘을 심어준다는 것을 알게 되었다. 그래서 케네디 가문은 대통령과 상·하원 의원을 배출하게 되었고, 헤세는 소설가, 타고르는 시인이자 철학자가 될 수 있었던 것이리라.

〈어린왕자〉를 쓴 생텍쥐페리는 "배를 만들고 싶다면 목재를 가져오게 하거나 일감을 주거나 하지 마라. 그 대신 넓은 바다를 보여주고 바다에 대한 동경심과 꿈을 갖게 하라."고 말했다. 자녀가 올바르고 훌륭하게 성장하기를 바란다면 책을 통해 더 큰 세상을 발견하게 하는 것은 어떨까. 그것이 바로 우리 아이들이 꿈을 갖게 하고, 그 꿈을 이룰 열정을 갖게 하는 가장 좋은 방법이다.

책은 내가 경험하지 못한 끝없는 세계로 나를 안내한다. 책을 통해 삶의 지혜를 배우기도 하고 상상의 날개를 펴기도 한다. 바닥을 기면서 처음 맞닥뜨리는 그림책, 이솝 이야기, 동물책, 역사책, 위인전 등 수많은 책 속에서 경호, 지호가 다채로운 꿈의 색깔을 발견하게 되기를 기대한다. 그리고 나 외에도 많은 이들이 책을 통해 자녀들에게 무한한 가능성을 심어줄 수 있게 되기를 바라고 있다. 책은 꿈을 키우는 자양분이자 씨앗이다.

자녀의 경제훈련

물고기를 잡는 법부터, 물고기를 키우는 법까지

인생 2막, 자녀 리스크를 줄여라

늘 입버릇처럼 하는 말이지만 자산을 모으는 가장 기본적인 방법은 지출을 줄이는 것이다. 수입을 늘려봤자, 지출이 통제되지 않으면 아무 소용이 없다. 계획적인 소비를 습관화하고 충동적으로 구매하는 것을 억제해야 하는데 이미 몸에 굳어진 습관이 어디 그렇게 쉽게 고쳐지는가. 때문에 부모가 자녀에게 어릴 때부터 적절한 경제훈련을 시키지 않은 채, 오직 사랑한다는 이유만으로 아낌없이 퍼붓는 것이 교육적으로는 적절치 못하다는 것을 알아두어야 한다.

한국보건사회연구원에 따르면 대한민국에서 아이를 낳아 결혼시킬 때까지 드는 비용이 아들은 3억 5,500만 원, 딸은 3억 3,900만 원이라고 한다. 이 중 가장 큰 비중을 차지하는 것이 교육비다. 대학 등록금이 연평균 640여 만 원으로 해마다 오르고 있다. 이 외에도 중고교 무렵에 지출되는 사교육비는 또 얼마나 가계에 부담이 되던가. 책값이나 교통비 등을 비롯한 용돈까지 생각하면 1년에 족히 천만 원은 필요하다.

자녀교육비의 문제가 심각한 이유는 소득계층을 구분하지 않고 누구에게나 반드시 지출되는 비용이라는 것이다. 고소득층의 가정이야 이 액수가 부담스럽지 않겠지만, 소득 여하를 막론하고 중하위 계층에게도 같은 비용이 필요하니 상대적 박탈감마저 느끼게 된다. 돈이 없어 자식을 마음 놓고 가르치지 못한다는 죄책감은 유난히 교육열이 높은 우리나라의 부모들에게는 상처가 될 수밖에 없다.

과거엔 자기 밥그릇은 손에 쥐고 태어난다고들 했지만, 이제 새빨간 거짓말이고 무책임한 말임을 누구나 안다. 솔직히 다자녀 시절에 흔히 들려왔던 '맏딸은 살림밑천'이라는 말이 이 땅의 누나와 언니들에게 얼마나 큰 상처가 되었던가. 자녀가 많을수록 장녀와 형제 모두에게까지 기회의 박탈과 선택의 자유마저 줄어들게 되니 무턱대고 낳는 것이 썩 좋은 일은 아님이 분명하다.

상황이 이러한데 우린 한 자녀를 낳고, 자녀가 하나라는 이유로 아낌없이 무엇이든 지원하고 있다. 여럿의 자녀를 낳아 키우는 것은 부담스러우니 차라리 하나만 낳아 잘 키우자는 마음이다. 그러고 보니 어디서 많이 본 말이다. 산아제한 정책을 펼치던 시절 '하나만 낳아 잘 키우자.'고 외쳤었다. 결국 그렇게 되고야 말았다. 그러나 부작용이 만만치 않다.

아낌없이 지원해준 덕분에 우리는 아이들이 과잉보호와 물질비만에 빠졌다. '잘 키우자.'는 말이 넘치게 키우자는 말은 아니었을 텐데 형제 없이 크는 한 자녀에게 모든 것을 집중시킨 탓이다. 부모가 모든 것을 걸고 한 자녀에게 '넌 나의 미래'라고 외치는 상황이다. 심한 경우 부모의 것인지 자녀의 것인지 모를 꿈을 강요하기도 한다.

아낌없는 지원과 애정은 '가난이 주는 상처'를 모르고 크게 하는 대신 왜 절약하며 살아야 하는지도 모르게 만들었다. 생선은 머리가 맛있다며 살만 발라주었더니, 다 큰 아들이 아내에게 "우리 엄마는 원래 생선 머리만 드셔."하더라는 이야기가 있지 않던가. 가난해서 자식에게 살만 발라주었더니 그것이 엄마의 사랑이고 배려였음을 몰랐다는 이 이야기는 웃자고 만든 것일지 모르나 너무 퍼붓는 사랑이 결코 좋은 것은 아님을 알게 한다.

습관이 무서운 이유는 성인이 된 후 고치기 힘들기 때문이다. 원하면 무엇이든 사주는 부모, 애 울리지 말라며 거드는 조부모의 사랑이 정말 백해무익함을 알아야 한다. 성인이 된 자녀가 저축을 모른 채 과소비와 충동구매에 허덕이고, 니트족이 되어 일할 필요를 느끼지 못하는 삶을 살게 되었을 때 "내가 어떻게 키웠는데…"라고 해봐야 소용없다. 그러면서도 지갑을 열어주고, 없으면 빌려서라도 주고 싶은 충동을 느끼지 않던가. 부모도 자녀도 나쁜 습관을 스스로 버려야 한다. 그리고 어린 자녀들에게는 올바른 습관을 만들어주고, 성인이 되었을 때 실패하지 않도록 성공의 기본기를 잡아주어야 한다.

요즘 법원경매장에 가보면 연로하신 부모님들의 마지막 보루였던 주택이 경매물건으로 나온 경우가 많다. 취업이 힘들다는 자녀에게 창업을 지원했다 낭패를 보았거나 대학을 졸업한 자녀가 취업에 성공하지 못한 채 가계 빚에 허덕이던 베이비부머 세대의 경우가 허다하다. 설령 취업에 성공했다 하더라도 결혼자금으로 많은 빚을 지어 내몰린 경우도 있다.

부모 입장에선 거주하면서 주택연금으로 사용이 가능한 주택이 경매로 처분된다는 것은 심각한 은퇴 리스크다. 이뿐만 아니라 공무원연금, 퇴직금까지도 창업자금이나 결혼자금으로 유용되는 것은 온 가족이 공멸로 빠져들 수 있는 위험천만한 일이다. 사람은 나이가 들어갈수록 마음이 약하고 정에 흔들려 이성적인 판단보다는 감정에 치우친 결정을 할 수 있다.

더욱이 자녀의 일이다. 부탁을 해오면 냉정하게 거절하기 쉽지 않다. 내게 이런 일은 없겠지 생각하고 마음 놓고 있어서는 안 된다. 지금부터 내게도 닥칠 일이라 생각하고 마음의 준비를 단단히 하자. 자녀에게는 올바른 경제교육을, 부모는 안정된 노후에 대한 대책을 세워야 한다.

주택은 준비된 나의 은퇴자금임을 잊지 말고 어떠한 경우에도 양보해서는 안된다. 또한 창업자금이나 결혼자금 지원에 대한 요청을 하면 부모의 재정 상황을 이야기하고 지원 한계를 분명히 하자. 체면을 버리고 부모의 상황과 현실을 서로 공유하는 것은 정말 중요하다. 인생 2막 은퇴시점에 급격한 재정변화는 한꺼번에 모든 것을 앗아가 버릴 수 있기 때문이다.

물고기를 키우는 법, 올바른 경제교육을 고민하라

"저는 제가 봐도 소비 습관이 크게 잘못되어 있어요. 변명 같지만 어릴 때 소원이 맘 놓고 먹고 싶은 떡볶이 사 먹고, 옷도 내 맘대로 사는 것이었어요."

40대 중반의 여성 고객의 고백이다. 스스로도 바로잡아야 할 필요성을 강하게 느끼고 있었다. 그녀의 아버지는 어린 애가 무슨 용돈이 필요하냐며 버스 회수권(그 시절의 학생용 교통카드와 같다.)과 지하철 정기권만 내주었다고 한다.

"어쩌다 아버지가 3백 원을 주세요. 우유 사 먹으라면서요. 친구들은 자기들끼리 떡볶이도 사 먹고 함께 어울리는데 용돈이 없는 저는 얻어먹는 게 너무 불편하고 눈치 보여서 그러질 못했죠. 당연히 친구들도 없었어요. 오직 집과 학교를 오가는 일만 가능했죠."

여고생이 되어서도 그녀의 용돈 구조는 변함이 없었다. 아버지가 은행원이셨는데 경제교육이 이러했다는 것을 듣게 되니 얼마나 보수적인 분이었는지 짐작이 가고도 남았다.

"계집애들이 몰려다니는 꼴 보기 흉하다. 돈 있으면 너도 그 꼴일 테니 그냥 집에 곧장 들어와."

아버지는 늘 이렇게 말씀하셨다고 한다. 그리고 용돈을 주면 저축하는 습관을 들이라며 어쩌다 한 번 선심 쓰듯 주는 몇 백 원의 우유

값도 저금통에 넣으라고 하셨단다. 그러니 이 여성 고객의 어린 시절이 얼마나 괴로웠을지 이해가 가고도 남을 일이다. 먹고 싶은 것을 먹지 않을 수도 있겠지만, 그것은 스스로 내릴 선택의 문제이지 무조건 강요당하고 절제시켰을 때는 당연히 상처받고 고통스러웠을 것이다.

그래서인지 그녀는 사고 싶은 것이나 먹고 싶은 것 등에 들어가는 비용을 절제하지 못했다. 몇 번이고 지출 습관을 고쳐보려 했지만 실패했다. 거기에 그녀가 직장에 다니며 불입했던 저축이 만기 된 것을 아버지가 모두 가져가 써버린 후로는 저축마저 싫어졌다고 한다. 은행원인 아버지가 그녀의 급여 관리를 했고, 저축은 했지만 만들어진 목돈은 그녀를 위해 쓰이지 않았다. 또한 수년 동안 그런 사실을 비밀로 삼아 감추었고, 그녀가 청약저축(그녀의 20대 시절에 주택청약저축 제도가 처음 생겼다.)에 가입하려 했을 때에야 비로소 알게 되었다고 한다. 성취감은커녕 실망과 좌절에 빠져야 했다.

부모 자식 사이에 네 돈 내 돈이 어디 있느냐고 물을 수도 있다. 그러나 저축이라는 것은 열심히 모아서 만기가 되어 목돈을 만져보는 성취감이 보상으로 따라와야 한다. 그렇지 않다면 빚을 할부로 갚는 것과 무엇이 다를까. 진한 성취감은 또 다른 저축의 재미를 느끼게 하고, 그 재미에 강하게 매료되어 또 다른 저축 통장을 늘리게 만든다.

시집갈 때 준다며 공중에 분해된 그녀의 통장이 세 개였다. 25년여 전이었으니 당시의 만기 금액 1천만 원은 지금에 비하면 엄청난 금액이었을 것이다. 첫 월급이 18만 원이었다고 하니 그녀가 어떤 생활을 했을지 짐작이 간다.

그녀가 알고 있다시피 지출의 습관을 바로잡아야 했다. 수입과 지출 통장을 분리하고 매월 책정된 금액 이상은 용돈으로 쓰지 않도록 했다. 신용카드는 주유비 혜택이 있는 것만 한도를 줄여 남겼다. 체크카드를 활용했고, 현금은 2만 원 이상 지니지 않도록 했는데 한동안 고전하는 듯 했으나 몇 개월 후 부채를 어느 정도 갚아나가며 보람을 느끼고 있다는 그녀를 다시 볼 수 있었다. 다만, 아직까지 충동적으로 구매 욕구를 느끼는 경우가 많아 대형 마트나 백화점은 아예 근처에도 가지 않게 되었다고 한다.

사람마다 다양한 사연이 있다. 어떻게 어린 시절을 보냈고 부모의 교육이 어떠했는지, 처했던 환경에 따라 가치관도 달라지고 인성도 변화를 겪는다. 달라져야겠다는 열망이 있었으니 늦게나마 고쳐질 수 있었지만, 기왕이면 어릴 때 부모로부터 좋은 영향을 받았다면 지금의 고통은 없었을 것이다.

부모의 영향이 자녀들에게 얼마나 큰 영향을 끼치는지 보여주는 자료가 있다. 미래에셋은퇴연구소에서 발표한 것인데 결혼에 대한 부모님의 지원을 자녀들이 어떻게 생각하는지에 관한 내용이다.

다음 결과를 보면 대체적으로 자녀들은 자신의 결혼자금에 큰 부담을 느끼지 않은 것으로 생각하고 있다. 비용의 많고 적음을 떠나 감사한 마음이 있다면 부모님이 결혼 비용을 덜 썼다는 생각은 하지 않게 된다.

질문	예	아니오
부모가 내 결혼 비용 때문에 힘들어 하셨다.	35%	65%
나는 남들에 비해 결혼 비용을 적게 쓴 편이다.	65%	35%
남들은 나보다 더 지원받는 경우가 많다.	52%	48%

출처 : 미래에셋 은퇴연구소

결혼자금은 부모가 당연히 해줘야 하고, 남들보다 더 많은 비용을 들여야 한다는 생각은 문제가 있다. 스스로의 힘으로 준비할 수 있어야 한다는 생각이 있다면 부모님의 도움에 감사할 수 있었을 텐데, 그런 풍토가 부족한 것이 못내 아쉽기만 하다. 물론, 자녀가 성인이 되고 나면 부모의 입장을 생각하는 것에 인색할 수 있다. 평소 부모에 대한 생각과 감사 훈련이 되지 않았을 경우도 그렇고, 지금 시대처럼 청년들이 살아나가기에 척박한 환경일 때도 그렇다. 이는 결코 자녀의 문제로만 돌릴 게 아니다. 부모 스스로 자녀가 어릴 때부터 깊은 관심을 갖고 경제교육을 철저히 시켜야 한다.

자녀가 돈을 알기 시작할 때부터 용돈을 주거나 집안일을 도운 대가로 용돈을 벌게 해야 한다. 이것이 바로 '자녀 수입교육'이다. 용돈은 정기적으로 주는 것이 중요하다. 계획성 있는 지출범위는 알려주되 절대 간섭하지 않는 게 좋다. 실수와 경험을 통해 스스로 배우는 것이 최고의 경제교육이기 때문이다. 이때 돈의 지출순서가 중요하다. 어려운 사람들을 위해 일정한 나눔을 먼저 지출하게 한다. 그 다음이 저축과 투자이고, 소비지출은 맨 나중에 하도록 한다.

소비지출을 마지막으로 미루는 이유는 분명하다. 지출이 선행되면 충동을 제어하기 어려우므로 저축이 어렵게 되기 때문이다. 올바른 지출과 저축을 습관으로 만들기 위한 교육이므로, 이러한 지출 순서는 꼭 지키도록 가르치자. 이는 부모의 재정 관리도 마찬가지며 자녀에게 모범을 보여야 한다.

또한 자녀와 함께 하는 시간을 자주 만들어 경제에 관련한 많은 대화를 나누어야 한다. 남과 비교하지 않고 내가 가진 것이 많음을 알 수 있도록 감사훈련을 가르치는 것이 중요하다. 돈의 철학과 가치관, 빚의 특징에 대해 대화를 나누면 더욱 좋다.

정기적인 가족회의를 통해 자녀들도 알 수 있게 가정형편 나누기를 하는 것도 방법이다. 세상 모든 일이 그렇듯 갑자기 되는 것은 없다. 첫 숟가락에 배부르지 않고 천 리 길도 한 걸음부터라 하지 않았던가? 빠르면 빠를수록 좋지만 언제든 시작해도 된다. '부모의 자녀 경제교육'을 통해 훌륭한 가풍이 대를 이을 수 있게 하자. 성인이 될 자녀들에게 돈을 물려주는 것보다 부모의 경제교육이 최고의 선물이다. 자녀의 경제교육은 부모의 책임임과 동시에 의무임을 기억하는 것도 잊지 말자.

부모의 자녀 경제교육

<table>
<tr><th colspan="2">구분</th><th>세부 실천사항</th></tr>
<tr><td rowspan="3">수입교육</td><td rowspan="2">용돈지급</td><td>정기적인 용돈지급(주급, 월급)</td></tr>
<tr><td>계획성 있는 지출범위를 알려주되 절대 간섭하지 말기
_실수와 경험을 통한 경제교육</td></tr>
<tr><td>용돈벌기</td><td>자기 방 청소하기, 구두 닦기, 쓰레기 버리기, 심부름 등</td></tr>
<tr><td rowspan="6">지출교육</td><td>나눔</td><td>헌금, 불우이웃돕기, 기부금 내기</td></tr>
<tr><td rowspan="3">저축 및 투자</td><td>자녀 이름으로 통장 만들고 저축하기</td></tr>
<tr><td>이해할 수 있는 연령이라면 예 · 적금, 펀드, 비과세 통장, 주식, 부동산 등에 대해서도 알려줄 수 있다(초등학생은 예 · 적금, 중학생 이후 비과세 및 펀드나 주식에 교육 가능).
_금융교육과 투자훈련</td></tr>
<tr><td>용돈 선지급 요청 시 _할인지급
물건 살 때 빌려주고 갚기 _빚 갚기 교육</td></tr>
<tr><td rowspan="2">지출하기</td><td>용돈기입장 기록하기</td></tr>
<tr><td>돈의 사용순서 정하기 _나눔-저축 및 투자 -지출하기</td></tr>
<tr><td colspan="2" rowspan="4">부모의 역할</td><td>자녀와 경제대화, 부모의 모범행동(지출, 저축), 감사훈련</td></tr>
<tr><td>돈의 철학과 가치, 빚의 특징 가르치기, 지출통제 교육</td></tr>
<tr><td>가족회의를 통한 가정형편 나누기</td></tr>
<tr><td>올바른 가풍 잇기</td></tr>
</table>

행복한 아버지가 되기 위한 아버지들의 모임

아버지로서 최선을 다하는 방법을 모른다면 과외라도 받자

나는 어떤 아버지일까

항상 두 가지 통장을 고민하며 살았다. 돈이 사람의 행복을 완전하게 할 수는 없어도 행복에 어느 정도 기여하고 있다는 것은 인정하고 있다. 그러나 돈으로는 살 수 없는 것이 행복이기에 내가 중요시하는 '보이지 않는 통장'의 의미와 가치는 표현될 수 없을 만큼 중요하다.

좋은 남편일지는 몰라도 노력하는 남편이고 싶었고 아내는 이런 나를 인정해주고 있다. 그런데 아이들에게 나는 어떤 아버지일지는 아직도 자신이 없다. 왜냐하면 아이들은 아이들이기 때문에 현재 즐겁다면 내가 어떤 모습을 보여도 상관없어 하기 때문이다. 예를 들어 아이들이 좋아하는 스마트폰 게임을 실컷 하게 해준다면 좋은 아빠라고 하면서 행복하다 할 것이다. 그러나 시간이 흘러 어른이 되었을 때는 좋은 아빠가 아니었다는 냉정한 판단을 할 수 있게 된다.

때문에 현재 아이들에게 조금은 미움을 받더라도 아버지로서 Yes와 No의 선을 긋는 일도 필요하다. 단호한 모습으로 아이들을 통제하고, 훈육에 있어서도 되도록 일관성 있게 하려고 노력한다. 부드럽고 따뜻한 아버지여야 한다지만, 한편으로는 가정 내에서나 사회에서 지켜야 할 규범과 배려를 아이들이 지킬 줄 알도록 엄한 교육이 필요할 때도 있다. 이런 기본적인 것들은 엄마의 역할에 아버지의 역할이 더해져야 가능하다.

내가 아는 것은 이 정도이다. 어떤 아버지가 되고 싶다고 마음은 굳게 먹고 있어도 구체적인 방법을 몰랐다. 변화가 필요하다고 느꼈던 시기가 사춘기 태풍처럼 다가왔을 때, 가정의 행복을 위해 스스로 받아들였다. 감정적 폭풍과 뒤이어 찾아온 평화로운 마음은 아직까지도 긴 여운을 남기는 감동의 과정이다. 얻어지는 성과보다 노력을 기울이는 스스로가 원래 대견한 법 아닌가. 거기에 나의 변화에 온 가족들이 더불어 행복하니 웃음이 절로 났다.

아내를 위한 변화도 필요했지만, 좋은 아버지로서의 역할에 고심하던 내가 찾은 곳은 '행복한 아버지학교'였다. 무엇이든 훈련을 받지 않고 능숙하게 잘하는 것은 없다. 행복한 아버지가 되고 좋은 배우자가 된다는 것, 자녀를 훌륭하게 키운다는 것은 빠른 길을 찾는 것이 아니라 조금 돌아가더라도 올바른 방향을 찾는 것이라 생각한다.

이것들의 공통점은 가정에 뿌리를 두고 있으며 가정경영자라고 할 수 있는 아버지이자 남편의 역할이 중요하는 것이다. 좋은 아버지가 되기 위해서는 훈련받아야 하며, 행복한 부부가 되기 위해서도 마찬가지라고 생각한다. 어쩌면 세상 떠날 때까지 시행착오를 반복해서 겪으며 배우다 떠나는 것이 인생이 아닐까? 누구나 처음부터 잘하기는 어려우며 먼저 경험한 사람들의 안내와 가르침을 들을 수 있다면 배움의 좋은 기회가 될 것이다.

"행복한 아버지학교라고?"

시간이 없어 직접 참가는 못해도 인터넷으로 수강할 수 있어 등록했다는 말에 아내가 좀 놀라는 듯 보였다. 나는 웃으며 좋은 아버지가 되려고 공부하려 한다고 답했다. 아내는 말없이 고개를 끄덕여주었고, 속으로는 기뻐하는 것이 분명했다. 남편이 노력하는 모습을 보이는데 싫다고 마다할 아내가 세상 어디에 있을까.

책을 많이 읽고 좋은 강의를 듣는 것도 중요하지만 대부분 이해에 머무를 뿐 막상 실천하려고 하면 생각보다 어렵다. 결국 시간이 흐를수록 잊히고 다시 익숙해진 과거의 삶이 되고야 만다. 좋은 책을 읽고 강의를 듣는다고 해서 그것만으로 끝나서는 곤란하다. 중요한 것은 실천하느냐 하지 않느냐에 있다.

배움에는 끝이 없고 한 치 앞도 내려다볼 수 없는 게 삶이지 않은가? 삶은 리얼 그 자체이며 매 순간이 생방송이라 할 수 있다. 그러니 배움의 기회가 온다면 언제라도 붙잡는 것이 옳다고 믿는다. 나에게 충분한 자극과 영감을 줄 것이라 믿고 인터넷 강의를 신청했다. 매주 과제가 주어졌는데, 그 과정 하나하나가 나에게 새로운 감동과 행복으로 충만해지도록 만들었다. 아내와 자녀에게 편지쓰기, 부모님 전상서 등 과제를 수행하면서 내 자신도 돌아보고 가족의 소중함과 감사함을 떠올렸다. 특히, 부모님께 서운했던 점들을 아버지가 되어 이해하고 반성할 수 있어 좋았다. 나 자신을 돌아보는 시간이었다.

노력하면서 그 노력에 자만하고 자신에게 점수를 후하게 주고 있던 나를 발견하고 반성했다. 어떤 경우이건 자만은 독이다. 특히 아버지로서 자만하게 된다면 실수를 하더라도 아버지니까 괜찮다고 넘어가는 어리석은 짓도 할 수 있다.

아버지다운 아버지가 될 수 있는 기회

"경호, 지호! 행복하니?"

어느 날, 환하게 웃으며 사이좋게 놀고 있는 아이들에게 물었다. 참 못난 애비다. 묻지 않아도 아이들의 환한 얼굴만으로도 알 수 있는 것을 나는 끝내 묻고 확인하려 했다. 그래도 아이들이 고개를 끄덕여 주며 너무너무 행복하다 말해줬다. 지나치게 감성적인 나는 또 코끝이 찡해진다. 이 녀석들은 내가 이 땅에 태어나 만든 최고의 작품이다. 나도 더욱 노력해야겠다는 다짐에 하루가 활기차게 시작된다. 가끔 어른들이 '새끼들 입에 밥 들어가는 것만 봐도 좋다.'는 표현으로 부모 사랑을 말하곤 한다. 그런 즐거움은 부모 된 자만이 공감할 수 있을 것이다.

인터넷으로 수강했던 아버지 학교의 학생들이 가정행복코치 이수경 회장님을 중심으로 모임을 만들어 소통하기 시작했다. 배우기만 하는 것이 아니라 아버지들 스스로 움직여 함께 머리를 맞대고 돌아보는 시간을 가질 수 있었고 얻게 되는 정보와 보람도 더욱 많아졌다.

삶에 정답이 없듯이 어쩌면 평생 행복에 대한 답을 찾아 헤매다 끝날 수도 있다. 그래서 다양한 분야의 사람들이 모여 그들의 경험을 허물없이 나누는 것은 교육 이상의 의미가 있다. 진짜 성장은 교육을 듣고 난 후 같은 생각과 방향을 고민하는 사람들의 모임을 통해서 이뤄지는 것 같았다.

60대 아버지는 50대 아버지들에게, 40대 아버지는 30대 아버지들에게 그들의 살아온 다양한 삶의 경험을 알려주고 있다. 이것은 정말 좋은 공부의 기회였다. 어느 아버지는 매년 아들과 둘만의 여행을 떠나는 것을 이야기했다. 낯선 곳에서 아는 사람이라고는 둘뿐이니 깊은 대화도 많이 하게 되고 친해지게 되었다고 한다. 나 또한 4년째 아들과 여행을 해 오고 있는데 가족 모두 여행갈 때와 또 다른 느낌이 들었다.

거실에서 TV를 치우고 나니 저녁시간에 독서를 하거나 가족대화가 많아졌다는 것도 이 모임에서 얻은 고급 정보였다. 이외에도 아내에게 존댓말을 사용하는 것 등 전혀 생각하지 못했던 것을 소개

받으니 모임에 대한 애착이 생겼다. 그렇게 배운 '좋은 아버지가 되기 위한 경험 사례'들을 이제는 다른 아버지들에게도 소개하고 있다. 가르치는 것이 아니라 나는 '전달자'로서 최선을 다하려 한다. 나 말고도 또 다른 행복한 아버지들이 많이 생기길 바라고, 그들의 가정 또한 더할 나위 없이 행복하기를 기대하는 마음에서다.

"아빠처럼 훌륭한 사람이요!"

한때 세상의 자녀들이 이렇게 이구동성으로 말했던 때가 있었다. 그런데 요즘 아이들에게 어떤 사람이 될 것인지 물으면 좀 서글픈 생각이 들만큼 이런 대답을 듣기가 어렵다.

"공무원이요!"

"검사요!"

"아이돌 가수가 될 거예요!"

"부자요!"

"벤처 기업 사장요!"

"백댄서요!"

요즘 아이들이 흔히 하는 대답이다. 왜 공무원이 되고 싶냐 물었더니 어디서 들었는지 '안정된 직업'이기 때문이라고 했다. 그만큼 우리 세상이 아이들에게서 '순수함'을 빼앗았다고 생각하니 가슴 한쪽이 서늘해진다.

이것은 분명 우리들이 잘못한 것이다. 아이들에게 물질만능주의를 물려주고 있음이 분명하고, 인간에 대한 배려나 더불어 살아야 한다는 마음이 결여된 채 경쟁하는 삶을 보여주고 있어서가 아닐까.

아이들마저도 돈을 외치고 있는 세상이니 아버지는 돈을 벌어오는 사람으로 보일 수 있다.

나는 나를 비롯한 다른 아버지들에게 묻곤 한다. 자녀가 돈을 많이 버는 사람으로 성공하는 사람이길 바라는가. 아니면 세상으로부터 인정받는 가치 있는 사람으로 성공하길 바라는가.

우리가 모르는, 아니 알면서도 인정하지 않았던 비밀이 있으니 부와 명예 중 무엇이 선행되어야 하느냐는 것이다. 명예로운 삶, 존경받는 삶을 사는 사람은 늘 부를 같이 얻곤 했다. 설령 부가 따르지 않아도 그들은 결코 불행하다 하지 않는다. 보편적인 부의 기준이 아닌, 가진 것에 만족하는 진정한 부의 가치관을 갖고 있기 때문이다.

대신 부만 축적된 사람은 스스로 고집하는 권위나 명성은 있을지 몰라도 사람들이 진심으로 고개 숙이는 명예를 찾아보기 힘든 경우가 있다. 서민의 고혈을 쥐어짜는 사채업자 두목에게 고개 숙이며 진심 어린 존경을 표하는 사람이 있던가.

부와 명예의 이러한 모습을 부모인 우리들은 자녀에게 잘 이야기하지 않는다. 그저 성공해서 돈을 많이 벌게 되면 사람들이 우러러본다고 무의식적으로 가르치고 있다. 부가 곧 행복이라고 아직도 믿고 있기 때문이다.

자녀가 의사가 되길 바라는 것도 결국, 존경받는 의사로 성공해서 돈도 많이 벌기를 바라는 마음일 것이다. 그러나 세상 모든 아이들이 의사가 되고 판검사로 성공할 수는 없다. 그러니 우리가 자녀에게 구체적인 '무엇'을 강요하며 집착에 빠질 이유가 없다. 그저 우리 아이들이 순수함을 잃지 않고 평화롭고 행복한 성장 과정을 거친 후, 스스로에게 만족하며 꿈과 희망을 잃지 않는 어른이 되도록 돕는 것이 최고의 아버지가 아닐까 싶다.

아침 마사지로 아이의 기상을 돕기 위해 방에 들어서면서 가만히 잠든 모습을 내려다보곤 한다. 나도 모르게 마음속으로 묻고 있다. '경호야, 행복하니? 지호야, 행복하니?' 아이들은 얼굴 그 자체로 대답을 대신한다. 편안하게 잠든 채 가끔은 꿈을 꾸는지 배시시 웃기도 하고 잠꼬대로 웅얼웅얼 중얼거리기도 한다. 그 모습 어디에도 걱정이나 짜증이 없다. 아버지로 존재하며 곁에 있을 수 있는 마지막 순간까지, 그 모습을 지켜주겠노라 다짐한다. 내가 오늘 하루를 열심히 살게 하는 이유이다.

부드럽고 따뜻한 아버지도 필요하지만 가정 내에서나 사회에서 지켜야 할 규범과 배려를 아이들이 지킬 줄 알도록 엄한 아버지가 필요할 때도 있다.

2부 보이지 않는 통장

Two conditions of happiness

희망은 있다
_행복한 가정 편

오늘이 당신의 마지막 날이라면

죽음의 순간, 당신의 앞에 영화처럼 펼쳐질 지난 시간들

당신은 내일 죽습니다

출간을 위해 원고를 정리하면서 이 이야기를 어느 부분에 넣을지 정말 많이 고심했다. 책의 앞머리에 소개한다면 나에게 찾아온 변화에 대한 설명이 자연스럽게 될 것이니 그렇게 해야만 옳았다. 그러다 잠시 아주 곤혹스러운 생각이 들었다. 나의 진심이 닿는다면 굳이 이 원고를 먼저 꺼내 보이지 않아도 변화를 스스로 원하는 아버지들이 많을 것이다. 하지만 그럼에도 불구하고 아무런 마음의 동요를 얻지 못한다면?

사실 내가 마음의 큰 동요를 얻고 결정적인 변화를 모색하게 된 것도 지금 하려는 이야기에 담겨 있다. 그동안은 필요는 느끼고 있었어도 실천으로 옮기지 못하는 게으름과 내 스스로 노력을 이미 하고 있다는 자만심에 빠져 있었다. 그러다 찬물을 끼얹은 듯 정신이 들었고, 크게 달라지는 계기가 되었다. 이제 나는 그 이야기를 하고 싶다. 어쩌면 이 이야기가 지금까지의 공감과 달리 바로 실천하는 계기가 되도록 이끌어 줄 것이라고 믿고 있다. 그 계기가 바로 '임종체험'이다.

임종체험에 대해 알게 된 것은 신문기사를 통해서였다. 어느 유명인이 임종체험을 했고, 깊은 감동을 받았다는 내용이었다. 호기심이 생겨 인터넷을 통해 임종체험을 검색했고 해당 이벤트를 진행하는 곳의 홈페이지도 들어가게 됐다. 그곳에는 임종체험을 진행하는 동영상도 있었는데, 기사에서 본 대로 살아있는 사람이 제 발로 관속으로 들어가더니 시체처럼 눕고 있었고, 그 곁에는 저승사자가 망자를 기다리는 표정을 애써 근엄하게 지어보이며 기다리고 있었다.

진짜 죽는 것은 아니지만 시체처럼 직접 관 속에 들어가 생각에 잠기는 상상을 해보니 불편한 마음이 들었다. 죽음이라는 것도 별로 좋은 느낌이 아니지만, 우리들은 언제나 그렇듯 부정적이고 꺼림칙한 것에 '재수 없다.'는 표현을 하지 않던가. 관이라니? 재수 없게 멀쩡한 사람이 왜 하필 관이야? 당장 머릿속에 들어온 것은 이러한 생각이었다. 죽음을 미리 경험해보는 것으로 지나온 삶을 돌아본다는 것이 취지이겠지만 별로 의미 있어 보이지 않았다. 그때 우스꽝스러운 이야기 같아 창을 닫으려는 순간, 누군가의 댓글이 눈에 들어왔다.

"나의 삶을 다시 바라보게 되었고 어떻게 살아야 할지 이유를 찾게 되어 감사하다. 그동안 아버지로서 잘 살아온 줄 알았는데 나는 그동안 나쁜 아빠였다."

"정말 많이 울었고, 나의 가족과 내 자신을 더욱 사랑하게 되었습니다. 마지막 순간 부끄럽지 않을 삶을 살아야겠습니다."

눈물을 흘릴 만큼 자신을 돌아보는 중요한 체험을 했다는 진심 어린 댓글들이 나의 호기심을 잡아당겼다. 더 망설이지 않고 체험 신청을 했다. 대체 어떤 느낌과 감동일까 기대감도 생겼지만 작위적인 체험 아니겠냐는 반신반의하는 마음이 오락가락했다. 그리고 며칠 후 드디어 나의 임종체험이 시작됐다.

산다는 것은 한편으로 참 허무한 것이기도 하다. 우리는 언제 죽을지 아무도 모르고 있다. 다만, 영원히 삶을 유지할 수 없다는 것은 누구나 알고 있는 기정사실이다. 언제일지 모르기에 어쩌면 오늘 더 태만한 하루를 보내고 있을 수도 있다. 내일이 남아 있다고 굳게 믿고 있어 그렇다. 그러나 그 내일이 계속 이어지지 않는다는 것을 자꾸 잊곤 한다. 그렇다면 우리는 얼마나 살 수 있을까? 내일은 언제까지 이어지게 될까?

2013년에 발표된 인간의 기대수명은 남자 78.5세 여자 85.1세였다. OECD회원국 가운데 남자는 18위, 여자는 4위로 오래 사는 국가에 해당된다. 나의 기대수명을 알게 된 후 자연스럽게 취한 행동은 나의 기대수명에서 나이를 빼고 남은 시간을 계산한 것이다. 당시의 내 나이가 43살이었으니, 남은 수명은 대략 35년! 앞으로 살게 될 날이, 지나온 날들보다 적었다. 그리고 남은 35년의 시간은 지금까지와 다른 늙고 노쇠한 몸으로 살아갈 날들이다. 덜컥 겁이 났다.

당신의 남은 기대수명은 어떠한가. 아직 충분히 많이 남았다는 생각이 드는가. 그러나 나와 같은 아버지로서 40대를 지나고 있다면 위기감을 가져야 한다. 그렇다. 우리 인생은 그렇게 길지 않고 짧다. 어쩌면 풀과 같으며 꽃과 같다고 할 수 있다. 인생은 바람이 지나간 자리처럼 아무런 흔적이나 표시를 남기지 않는다. 그만큼 짧은 인생이기에 남은 시간 동안 삶과 노력을 중요한 일에 투자해야 한다. 더 이상 이 아까운 시간들을 허무하게 흘려보낼 수는 없지 않겠는가.

임종체험은 충분히, 아니 넘치도록 경건하게 진행되었다. 영정사진을 준비했고, 우리가 오늘 마지막 숨을 거두기 전에 남겨야 할 말들을 편지에 적었다. 유서… 하얀 편지지에 적힌 제목을 본 순간, 일제히 숨소리도 들리지 않을 고요함이 찾아왔다. 너무 고요해서 가슴속에서 요동치는 심장의 헐떡임까지도 들릴 정도였다. 종이를 스치는 볼펜 끝이 글자를 그려낼 때마다 사각사각 소리가 났다. 누구 한 사람 웃음기 띄우고 장난처럼 여기는 이가 없었다. 급기야… 흐느끼는 울음소리가 들려왔다.

유언을 작성하는 나 역시 다르지 않았다. 누구에게 써야 할지, 갑자기 세상을 떠나게 되니 무슨 말을 해야 할지 생각하다 명치끝이 먹먹하게 슬픔 덩어리가 주저앉았고 숨이 가빠졌다. 슬픔의 깊이가 너무 깊으면 눈물보다 가슴속이 아리게 타들어가는 고통을 느끼게 된다. 녹아내리는 심장이 뜨겁게 이글거리다 끝내 울음에도 급체하는 답답한 통증도 맛보게 된다. 흐느껴도 터져 나오지 못하는 그 서러움과 답답함, 안타까움과 절망은 이별보다 더한 고통이 주는 형벌 같은 것이었다. 지금까지 내가 어떻게 살아왔는지에 따라 더 커지기도 하고 줄어들기도 하는 회한의 고통이 유언장을 작성하는 우리 모두를 힘들게 했다. 진지하지 않은 사람은 아무도 없었다. 눈물로 얼룩진 유언장이 그렇게 만들어졌다.

유언장

사랑하는 부모님께
아버지, 어머니 먼저 세상을 떠난 저를 용서해 주세요.
평소 효도하지 못했는데 이렇게 불효막심한 아들이 되어 죄송합니다.
너무 슬퍼하지는 마세요. 만수무강하세요
평소 자주 말씀 드리고 싶었지만 용기가 나지 않았습니다.
사랑합니다. 아버지, 어머니

사랑하는 소연(아내)에게
언제인지 모르지만 내게도 이런 날이 올 수도 있을 것 같았는데 진짜 그렇게 됐네요. 당신을 처음 만나 사랑 고백을 하고 결혼을 하고 당신과 나를 반씩 닮은 경호, 지호를 낳아 기르며 참 행복했습니다.
너무나 고맙고 감사합니다.
내가 이 땅에 태어나 제일 잘한 게 있다면 당신을 만나 결혼한 것입니다.
비록 하늘이 우리를 둘로 갈라놓지만
여보 우리는 잠시 헤어져 있다고 생각해요..
나는 결코 멀리 떠나지 않고 당신 곁에 머물겠습니다.
잠이 많지만 착한 경호, 늘 밝은 지호 잘 부탁해요..
아빠가 없어 외로운 아이가 아닌 엄마가 있어 행복한 아이로 잘 키워 주세요.
먼저 가 있을게요. 나중에 다시 만나요.
사랑합니다.

경호에게
멋진 아들~!
아빠가 없어도 잘할 수 있지? 이젠 네가 가장이야.
엄마는 여자니까 잘 보살펴드려야 해.
지호도 잘 챙겨주길 바라.
아빠는 하나님이 부르셔서 먼저 가지만 언제든 경호를 수호신처럼 지킬 거야.
살다보면 힘들고 어려울 때가 있더라도 아빠 생각하며 잘 이겨내야 한다.
아빠가 응원할게. 사랑한다, 아들~!
천국에서 다시 만나자.

지호에게
세상에서 제일 예쁜 지호,
아빠가 먼저 세상을 떠나게 되어 지호에게 너무 미안하구나.
지호 시집갈 때 아빠가 손잡고 같이 입장한다고 약속했는데 말이야.
그 약속을 못 지키게 되었네.
지호가 많이 보고 싶을 것 같구나.
엄마, 오빠 말 잘 듣고 교회 열심히 다녀야 한다. 알았지?
나중에 천국에서 만나자.
사랑한다, 지호야.

유언장을 작성한 후, 식사를 했다. 김밥이었다. 유언장을 쓸 때와는 또 다른 감정에 휩싸였다. 이승에서의 마지막 식사라니… 사형수가 처형 직전 이런 기분일까. 끝을 알고 달린 내 삶의 마지막 순간에 맛보게 될 김밥, 몹시 비감하여 삼킬 수가 없었다. 주변을 둘러보아도 생애 마지막 식사인 김밥 한 줄의 맛을 제대로 음미하는 사람은 없는 듯 했다. 굳이 입속에 넣어 씹고 있어도 그 맛은 정녕 삼키지 못할 흙덩이처럼 퍽퍽했다.

그렇게 식사를 마치자 시간은 어느 덧 흘러 땅거미가 지기 시작했다. 낮도 밤도 아닌 어스름한 저녁, 개와 늑대들의 시간이라 했던가. 지금 이 순간 죽음의 냄새를 맡은 그들이 저승사자의 등 뒤에서 이글거리는 눈빛으로 으르렁거리고 있는 것처럼 등골이 오싹해져왔다. 더 이상 거짓 죽음이 아니었다.

어디선가 수의가 배달되어 왔다. 마지막 떠나는 길을 안내하는 진혼곡을 배경으로 그것을 입는 동안 저승사자들이 곁에서 지켜보았다. 저승길 노잣돈으로 주어진 하얀 쌀 한줌을 입에 물고 그들을 따라나섰다. 숲길을 따라 걷자 우리들이 누울 목관이 보였다. 참으로 아이러니하게도 그 순간 왜 나의 머릿속에 '살아야겠다.'는 생각이 스쳤는지 모르겠다. 그러나 우린 죽음을 이미 약속한 몸, 아무런 반항 없이 저승사자들이 이끄는 대로 자신의 관 속으로 들어가 누웠다.

이윽고, 관 뚜껑이 닫혔고 망치로 못질하는 소리가 들려왔다. 뛰쳐나가고 싶었다. 그 좁은 관속에 누워 처음 받은 느낌은 당장이라도 그곳을 뛰쳐나가 내가 살아있노라 외치고 싶은 마음이었다. 애써 꾹 눌러 참으며 조용히 눈을 감았다. 그러자 약속된 관속에서의 40여 분이 조용히, 그러나 아주 더디게 흐르기 시작했다.

'지금, 내 아내와 아이들은 무얼 하고 있을까.'

'아이들은 내가 없으면 어떻게 하지?'

'아내가 나 없이 혼자 힘으로 잘 살아낼까?'

'아직 부모님은 내가 없으면 힘드신데….'

'여보, 경호 엄마… 보고 싶어.'

부모님과 아내와 나의 아이들 생각이 멈추지 않았다. 두렵고 고통스러웠으며 주체하지 못할 후회와 미련과 아쉬움이 밀려왔다. 그때 왜 그랬을까? 좀 더 잘 할 수는 없었을까? 내가 더 열심히 옳은 삶을 살았더라면 이렇게 마지막 순간 후회와 미련이 남지는 않았을 것이다.

임종체험 후, 죽음이 주는 고통은 육신의 고통이 아닌 영혼의 고통임을 절실하게 깨달았다. 마지막 순간 삶이 안타까워지고 더없이 소중해지는 이유는 미련과 후회가 남기 때문이었다. 늦게나마 현재 내가 갖고 있는 삶이 얼마나 소중한 것인지, 이제 미련이 남지 않는 삶을 살도록 변화가 필요하다는 것을 깨달았다.

당신의 묘비명은?

영국의 극작가 버나드 쇼는 100세에 가까운 삶을 살다 가면서 자신의 묘비명에 이렇게 남겼다.

『I knew If I stayed around long enough, Something like this would happen.』_우물쭈물하다가 내 이럴 줄 알았어.

100살에 가까운 삶을 살다 간 버나드 쇼. 나름대로 장수를 했다 할 그가 죽음이 눈앞에 온 순간 지나간 인생을 돌아보며 남긴 말이다. 그는 노벨 문학상을 받은 작가로 열심히 노력하며 성공한 삶을 이루어낸 사람이다. 누가 보아도 결코 인생을 무의미하게 보낸 사람은 아니었다. 그런데도 그는 왜 이러한 묘비명을 남겼을까? 그것은 아마도 세상 사람들에게 전하고 싶은 메시지가 아니었을까? 우물쭈물 게으르게 살지 말고 열심히 최선을 다하는 삶을 살라는 의미가 분명하다.

호스피스 전문의로 근무하던 오츠 슈이치는 1,000명이 넘는 말기 환자들의 죽음을 지켜보며 '죽을 때 후회하는 스물다섯 가지'라는 책을 썼다. 그가 전한 '곧 세상을 떠나게 될 사람들이 후회하는 것들'에는 우리가 고개를 주억거리며 공감할 내용들이 많았다. 그 내용들 중 몇 가지는 다음과 같다.

- 주위 사람들에게 고맙다는 말을 많이 했더라면…
- 내가 하고 싶은 일을 했더라면…
- 좀 더 겸손했더라면…
- 친절했더라면…
- 죽도록 일만 하지 않았더라면…
- 내 장례식을 생각했더라면…

세상을 떠나는 자가 남긴 말은 결국 살아 숨 쉬는 남은 자들을 위한 말이다. 인생을 마무리 짓는 시간에 때늦은 후회를 하는 것은 너무나 억울하지 않은가? 사람이 임종을 앞두고 남기는 유언 중에는 "미안하다"는 말과 "사랑한다"는 말이 가장 많다. 말조차 할 수 없는 상황이면 손을 내밀거나 그냥 눈물을 흘린다. 유언장을 쓰고 보니 나 역시도 이 말들을 적고 있었다. 내가 하고픈 말들 중에 미안하다는 말이라니… 그것은 분명 아쉬움과 후회였다.

"만약 오늘이 내 삶의 마지막 날이라면 지금 하려고 하는 일을 할 것인가?"

스티브 잡스는 매일 아침이면 거울을 보면서 자신에게 이렇게 묻곤 했다고 한다. 만약 같은 질문에 계속해서 'No'라는 질문이 나오게 되면 다른 길을 선택했다. 대부분의 사람들은 영원히 살 것처럼 꿈을 꾸며, 오늘이 삶의 마지막 날일지도 모른다는 생각을 하지 않는다. 생각을 하더라도 잠시 떠오른 상상이나 공상에서 그치며 죽음을 공포로만 간직한다.

스티브 잡스는 달랐다. 그는 죽음을 삶이 우리에게 주는 최고의 발명품이라고 말했다. 죽음을 안다는 것은 '하루'를 바라보는 시각을 바꿔 의미 있는 삶을 살게 한다. 매일 나의 살아있음에 감사하며 죽음에 대해 진지하게 돌아보자. 그것은 곧 웰다잉(Well Dying)에 대한 준비가 된다. 행복한 죽음, 그 준비는 곧 '잘살아 보자.'는 의미로 인생의 주인공이 나 자신임을 깨닫게 하고, '나' 중심의 자기주도적 삶으로의 전환을 가능케 한다.

죽음을 생각하는 자는 무엇을 잃는다는 것에 대한 두려움에서 벗어날 수 있다. 더 이상 잃을 게 없기 때문에 가슴이 시키는 대로 살게 된다. 또한 죽음을 생각하는 자는 결코 다투지 않는다. 다툼은 욕심에서 비롯된다. 그러나 죽음을 아는 자는 정말 중요한 것을 알기 때문에 여유와 자유로움을 가질 수 있다. 끝으로 죽음을 아는 자는 멈출 때를 알며 나아가야 할 곳을 안다. 이처럼 죽음을 아는 것과 모르는 것은 전혀 다른 180도의 삶이다.

『진짜 행복을 왜 몰랐을까?』

나는 나의 묘비명에 이렇게 적었다. 여기서 '행복'은 '가정행복'이며 나 혼자만의 행복이 아니다. 가정이 행복하면 가족 구성원이 근무하는 직장까지도 행복한 분위기가 될 수 있다. 이렇게 사회로 번진 행복바이러스는 곧 국가의 행복이 된다. 가화만사성(家和萬事成)이라 했다.

우리가 이 이 땅에 온 이유는 어디에 있을까? 좋은 직장에 다니면서 성공하기 위해? 보다 좋은 집에 살기 위해? 자녀를 훌륭하게 키워 성공시키기 위해? 돈을 많이 벌기 위해? 우리는 모두 행복에 대한 기대가 있다. 그러나 돌아보면 우리가 생각하는 행복이 너무 멀리 있다. 스스로 그렇게 정했기 때문이다. 그리고 너무 멀리 밀쳐낸 행복은 이루어지더라도 오래가지 않는다. 진정한 행복이 아니기 때문이다.

행복은 직장에도 있지 않고 국가에도 있지 않다. 진짜 행복은 생각보다 가까운 곳인 가정 속에 있다. 그것은 바로 '가정행복'이다. 그리고 그것이 사회의 행복으로 확산되고 국가의, 전 세계의 행복으로

퍼져간다. 국가가 행복해서 사회가 행복해지고 가정이 행복해지지는 않는다.

이제 우리의 묘비명을 고민해볼 때이다. 스티브 잡스의 말처럼 삶이 우리에게 준 최고의 선물인 '죽음'에 대해 진지하게 생각해보고 남은 삶에 대해 변화의 기회를 갖자. 매일 지루할 만큼 똑같았던 일상의 느낌부터 달라질 것이다. 소소한 모든 것들에 감사의 마음이 생기고, 욕심과 집착을 버리고 스스로 관조하는 삶을 이루게 된다. 당신의 묘비명에 무엇을 적을 것인지 떠올리고 남은 삶을 선물처럼 살자. 어제보다 오늘 더 행복할 수 있다.

무엇을 물려줄 것인가?

자녀의 삶을 행복하게 만드는 부모의 위대한 유산

최고의 유산, 세상을 살아갈 힘

신문을 보던 아내가 심각한 얼굴로 변했다. 평소 냉철함으로는 나를 능가하는 아내가 이런 모습일 때는 나 또한 진지해진다. 말없이 침대로 돌아와 곁에 눕는 아내가 화두를 던졌다.

"이렇게 험악한 세상에 우리 아이들을 태어나게 한 것이 잘한 것일까?"

설마, 아이를 낳은 것을 후회하는 것은 아닐 것이다. 사랑이 넘치다 보니 이 험한 세상에 태어나게 한 것이 잘한 일인지 의문이 들었던 모양이다. 이유가 다르긴 하지만, 아이 낳기를 미루고 부부만의 삶을 영위하려는 부류도 있다. 딩크족(double income, no kids)이라고 부른다.

이들은 아이를 낳기보다 서로의 자유를 존중하며 자신의 일로부터 삶의 보람을 찾으려고 한다. 미국에서 유행하고 퍼져나갔는데 최근에는 가족 문화를 중시하는 가치관이었던 동양에서도 딩크족이 확산되고 있다. 국내의 경우도 소득층이 높은 전문직종의 부부들 사이에서 딩크족이 늘고 있다는 보고가 있었다. 다만, 외국과 달리 IMF라는 경제적 상황을 거치면서 현재까지 이어지고 있는 극심한 경제난과 자녀 양육에 대한 경제적 부담 때문이기도 하다는 점이 다르다. 또한 저출산이라는 사회 문제에 일정 부분 기여하고 있어 논란이 되고 있다.

"그렇지만 아직 세상이 우리 아이들에게 위험이 될 만큼 험악한 것은 아니잖아요?"

아내에게 말은 이렇게 했어도 나 역시 걱정이 없는 것은 아니다. 최근 농촌으로 귀농을 하거나, 제주도로 이주가 확산되는 것도 각박해진 삶 속에서 사람다운 삶과 여유를 찾겠다는 욕망이 무관하지 않다고 본다. 실제로 아는 이가 지방 농촌으로 귀농을 하면서 내게 남긴 말이 있다.

"너무 쫓기듯 살았어. 서울 한복판에서 미친 듯이 광기로 내몰린 것 같아. 아이들이 1등이 아니면 인정받지 못하는 경쟁 구도 속에서 힘겹게 살아야 하는 것도 보기 싫었고. 아직 어리니까 자유롭게 살 수 있는 시골이 옳은 선택인 것 같네. 아내랑 오래 준비했는데 이제 꿈을 이룬 것 같아. 나중에 애들이 성장해서 도시로 나가겠다고 하면 그땐 보내줘야지."

뜻을 같이 했던 몇몇 사람들과 함께 전원주택 단지를 지어 이주한 친구는 자신의 SNS로 일상을 공유하고 있다. 물론 시골로의 이주가 온전히 만족과 장점만 있는 것은 아니다. 그러나 친구는 삶의 여유를 찾은 것으로 훨씬 행복한 삶을 누리고 있었다. 아이들이 눈밭을 구르고, 집 앞 개울가에서 물장난을 치며 활짝 웃는 모습에는 나를 비롯한 대부분의 부모들이 부러움의 한숨을 내쉬었다. 언젠가는 나 역시 그런 삶을 살고 싶다고 마음을 먹고 있다. 선택은 언제라도 할 수 있으나 용기가 필요한 일이다.

"우리가 정말 잘하고 있는 것일까?"

생각이 많아져 잠이 달아난 그날, 아내는 뒤척이는 나에게 다시 한 번 물었다. 현명한 아내가 이 정도로 마음이 흔들리고 있다는 것은 아이들에게 더 나은 삶을 전해주고 싶은 마음이 평소보다 절실해졌다는 증거다.

"최고의 부모라고는 할 수 없지요. 그래도 우리가 노력하고 있다는 걸 경호랑 지호는 알 거라 믿어요. 아직은 행복해하고 있어요."

"우리 애들 착하잖아. 너무 착해서 학교 들어가면 애들한테 힘든 일 겪을까봐 무섭기도 해. 착하게 사는 게 오히려 독이 되는 세상이라잖아."

아내로부터 돌아온 대답… 나도 들어본 말이다. 착하게 사는 것이 오히려 손해라는 말이 돌고 돈다. 착하게 살면 여우처럼 꾀를 부리는 사람들에게 이용당하고 손해만 본다는 소리이다. 게다가 세상은 예전 같지 않아서 순수하게 살기에는 지독하게 힘겨운 상황이다. 정신 바짝 차리지 않으면 내 것도 순식간에 남의 것이 되지 않던가.

"경호 아빠, 우리 없으면 애들 힘들겠지?"

"갑자기 그게 무슨 소리예요? 당연히 우리가 있어야지요."

"아니 그냥 뉴스보고 심란해져서. 이 험한 세상에서 애들이 자기들끼리 살아갈 힘이 있을까 하고."

걱정이 많아진 아내에게 쓸데없는 걱정이라고 말할 자신은 솔직히 없었다. 험한 세상이라는 것은 누구나 인정하고 있으니 말이다.

"우리가 갑자기 없어질 이유도 없겠지만, 설령 그렇더라도 잘 살아가도록 가르쳐야지요. 우리 부모님들이 우리한테 그랬던 것처럼요. 그리고 나중에 어른이 되면 알아서 잘할 거예요."

나는 고르고 골라 겨우 이런 대답을 했다. 아내에게 위로가 되었을지는 알 수 없었다.

"그래, 물려줄 재산은 크게 있을 것 같지 않으니까 그런 거라도 물려줘야지. 뭐 무척 위대한 유산이네."

지나친 염려였다는 생각과 나의 대답이 성의 없어 보였기 때문인지 아내는 제풀에 시큰둥해졌다. 그러나 반대로 내가 괜히 진지해졌다. 위대한 유산이라는 단어가 머릿속에 맴돌았다.

고작 몇 천 원의 용돈을 주면서도 내 아이가 이 돈을 의미 있게 사용할지 의문이 들곤 한다. 하물며 아무리 성인이라 한들 큰 재산을 물려주는 것에 아무런 불안감이 없을 수 있을까. 그렇기에 많은 재벌들이 자신의 자녀들에게 경영수업을 시키고, 공부와 기업 관리에 대한 훈련을 하도록 하는 것이 아닐까.

무엇이건 담을 수 있는 크기의 그릇이 있다. 나는 내 아이들이 무엇을 담더라도 의미 있고 가치 있는 삶을 살 수 있도록 큰 그릇으로 키우고 싶다. 과거와 현재를 바탕으로 미래를 내다볼 수 있는 마음의 눈을 키우고, 자신보다 남을 배려하며 돈보다 가치 있는 것이 무엇인지 아는 어른이 되게 하고 싶다.

기업은 경영백서를, 가정은 가정경영백서를 준비하자

나의 두 아이에게 위대한 유산을 물려주기로 다짐한 후, 나는 좀 더 구체적인 변화를 시도했다. 지금까지도 해왔던 일들이지만 보다 더 명확하게 했고, 아이들에게도 늘 대화하며 왜 우리가 이렇게 살아가고 있는지 알렸다.

용돈 관리와 저축은 스스로 하자

아이들에게 매주 3천 원의 용돈을 준다. 그리고 용돈을 주면서 바람직한 용돈관리와 이벤트를 설정했다. 예를 들어 한 달간 5천 원을 저축했다면, 그만큼 다음 달에 두 배인 1만 원을 더 준다.

덕분에 아이들은 스스로 용돈관리하며 자신의 자산을 불리는 재미를 톡톡히 즐기게 되었다. 예정된 날짜에 저금통을 열어 은행에 직접 찾아가 입금하게 했다. 정기적으로 지급되는 용돈 외에도 명절날 받을 수 있는 세뱃돈을 비롯하여 생일날 받게 되는 보너스들도 있다. 아이들은 허투루 쓰는 법이 없었다. 아울러 사용한 용돈은 용돈기입장에 반드시 기록한다.

스마트폰은 No. 게임보다 아버지와 외부 활동을 즐기게 한다

아이들은 스마트폰을 원한다. 친구들이 멋진 스마트폰을 갖게 되면 서러움을 느낄 만큼 부러워한다. 그러나 가족 간의 대화를 단절시키는 스마트폰과 TV를 우리 집에서는 함부로 허락하지 않기로 결정했다. 대신 아이들과 온몸으로 부대끼며 많은 시간을 갖도록 우리 부부 스스로 노력하고 있다.

아이들의 의사를 존중하고 선택의 기회를 준다

대부분의 자녀들은 부모의 선택을 강요받게 된다. 심지어 장래희망조차도 강요받는 것이 현실이다. 우리는 그러지 않기로 다짐했다. 학원을 선택하게 될 때도 아이들과 상의했다. 이러이러한 학원이 있다고 알려주고, 학원을 다닐 때의 장점과 단점에 대해 의논했다. 어떤 공부를 하는 것이 좋을지 의논하면 아이들은 생각보다 많은 의견을 내놓았다. 토론과 타협과 합의의 과정을 겪으며 대화의 기술도 늘었다.

현재 초등학생인 두 아이가 다니는 학원은 피아노와 영어학원 등이다. 우리의 일방적인 결정이 아니라, 스스로 원해서 선택됐다. 이렇다 보니 수업을 게을리 하거나 피로감을 느끼는 일이 없다. 즐거워하며 실력이 쑥쑥 느는 것을 지켜보게 되었다. 그렇다 보니 우리가 일부러 소개하지 않아도 스스로 어떤 공부를 하면 좋겠다는 제안도 한다. 다른 친구의 경험을 듣고 와서 전하기도 한다. 우리는 또 다시 함께 회의를 한다. 아이들이 무리한 시간을 들이는 것이 아니라면 언제라도 들어줄 마음의 준비가 되어 있다.

여행을 가거나 등산을 갈 때에도, 또 가족여행을 계획할 때도 함께 논의한다. 계획표를 짜고 교통편과 비용과 목적지에 대한 정보 등을 찾아낼 때의 아이들은 반짝이는 눈빛으로 즐거워하며 활기찬 웃음을 짓는다. 지켜보는 것만으로도 행복하다. 이렇게 계획을 짜고 스케줄을 구성하며, 집에 돌아와서는 점검을 한다. 아마도 먼 훗날 어른이 되었을 때 스스로 뭔가 이루어내기 위한 설계도만큼은 멋지게 그려내지 않을까?

부모로서 흐트러짐이 없도록 노력한다

어른이 어른답지 못하고 흐트러진 모습을 보인다는 것은 최악의 상황을 초래한다. 아버지가 아이들에게 어떻게 살아야 한다고 교훈을 남겼다면, 아버지 스스로도 그러한 삶을 살아야 한다. 반드시 횡단보도로 초록불에 건너야 한다고 가르치면서 아이의 손을 잡고 빨간불에 건너는 위험한 짓을 해서는 곤란하다. 지켜야 할 모든 규범과 도덕적 행위 등은 말로 하는 것이 아니라 행동으로 보여줄 수 있어야 한다.

특히 타인을 배려하고 나눔을 실천하는 모습은 수시로 보여야 한다. 남을 배려하는 마음만큼은 우리 아이들에게 꼭 가르치고 싶었다. 성공은 부의 축적만으로 가늠되지 않는다. 나는 내 아이들이 인격적 성공, 한 인간으로서의 성공을 이루어내도록 하고 싶다.

어른을 공경하는 모습은 반드시 가르치자

아무리 세상이 뒤바뀌었어도 어른을 공경하는 마음은 반드시 있어야 한다. 내가 오늘 존재할 수 있었던 것은 나의 부모님이 계셨기 때문이다. 존재의 가치는 탄생의 순간 비로소 시작되며 그것은 어긋남이 없이 누구나 소중하다는 것이다. 이렇게 소중한 나를 태어나게 해준 부모님을 어떻게 공경하지 않을 수 있을까?

아이들과 나는, 부모님을 자주 찾아뵙고 용돈을 드리거나 감사의 선물을 드리는 데에 소홀하지 않도록 했다. 어떤 경우에는 내가 미리 준비한 용돈을 아이들의 손을 거쳐 직접 드리도록 한다.

"아빠, 할아버지한테 왜 돈을 드려요?"

이제 제법 엄마와 아빠에게 존댓말을 하는 것이 어색하지 않은 경호가 물었다.

"옛날에 할아버지와 할머니께서 힘들게 사시면서도 아빠한테 공부 가르쳐 주시고 훌륭한 사람이 될 수 있도록 키워주셨잖아. 그때는 너무 힘들었던 시절이라 할머니 할아버지께서 미리 많은 저축을 하지 못하셨어. 부자인 할머니 할아버지도 있지만, 경호의 할머니 할아버지는 아주 힘들게 사셨거든. 힘든데도 아빠를 이렇게 훌륭하게 키워주셨으니, 이제 어른인 아빠가 도와드려야 하지 않겠니? 할머니와 할아버지는 이제 너무 나이 드셔서 일할 수가 없잖아."

"그럼 나도 이다음에 어른이 되면 아빠가 할아버지가 되었을 때 용돈 드릴게요."

"왜?"

"아빠도 저를 훌륭한 어른이 될 수 있게 키워주고 계시잖아요."

그때가 언제일지 모르겠다. 그러나 어린 경호의 마음만으로 감동이 밀려왔다. 그러나 나는 아들에게 용돈을 받지 않아도 될 만반의 준비를 할 것이다. 이미 그렇게 하고 있다.

아이들 앞에서 배우자를 판단하지 않는다

이미 우리는 위기를 넘긴 행복한 부부이다. 그러나 다시 한 번 아내와 약속했다. 남은 평생 서로 가정을 지키기 위한 노력에 최선을 다할 것이다. 아직 아내는 나에게 높임말을 쓰지 않고 있다. 아쉽지만 서둘러 재촉하지 않는다.

또한 사소한 일들로 상대를 평가하는 일을 하지 않는다. 예를 들어 치약을 중간부터 짰다고 스트레스 받는 일은 없다. 뚜껑을 덮지 않아 입구에 치약이 말라비틀어진다 한들 아내보다 소중하지 않다. 이런 사소한 일들을 우리는 서로 강요하지 않고 있다. 다만 상대가 싫어한다는 것을 알고 있으므로 고치려는 노력은 멈추지 않는다. 그렇다 보니 성격 차이를 외치며 황혼 이혼을 고민해야 할 노후는 맞이하지 않아도 될 법하다.

아이들은 엄마와 아빠가 큰 소리로 다투고 있을 때 가장 불안해한다. 그 기억은 또한 아무리 어려도 평생 지워지지 않고 남게 된다.

나의 유년 시절 기억에는 아직도 어머니와 아버지가 요란하게 부부싸움 하시던 그날의 일들이 흉터처럼 남아 있다. 어머니와 아버지는 당연히 기억하지 못하신다. 그러니 내 아이들에게 같은 기억을 물려주고 싶지 않다. 그것은 엄연히 정신적 충격이고 상처이며 두고두고 지워지지 않을 것이 분명하다. 모범적이지도 않다. 내가 아내에게 함부로 하는데, 아이들이 엄마를 존경하게 될까? 내 아내가 나를 무시하고 함부로 말하는데, 아이들이 아버지를 존경할 수 있을까?

"제 아빠 닮아서 저렇게 머리가 나빠."

"우리 애는 엄마 닮아서 얼굴이 별로야. 날 닮았어야 하는데."

이런 식의 평가 또한 당연히 삼간다. 농담이라도 이런 말은 아이들에게 엄마와 아빠를 무시하고 함부로 생각하게 하는 기준이 된다.

매년 새해에는 가정경영계획을 세운다

대분류(이사, 진로, 명절, 가족여행), 중분류(건강검진, 자녀와 여행, 생일, 결혼기념일), 소분류(월간 가족회의)로 나누어 구체적으로 세운다. 가족여행과 자녀와의 여행 계획은 미리 비행기표, 호텔 예약까지 해둔다. 일찍 예약을 해 두면 비용도 싸거니와 이미 비용을 지불했기 때문에 반드시 가게 된다.

가족건강검진은 매년 연말에 맞춰 아내와 같이 받는다. 건강만큼 중요한 것이 없다. 반드시 챙겨야 한다. 매월 말일은 저녁 식사를 함께 하고 온 가족이 모여 앉아 그달에 있었던 즐거웠던 일, 힘들었던 일을 서로 나눈다. 잘했던 일은 서로 칭찬하고 기뻐하고 안 좋았던 일들은 격려하고 용기를 북돋워 준다. 새로운 한 달을 준비하며 온 가족이 함께 모인다는 것은 그 자체만으로도 큰 의미가 있다.

여기까지가 내가 우리 아이들을 위해 마련한 가정경영백서이다. 더 많은 것들이 있지만, 지면을 통해 소개하기에는 이 정도면 충분할 것 같다. 회사를 경영하듯 가정을 경영하자고 하면 그게 무슨 소리인가 싶은 사람도 있을 것이다. 딱딱한 분위기로 서류에 결재도장 찍듯 하자는 것이 결코 아니다.

가정도 기업을 경영하는 것처럼 타당한 계획과 비전을 세울 수 있어야 한다고 믿는다. 그 틀을 짜고 중심을 잡는 이가 부부이고, 특히 아버지의 역할이 중요하다. 흔들림 없는 기업경영기획이 기업정신을 이루듯, 가정을 경영하는 아버지의 노력은 훌륭한 가풍이 되어 자녀들에게 전해지게 되고 그것이 곧 위대한 유산이 아닐까.

돈과 시간으로부터 자유로워진다면

나를 구속하는 것들에게 놓여나기

꿈꿀 수 있는 자, 꿈을 꾸자

"어디 여행이라도 좀 가자. 우리 너무 여유 없이 사는 것 같아."

"그게 어디 쉽나? 돈 버느라 바쁜데 여행 다닐 정신이 어디 있어. 아직은 힘들어. 나중에 가자."

삶을 돌아볼 여유도, 그럴 정신도 없던 시절이다. 결혼으로 생긴 가장의 책임, 첫 아들의 출산으로 느낀 기쁨도 잠시였고 곧 '아버지'라는 이름의 부담이 몰려왔다. 일. 일. 일. 나의 머릿속에는 온통 '일' 뿐이었고, 그것은 곧 '돈'이었다.

결혼 당시 부모님의 도움 없이 시작한 신혼살림은 월세가 시작이었다. 미안하게도 나는 아내에게 월세집이라는 말을 하지 못했다.

그래서 더욱 돈을 빨리 벌어야 한다는 압박감에 시달렸다. 나는 브레이크 없이 달리는 폭주기관차였고, 폭주할수록 주변을 돌아보는 법을 더 자주 잃어 버렸으며, 아예 볼 생각조차 못하는 상태가 됐다.

그런 내게 아내가 '쉼'을 당부했을 때 든 생각은 '말도 안 돼!'였다. 아직은 그럴 때가 아니라는 말로 아내의 '좀 쉬자.'라는 말을 거부했다. 조금 비뚤어진 시각으로 본다면 철이 없는 아내로 볼 수도 있었다. 살짝 그런 마음이 들기도 했다. 다른 집들은 여행도 가고 외식도 하는데, 우린 너무 각박하게 살고 있다는 이야기도 잔소리로 들렸다. 수고한다고 어깨라도 주물러 주지는 못할망정, 차라리 휴일 늦잠이라도 자도록 해주지 여행이라니! 외식이라니?

시간이 흘러 아이가 둘이 되었고 나는 더 폭주했다. 내가 벌어야 우리 가정이 산다는 믿음이 심지처럼 굳어졌다. 아내는 점점 지쳐갔고, 나도 지쳐갔다. 그러다 결국 문제가 터졌다. 우리 부부 사이가 삐걱거렸다. 관계가 틀어지면 서운함이 지나쳐 '잘못된 인연'에 대해 고려하게 된다. 그것이 부부들이 겪는 위기의 과정이다. 피를 나눈 형제였다면 그렇지 않았을 것이다. 사랑이 깊어서 결혼했고 가정을 꾸리는 것은 결국 서로 상대를 '선택'한 것이었기에 갈등이 생기면 자신의 선택에 의심을 하게 되는 것이다. 나도, 아내도 다르지 않았다.

앞서 이야기한 바가 있듯, 여느 부부들처럼 나와 아내도 위기를 잘 넘겼고 오늘 현재를 행복하게 살고 있다. 시련이 주는 가장 큰 의미는 지나고 나면 더 단단해지는 자신을 발견하는 데 있다. 모진 바람을 겪고 나니 가정이라는 울타리 안에서 우리들은 한층 더 단단

한 나무로 성장해 있었다. 이제는 내 스스로 너무 일에만 매달리고 있다는 생각이 들기 전에 알아서 여유를 찾아 몸과 마음을 가벼이 하곤 한다.

"돈과 시간으로부터 자유로워진다면, 당신은 무엇을 하고 싶습니까?"

고객을 만나 재무 상담을 시작하면서 가장 먼저 드리는 질문이다. 재무 상담에 왜 이 질문이 필요한지 의아해하는 고객도 있다. 그러나 이 질문을 듣게 되는 순간 고객들의 가슴 속에 그동안 삶이 주었던 부담과 압박감이 사라지게 된다. 보다 나은 미래를 그리는 상상이라는 것이 원래 그러하다. 현재 바람직하지 못한 삶을 살고 있다면 행복을 그려내긴 힘들다. 그러나 우리를 구속하는 돈과 시간으로부터 자유로워지는 것은 모두가 열망하는 일이 아니던가. 그 순간을 떠올려 미래의 나를 그려내는 것은 참으로 행복한 경험이 된다.

또한 이런 생각만으로도 일에만 몰두하던 고객들에게 삶을 돌아볼 기회를 줄 수 있다. 행복하고 안락한 삶을 위해 오늘을 열심히 살고 있을 뿐인데, 어느 순간 우리는 일의 노예가 되어 정말 소중한 것을 놓치게 되는 경우가 많다. 몸도 마음도 일로부터 내려놓는 순간, 미래를 내다보는 통찰력을 발휘할 수 있고 현재를 돌아보며 열정이 다시 부풀어 오르며 초심을 되찾게 되기도 한다.

아래 내용은 내가 고객과 가정행복재무상담 시 질문하는 내용이자, 나 자신도 답했던 내용이다. 스스로 질문에 답해 보면 자신이 어떤 생각과 꿈이 있는지 깨닫게 될 것이다. 이에, 독자들도 참고할 수 있는 기회가 되었으면 한다.

당신은 돈과 시간으로부터 자유로워진다면 맨 처음 무엇을 하고 싶습니까?

가족과 함께 전 세계 여행을 마음껏 하고 싶습니다.

만약 여행을 하게 된다면 어디로 가시겠습니까?

영국 BBC 방송에서 소개했던 죽기 전에 꼭 가봐야 할 여행지 50곳 중에서 호주 그레이트 베리어 리프(Great Barrier Reef)를 가보고 싶습니다.

지금 호주 그레이트 베리어 리프를 여행 중이십니다. 누구와 함께 있습니까?

사랑하는 아내와 아들, 딸과 함께 여행 중입니다.

주변에는 무엇이 보이며 그곳 날씨는 어떻습니까?

경비행기를 타고 그레이트 베리어 리프를 둘러보고 있으며 산호초, 대륙 섬이 보입니다. 날씨는 구름 한 점 없는 파란 하늘이 끝없이 펼쳐져 있구요.

아내는 당신에게 무슨 말을 하고 있습니까?

좋은 곳으로 여행 와 줘서 고맙다고 하네요. 그리고 사랑한다고 말합니다.

아들과 딸은 아빠에게 어떤 말을 합니까?

"우리 아빠 최고!" 라고 말합니다.

당신은 기분이 어떻습니까?

마치 하늘을 나는 듯 기분이 좋아요. 최고입니다.

두 번째로 돈과 시간으로부터 자유로워지면 무엇을 하고 싶습니까?

부모님께 용돈을 맘껏 드리고 싶습니다.

지금 부모님께 용돈을 드리고 있다고 생각해 보세요. 5만 원권으로 200만 원을 봉투에 담아 지금 어머니께 드리고 있습니다. 어머니는 용돈을 받으시면서 뭐라 말씀하시나요?

너희들 쓸 것도 없을 텐데 무슨 돈을 이렇게 많이 주냐고 하십니다. 그리고 고맙다고 잘 쓰겠다고 하십니다.

그렇군요. 당신의 기분은 어떻습니까?

너무 기분이 좋습니다. 행복해요.

세 번째로 돈과 시간으로부터 자유로워지면 무엇을 하고 싶습니까?

버림받은 어르신들을 돕고 싶습니다. 목욕도 시켜드리고 식사하는 것도 도와 드리고 싶습니다.

지금 양로원에 도착해서 몸이 불편하신 어르신 목욕도 시켜드리고 어깨도 주물러 드리고 있습니다. 어르신이 뭐라고 얘기하고 있나요?

너무 시원하고 좋다고 하고 아들처럼 느껴져서 좋다고 자주 오라고 얘기합니다.

당신은 최근에 건강검진을 받아 본적이 있습니까?

얼마 전 건강검진을 받았지만 특별한 이상은 없었고 건강하다고 했습니다.

예를 들어 전 세계 모든 사람이 암에 걸린다고 가정해 봅시다. 만약 그렇게 된다면 당신은 어떤 곳에 암이 걸릴 것 같습니까?

나는 술을 좋아하니 간암에 걸릴 것 같습니다.

불행하게도 지난달에 건강검진 결과가 오늘 있었는데 의사 선생님이 좋지 않은 소식을 전합니다. 당신의 간이 좋지 않아 간암이 말기인 상태로 약 2년 정도 살 수 있을 거라고 말합니다. 정확한 2년은 알 수 없지만 그 기간 동안은 아주 건강할 것이라고 합니다. 당신은 그 2년 동안 무엇을 하고 싶습니까?

만약 그렇다면 나는 가족과 많은 시간을 보낼 것 같습니다.

가족 가운데 누구랑 시간을 보내시겠습니까?

먼저 부모님을 찾아 뵐 것 같습니다.

지금 옆에 아버지, 어머니가 계십니다. 무슨 얘기를 하고 있습니까?

아버지, 어머니 저는 걱정하지 마세요. 다시 건강 회복할게요.

부모님은 뭐라 얘기 하시나요?

아무 말 없이 계속 울고만 계시네요.

2년이란 시간이 계속 흐르고 있습니다. 당신의 아내에겐 어떤 말을 하고 있습니까?

먼저 가서 미안하다고 말합니다. 그리고 애들 잘 부탁한다고 말합니다.

아내는 뭐라고 얘기합니까?

당신은 죽지 않으니 그런 말 하지 말라고 합니다.

세월이 빨리도 흘러 내일이 마지막 날입니다. 아들 경호에게 무슨 말을 하고 있습니까?

너는 남자고 첫째니까 아빠 대신 가장의 역할을 잘해주기 바란다고 말합니다. 엄마는 여자니까 잘 지켜줘야 한다고, 동생도 잘 챙겨주라고 말합니다.

둘째 딸 지호에겐 무슨 말을 하고 있습니까?

지호 시집갈 때까지 아빠가 함께 해야 하는데 그렇게 하지 못할 것 같아 미안하다고 말합니다, 그리고 사랑한다고….

그런 일은 당신에게 절대 생기지 않을 것입니다. 아주 건강할 것이며 돈과 시간으로부터 자유로워져서 호주 그레이트 베리어 리프뿐만 아니라 전 세계 여러 나라를 맘껏 여행할 것입니다. 부모님께 많은 용돈을 드리며 흡족해 하시는 부모님을 보게 될 것입니다. 또한 부모님 같은 어르신들 목욕도 시켜드리고 같이 식사도 하며 봉사하는 기쁨을 누리게 될 것입니다. 당신은 나름대로 이런 계획과 관련하여 준비를 하고 계실 텐데요. 점수를 준다면 10점 만점에 몇 점을 주시겠습니까?

아마 5점을 줄 것 같습니다.

그렇다면 그 점수가 6점, 9점, 10점이 되도록 돕고 싶습니다. 자세히 들어볼 생각 있으십니까?

네, 들어보겠습니다.

우리는 힘들게 살아가면서도 시간과 돈으로부터 자유로워지기를 꿈꾼다. 그러나 삶은 생각대로 되지 않고, 거꾸로 구속받고 있다는 것을 깨닫는 순간 허무함이 밀려오고야 만다. 돌이켜보면 10년 전에도, 20년 전에도 그리고 바로 어제와 오늘도 나는 그러했다. 나아진 것은 없었고, 그것은 우리를 매우 슬프게 한다. 그렇다면 앞으로는 어떠할까. 앞으로는 나아질 것이라고 장담할 수 있겠는가.

위 질문이 요구되었던 상담을 받은 후의 나는, 삶에 있어 중요한 것은 속도가 아니라 방향임을 깨달았다. 방향이 정해지지 않은 채 속도만 내는 삶은 의미가 없다. 돈과 시간으로부터의 자유를 느낄 수 있다면 그것은 정말 부러운 일이다. 그러나 건강을 잃고 난 후에 얻는 자유가 무슨 소용이 있을까.

반면 건강함은 있으나 돈과 시간의 여유가 없는 삶도 바람직하지 못하다. 분명 우리가 원하는 삶이 아니다. 그러나 돈에 대한 인간의 욕심은 끝이 없다. 지금보다 더 많은 돈을 벌고 싶고 목표가 달성되면 그 이상의 욕심이 생긴다. 그렇게 돈만 벌다가 삶을 마감할 수는 없지 않은가. 오늘이 마지막인 것처럼 나의 가족을 돌보고 영원히 살 것처럼 나의 건강을 챙겨야 한다.

인디언들은 말을 타고 황야의 들판을 거침없이 달리다 어느 순간 말을 멈춰 세우고는 가쁜 숨을 내쉬며 호흡을 정돈한다. 달리던 말도 여유로워진 고삐에 안도하며 거칠게 뛰던 심장을 쉴 수 있다. 이렇게 쉬는 데에는 깊은 이유가 있다. 너무 빨리 달린 나머지 따라오지 못하고 있는 영혼을 기다리기 위함이라고 한다.

나의 영혼을 기다리는 인디언의 철학적인 삶. 그 쉼의 여유가 우리에게도 필요하다. 쉬는 동안 건강도 돌아보고 너무 바빠 돌아보지 못했던 가족들과 눈을 맞출 수 있어야 한다. 전원을 내리는 순간까지 멈추지 않는 공장의 기계처럼 우리는 서로 톱니바퀴처럼 맞물려 반복되는 일상을 살고 있다. 너무 오래 그렇게 살다보니 이제 멈추는 것조차 잊고 있는 것은 아닐까. 그렇게 쉼 없이 달리는 일상이 당연하다고 받아들이는 것은 아닐까? 내가 왜 오늘을 살고 있는지, 무엇을 위해 이처럼 질주하고 있는지 곰곰이 생각해보는 하루가 되었으면 하는 바람이다.

※ 다음 질문에 답하며 자신을 돌아보는 시간을 가져보시길 바랍니다.

질문 1 | 당신은 지금 이 순간, 돈과 시간으로부터 자유로워집니다. 제일 먼저 무엇을 하시겠습니까?

질문 2 | 삶의 여유를 찾은 당신은 이제 두 번째로 하고 싶은 일을 찾고 있습니다. 무엇을 하고 계십니까?

질문 3 | 두 가지 일을 한 당신이, 좀 더 여유롭게 세 번째 하고픈 일을 찾고 있습니다. 무엇을 하시겠습니까?

질문 4 | 당신은 앞으로 1년 밖에 살지 못한다는 선고를 받았습니다. 제일 먼저 떠오르는 사람은 누구이며, 뭐라고 말하시겠습니까?

질문 5 | 두 번째로 떠오른 사람은 누구입니까? 그분에게 전할 말을 남겨주세요.

질문 6 | 당신에게 내려진 시한부 선고는 가짜였습니다. 오늘부터 당신은 새로운 삶이 시작됩니다. 새 삶은 선물이라고 생각하시고, 어떤 각오와 다짐이 있을지 마음의 변화를 적어 주세요.

질문 7 | 앞으로 40년 뒤의 당신이 오늘 현재의 젊은 당신에게 충고를 전하려고 합니다. 시간을 거슬러 올 수는 없지만, 노년의 당신이 전하는 메시지가 현재의 젊은 당신에게 전달될 것입니다. 어떤 이야기를 전하고 싶은지 적어 주세요.

질문 8 | 경험과 연륜을 바탕으로 지혜를 쌓은 노년의 당신으로부터 값진 조언을 받았습니다. 그리하여 이번에는 반대로, 당신이 감사의 메시지를 전하고자 합니다. 평화로운 죽음을 앞둔 40년 후의 당신에게 하고픈 말을 남겨 주세요.

아내를 위한 변명, 남편을 위한 변명

행복한 부부가 되기 위한 최소한의 노력

세상의 남편들에게 들려주고픈 '당신의 아내를 위한 변명'

"여보, 당신 오늘 하루 종일 뭘 하며 보냈어요? 많이 힘들었어요?"

점심 시간, 커피 한 잔을 뽑아들고 휴게실로 들어온 나는 늘 하던 대로 아내에게 카카오톡 메시지를 보냈다. 하트 뿅뿅 이모티콘을 찍는 것도 잊지 않았다. 무정한 아내… 메시지 앞에 찍힌 숫자 1이 지워지지 않는 것으로 보아 어지간히 바쁜 상황인가 보다. 어쩌면 가방 속에 핸드폰을 넣어놓고 알림 소리를 듣지 못한 것일 수도 있다.

'그래도 그렇지! 내가 이 시간이면 늘 연락하는 것을 알면서 바로 확인해주면 얼마나 좋아?' 괜히 심술이 난다. 그러나 섭섭함을 드러

내지 않고 다시 한 번 메시지를 보낸다.

"식사는 했어요? 나는 조금 전 순두부찌개를 맛있게 먹었어요. 당신도 어서 맛있는 식사해요."

물음표가 달린 문장을 보냈으면 응당 답변이 돌아올 것이다. 점심시간이 끝나가건만 나보다 더 바쁜 아내는 무엇 때문인지 답장도 없고, 메시지도 읽지 않았다. 누군가 "애인 생겼지?"하며 참견을 했다. 수시로 핸드폰을 들여다보며 메시지를 확인하니 종종 이런 오해를 산다. 애인이 아니라며 늘 메시지 화면을 보여주곤 했다. 그렇다보니 이제 아무도 그런 어리석은 질문은 하지 않게 됐다.

"어떻게 아직도 연애하는 기분으로 지낼 수 있지?"

이제 이런 질문도 받게 된다. 아내와 다정히 메시지를 주고받는 것에 한껏 부러움을 담아 눈치를 주는 이도 있다. 괜스레 어깨가 으쓱해진다.

"아내를 믿으니까. 그리고 아내가 나 없을 때 고생하는 것을 알지요."

팔불출이라는 말을 수백 번은 들은 것 같다. 애처가를 넘어 공처가라는 소리도 들어보았다. 남자라면 아내를 휘어잡고 살아야지 존댓말을 왜 하느냐는 어느 선배의 지청구도 있었다. 그래도 나는 아직까지 꿋꿋하다.

부부 사이의 애정을 겉으로 표현하는 사람도 있고, 그렇지 않은 사람도 있다. 직장을 다니는 나는 기혼 남성들 틈에서 온갖 허풍과 허세를 지켜보는 일도 잦지만, 한편으로는 생각지 못한 남자들의 편견에 놀랄 때가 많다.

"도대체 이해를 못하겠어. 밖에서 고생하는 나야말로 힘들어 죽겠는데, 집에 있는 사람이 뭐가 그렇게 피곤하고 힘들다는 거지?"

"차라리 살림을 내가 하고 마누라한테 나가서 돈 벌어오라고 하면 어떨까?"

"주말엔 좀 쉬고 싶다는 데 도대체 날 가만두질 않는다니까? 애들 시켜서 깨우고 외식하자고 조르고…."

"대체 애들 교육을 어떻게 시키는 것인지 남의 새끼 기른 듯이 버르장머리 하나도 없어. 애비를 무슨 돈 벌어오는 기계로 알더라니까? 겨우 여섯 살 아들놈이 아빠 어떤 사람이냐고 물으면 돈 벌어오는 사람이라고 하네?"

더러는 삼삼오오 모인 자리에서 차를 마시며, 또 더러는 회식 자리에서 힘들게 일하는 자신을 비관하며, 또 어떤 이들은 자신이 제일 고생스럽게 일한다고 넋두리하며 아내에 대해 이렇게 말한다.

돌아보면 오래전 우리의 아버지들도 이런 말들을 곱씹었던 기억이 떠오른다. 심지어 어느 드라마에서조차 부부싸움 중 이런 대사를 하는 배역들도 있다. 이런 이야기들을 들을 때면 나도 모르게 얼굴을 찡그리게 되고, 내심 분노가 치미는 것을 어쩌지 못한다. 대한민국 남성들을 대표로 아내에게 미안한 마음이 들어서다. 나는 정말 팔불출일까?

미국의 어느 회사가 어머니날을 기념하여 만든 광고가 세상 사람들에게 감동의 눈물을 자아내게 하여 화제가 됐다. 직업을 구하는 사람들과 면접을 진행하는 내용이었는데, 취업준비생들은 모두 일반인들이었고, 면접관과 인터뷰 후 눈물을 흘리게 된다. 이 회사가 원하는 인재가 근무할 조건은 다음과 같았다.

"협상기술이 좋은 사람, 의학, 재정, 요리 등 일인 다역을 할 수 있는 사람, 항상 서 있거나 허리를 숙이고 일할 수 있는 사람, 끊임없이 노력하는 사람이어야 합니다. 상황에 따라 고객과 함께 밤을 새워야 합니다. 드물게는 목숨을 내놓고 고객을 지켜야 할 경우도 있습니다. 휴일은 없습니다. 명절에도 일해야 합니다. 오히려 평일보다 더 바빠집니다. 업무 시간은 일주일에 135시간, 주 7일 근무해야 하며 휴일은 없습니다. 월급? 없습니다. 우리는 이런 사람을 찾고 있습니다."

면접관의 이야기에 취업 준비생들은 이구동성으로 말했다. 이것은 미친 짓이며 비인간적이라고. 대체 누가 이런 일을 하겠느냐며 되물었다. 그러자 면접관은 다시 말한다. 실제 이 일을 하고 있는 사람들은 전 세계에 수십억 명이나 된다고. 세상에서 가장 힘든 직업을 갖고 있는 사람들, 이 말도 안 되는 직업을 가진 수십억 명의 사람들은 바로 '엄마'였다.

엄마, 어머니들의 일상… 아침에 눈을 뜨면 곧장 하루 일과가 시작된다. 남편과 아이들을 깨우고 아침 식사를 준비해놓고는 저마다의 일터와 학교로 가는 가족을 뒷바라지한다. 누군가는 양말을 찾아달라고 외치고, 남편은 넥타이를 골라 달라고도 한다. 셔츠는 세탁해서 다림질해 놓았느냐며 마음에 들지 않는다고 투정도 부린다.

책가방을 챙기는 아이들은 전날 숙제하라는 잔소리를 듣지 않더니 이제 준비물을 챙겨달라며 엄마를 찾는다. 어렵게 차린 밥상 앞에선 오늘의 반찬이 마음에 들지 않는지 수저를 뜨는 둥 마는 둥 한다. 함께 식탁에 앉기 어려운 엄마는 모두가 집을 빠져 나간 후 겨우 수저를 든다. 꾸역꾸역 넘기는 아침 식사, 식구들이 먹다 남긴 밥과 반찬을 버리지 않고 먹는 엄마들.

'왜 밥을 남겼을까.'

'반찬이 맛이 없었을까?'

'요즘 힘이 들어 식욕을 잃은 것일까?'

'저녁 때 기운 차릴 수 있는 특별한 보양식이라도 해주어야 하나.'

가족이 남긴 어수선한 식탁에 홀로 앉아 찬밥을 떠 겨우 넘기면서도, 엄마들은 온통 가족들에 대한 걱정과 염려만 하고 있다.

식탁을 치우고 나면 설거지를 하고, 침실들을 정리한다. 허물처럼 벗어 놓은 잠옷들을 정리하고, 맘대로 구겨진 이불들을 곱게 펴서 가족들이 다시 돌아와 쉴 수 있는 자리를 만든다. 청소기를 돌려 먼지를 치우고, 허리를 굽혀 걸레질로 바닥을 닦는다. 욕실 바닥에 널브러진 머리카락들을 치워야 한다. 함부로 쓰고 늘어놓은 세면도구들을 제자리에 정돈하고, 세탁기에 빨래들을 넣고 나면 점심때까지도 허리를 펴기 힘들다.

부지런히 몸을 움직여 청소와 빨래를 마치고 오후가 되면 저녁 메뉴를 정하고 미리 준비를 한다. 학교에서 돌아오는 아이들을 챙기는 것도 엄마의 몫이다. 어린 아이라면 유치원에서 돌아올 것이고, 숙제와 과제물들을 봐주는 것도 엄마가 할 일이다. 이 모든 과정이 엄마들이 아침부터 저녁까지 하는 일이다.

깨끗하게 정돈되었던 집안의 모습은 가족들이 귀가함으로써 완벽하게 리셋된다. 방은 다시 어질러지고 빨랫감은 쌓이며 겨우 치웠던 욕실 바닥은 다시 머리카락과 어수선한 세면도구들이 늘어진다. 우리들의 엄마들은 매일 이 같은 일을 반복하며 수십 년을 살아 오셨다.

아내가 집에서 대체 하는 일이 뭐냐고 말하는 사람들에게 묻고 싶다. 당신의 어머니는 하루 종일 집에서 무얼 하시더냐고. 아내에게 이런 의문을 품고 혼자 등골 빠지게 고생하고 있다는 착각을 하고 있는 당신은 참으로 옹졸하고 속 좁은 남편이다. 아내를 그렇게 아무것도 하지 않는 사람으로 무시하는 것은, 당신의 어머니를 그렇게 평가하는 것과 다르지 않다.

아내와 어머니는 다른 사람이 아니다. 당신의 어머니가 곧 누군가의 아내였으며 당신을 키워낸 위대한 존재이다. 그리고 당신의 아내는 지금 당신의 어머니가 그러했듯, 열 달 동안 무거운 몸을 견딘 끝에 뼈와 살이 무너지는 고통을 겪으며 당신의 아이를 낳는 수고를 했다. 당신이 집에 없는 동안 수면 부족 상태로 아이에게 젖을 물리고, 당신이 어지른 방과 욕실을 청소하며, 아이의 기저귀를 갈아주고 재우고 먹이고 또 당신을 위한 저녁 식탁을 차리고 있다. 이래도 당신의 아내가 '집에서 아무것도 하지 않는 사람'이라고 할 수 있을까.

어머니에 대한 존경심과 애착심은 모든 남자들에게 있다. 어머니를 집에서 아무것도 하지 않는 사람이라고 생각하는 아들들은 없다. 그런데 유난히 자신의 아내에 대해서는 편견을 갖는다. 아내도 '어머니'라는 이름의 위대한 존재임을 망각하고 있는 것이다.

아내가 하는 일을 의심하고 무시하지 말자. 가정의 행복을 이루어내는 것은 남편의 노력만으로는 불가능하다. 아내의 힘이 절대적임을, 아내의 수고가 결코 가볍지 않음을 의심하지 말자. 어떻게 소중하지 않을 수 있을까.

세상의 아내들에게 들려주고픈 '당신의 남편을 위한 변명'

남편의 수고를 모르는 아내들은 없다. 그럼에도 불구하고 아내들은 남편에게 '바가지를 긁는 사람'이라는 말을 듣게 된다. 이유가 무엇일까 곰곰 생각해보면 남편들이 아내의 수고를 알아주지 못하니 상대적으로 돌아오는 원망의 소리들이 아닐까 싶다.

여성의 사회적 지위가 높아진 요즘은 사회활동을 하는 여성들이 대부분이다. 한때 미스코리아 대회에서 장래 희망을 '현모양처'라고 했던 시절이 있었다. 지금도 자신의 미래 직업을 현모양처라고 하는 여성이 있을까 의구심이 든다.

아직 여성들이 불평등한 대우를 받는 사회인 것은 분명하다. 참으로 안타까운 일이다. 그러나 현모양처로 자신의 꿈을 단정 짓는 여성들이 사라질 만큼 사회 참여의 기회가 많아진 것도 사실이다. 남녀 성차별 없이 동등한 기회를 얻는 올바른 사회가 되기를 희망한다.

그럼에도 불구하고, 육아와 살림에 지친 아내들에게 희생과 배려를 더 많이 부탁한다는 것은 참으로 미안한 일이 아닐 수 없다. 그럼에도 불구하고 남편들을 위한 변명과 당부를 전하고 싶은 마음이다.

"차라리 밖에서 돈 벌어 오는 것이 더 쉽겠어."

종종 집안 살림에 어려움을 느끼는 아내들이 이런 하소연을 하곤 한다. 알아주지 않는 아내의 자리, 엄마의 역할을 하다 보니 존재의 의미를 잃어가는 것이 몹시 섭섭하고 속상한 마음이 들 것이다. 아내의 자리에서 자신의 이름을 잃어가는 것을 남편들이 모르고 있다면 참으로 나쁜 사람이다. 남편의 한 사람으로서 누구보다도 나는 그러한 아내들의 마음을 이해하는 입장이다. 온전한 사랑만으로 과연 보상이 될 수 있을까. 턱없이 부족하다는 것을 모르지 않는다.

아내들도 직장 생활을 해보았다면 기억할 것이다. 몸을 제대로 가누기 힘든 상태로 지하철에 몸을 싣고, 반쯤 눈을 감고 가수면 상태로 출근을 한다. 전쟁 같은 몇십 분이 지나면 겨우 직장에 도착하여 몰려오는 피로를 억누른 채 다시 바쁜 일상이 돌아간다.

맘대로 되지 않는 거래처와 밀고 당기는 신경전을 펼치고, 부족한 성과에 책임을 추궁당하기도 하며 지친 몸과 마음을 동료와의 한잔 술로 달래는 경우가 허다하다. 또, 하루가 다르게 치고 올라오는 후배들의 눈부신 발전은 나의 앞길을 막는 것 같아 부담스럽다.

직장 내에서의 내 위치가 흔들리지 않아야만 나의 가정을 지킬 수 있다는 심리적 부담감은 미처 풀리지 않은 피로를 더께처럼 몸에 쌓아둔 채 이른 아침 눈을 뜨게 하는 이유다. 하루가 다르게 성장하는 자식들의 교육비는 눈덩이처럼 불어나고, 갚아야 할 대출금과 이자는 빚이라는 족쇄로 우리들을 슬프게 한다.

수고하는 아내를 위해 마음만은 명품 백 그 이상의 것을 선물하고 싶다. 아들로서 책임져야 할 부모님에 대한 걱정도 크다. 자식 된 도리를 다하지 못하니 키워준 은공에 보답하지 못하는 처지가 또 그렇게 서럽다. 내일은 오늘보다 나은 하루가 될 것이라고 자신을 달래보지만, 오늘이 어제와 같음에 실망하게 되고 좌절하게 된다.

술맛이 쓰다. 쓰지만 사내답게 웃고 삼킨다. 힘들 때는 아내에게 의지하고 기대고 싶지만 그런 모습 보이는 것은 싫다. 알량한 자존심일지도 모른다. 그러나 사내는 그러면 안 된다는 생각에 남편들은 의연함을 잃지 않으려고 오늘도 자존심으로 만든 갑옷을 입고 있다.

남편들의 군대 이야기에 지루하던가. 그러나 그것은 한 때 젊었던 시절의 훈장 같은 것이다. 그토록 힘겨웠던 수고의 과정을 거치며 남자다운 남자로 성장했다는 인정을 받고 싶은 것이다. 대한민국이라는 나라에서 아내들이 자신의 역할을 인정받지 못하고 있다면, 남자들은 2년여의 군 생활 동안 눈물과 피땀으로 얼룩진 수고를 하고 있다는 것을 여성들로부터 인정받지 못하는 편이다. 서로의 삶을 대신 살아보지 않았기에 생기는 문제다. "집에서 하는 일이 뭔데?"라는 말이 상처 주는 것처럼 "군대는 당신 혼자만 갔다 왔어?"라는 말도 남자들에게 상처를 준다.

남자는 강해야 한다는 부담을 짊어지고 산다. 등에 딱딱한 껍데기를 짊어진 거북이처럼, 남자의 등에는 강함을 강요당하는 현실이 있다. 눈물은 보이지 않아야 하며, 마음이 흔들려도 약한 모습을 들켜선 안 된다. 초라한 모습을 보이기에는 우리들을 바라보며 의지하는 식구들이 마음에 걸린다. 그래서 강한 남자로 살아남기 위해 안간힘을 쓰고 있다.

우리 아버지들의 뒷모습을 떠올려보자. 한 번도 작고 여리게 느껴졌던 적이 없었던 아버지의 뒷모습은 우리가 중년이 된 후에야 문득 돌아보게 된다. 그리고 슬퍼할 여유도 없을 만큼 충격적으로 다가온다. 아버지가 이렇게 연로해지셨다는 것에 놀라고, 강했던 아버지가 힘없는 뒷모습을 가진 것에 서글퍼진다.

그런데 조금만 고민해보면 사실 우리 아버지들은 그런 모습을 감추고 사셨다는 것을 알 수 있다. 내 아버지의 모습이 바로 남편들의 모습과 다르지 않다. 아버지가 그리 했듯이 남편들도 아버지의 모습으로 오늘을 살고 있다.

휴일에 늦잠 자는 남편이 미울 수 있다. 아내들의 수고를 덜어주고 아이들과도 놀아주는 남편이길 바라지만, 모르는 척 잠만 자는 남편들이 어떻게 예쁠 수 있을까. 그러나 남편들도 원하고 있다. 아무리 힘들어도 가족과 함께 지낼 수 있는 유일한 시간인 휴일을 잠만 자며 보낼 수 없다는 것을 우리들도 알고 있다.

아내 대신 설거지 개수대에 손을 담그는 것도 할 수 있다. 빨래도 개어주고 재활용 분리수거도 할 수 있다. 그런데 나도 남자지만 남자들은 심술궂다. 아이처럼 어르고 달래야 할 때가 많다. 그러니 화내지 말고 도움을 요청해주길 부탁하고 싶다. 아내들만의 특기인 어여쁜 미소와 살살 녹는 눈웃음으로 남편들을 홀려 주길 바란다.

마음에 없는 칭찬을 조금쯤 보태어도 좋다. 제발 부탁이다. 옆집 아저씨와 비교는 하지 말아주었으면 좋겠다. 옆집 아저씨가 새로 산 고급 승용차에 남편들은 관심 없다. 그들이 승진해서 월급이 오른 것에는 더더욱 관심이 없다. 아니, 솔직히 말하면 관심있지만 비교 당하며 상처 받고 싶지 않다. 대신 남편들이 바라는 것은 토끼 같은 자식들이 무럭무럭 성장하여 밝게 웃으며 행복하다 하는 것이고, 아내들이 맛있게 지어주는 된장찌개와 따뜻한 밥 한 끼이다. 그리고 잊지 않고 속삭여주는 '사랑해' 한마디면 된다.

'웃기지 말라, 뭐가 예쁘다고 그렇게 해주느냐' 할지도 모르겠지만, 가끔은 당신의 예쁜 손으로 우리들의 손을 붙잡아주길 바라고 있다. 어리석은 사내들은 결혼과 함께 아내도 여인임을 잊곤 한다. 더 멍청한 남자들은 사랑의 감정조차 까맣게 잊고 살다 어느 날 문득 아내의 빈자리를 보고서야 후회를 한다. 있을 때 잘하면 될 것을 그것이 그렇게 어려운 일이다.

그러니 우리들의 손을 잡아 주길 부탁하고 싶다. 따뜻한 말 한마디이면 충분하다. 아내들이 힘든 수고를 한다는 것을 알고 있지만, 그렇다고 이른 아침 출근길에 들려오는 당신의 짜증은 우리의 하루를 참으로 슬프게 만들고 있다는 것을 알아주었으면 좋겠다.

많지 않은 월급을 쪼개어 어렵게 살림을 꾸려나가는 당신에게 미안하고 또 미안하다. 여왕처럼 살게 해주고 싶었는데 그러지 못해서 죄인이다. 그러나 우리 남편들은 꿈을 잊지 않고 늘 가슴에 품고 있다. 내 아내를 여왕처럼 살게 하고, 아이들을 군주의 후손처럼 키우고 싶어 한다. 우리의 수고가 헛된 것이 아니길 매일매일 빌고 또 기대하고 있다.

또한 남자들의 공놀이에 대한 애정을 허락해 달라. 사내란 그런 동물이다. 별것 아닌 공놀이 스포츠에 환호하고 열광한다. 승부에 집착하는 남자의 본능은 아름다움에 열망하는 여자의 본능과 다를 것이 없다. 아내들이 매일 밤 드라마 속 멋진 이야기에 빠져들듯, 우리들은 온통 머릿속을 헤집고 다니는 스트레스를 스포츠로 달랠 수 있다.

언제나 대화하고 싶다. 남자로서 남편으로서 한 가정의 가장으로서 아내들과 상의하고 함께 선택하며 지혜로운 삶을 살고 싶어 하는 것이 남자들이다. 어리석은 남자들이 남편으로서 부족할 때 조금만 이해하고 먼저 이끌어주기를 아내들에게 미안한 마음 가득한 채 부탁하고 싶다. 설령 남편들에게 원망과 미움이 있다고 해도 그것을 함께 풀어내는 부부이고 싶다. 서로 이해하고 보듬어 줄 수 있는 부부의 삶을 살고 싶어 하는 마음이 남편들에게도 있다는 것을 믿어 주었으면 좋겠다.

아내들이여. 늙고 노쇠해진 아버지의 뒷모습에 눈물이 왈칵 솟구치던 그날을 떠올려보자. 그 모습이 훗날 남편의 모습임을 알아주었으면 좋겠다. 아내가 어머니의 자리이고, 남편이 곧 아버지의 모습임을 기억한다면 부부가 서로 등을 돌리고 미워하는 일은 사라질 것이다.

함께 하는 마음은 어렵지 않다. 아내가 남편을 이해하고, 남편이 아내를 이해하며 배려한다면 부부는 늘 행복할 수 있다. 부부이기 때문에 이 모든 일이 가능하다.

보이는 통장
보이지 않는 통장

1판 1쇄 인쇄 2016년 4월 8일
1판 1쇄 발행 2016년 4월 14일

지은이 김명렬
펴낸이 임종관
펴낸곳 미래북
기 획 (주)엔터스코리아
편 집 정광희
본문디자인 서진원
등록 제 302-2003-000326호
주소 서울시 용산구 효창동 5-421호
마케팅 경기도 고양시 덕양구 화정동 965번지 한화 오벨리스크 1901호
전화 02)738-1227(대) | 팩스 02)738-1228
이메일 miraebook@hotmail.com

ISBN 978-89-92289-82-5 03320
값은 표지 뒷면에 표기되어 있습니다.
잘못된 책은 구입하신 서점에서 바꾸어 드립니다.